LICITAÇÃO
Teoria e Prática

E74L Escobar, João Carlos Mariense
      Licitação: teoria e prática / J. C. Mariense Escobar. —
4.ed., rev. e ampl. — Porto Alegre: Livraria do Advogado, 1999.
      245 p.; 16 x 23 cm.

      ISBN 85-7348-118-8

      1. Licitação. 2. Licitação : Brasil : Legislação. 3. Licitação:
Formulários. 4. Contratos administrativos.

                        CDU   351.712.2

      Índices alfabéticos

      Licitação   351.712.2
      Licitação : Brasil : Legislação   351.712.2(81)(094.4)
      Contrato administrativo   351.712.2

(Bibliotecária responsável: Marta Roberto, CRB-10/652)

J. C. Mariense Escobar

LICITAÇÃO
Teoria e Prática

Lei 8.666, de 21 de junho de 1993,
alterada pelas Leis 8.883/94, 9.032/95 e 9.648/98

QUARTA EDIÇÃO
REVISTA E AMPLIADA

livraria
DO ADVOGADO
editora

Porto Alegre 1999

© J. C. Mariense Escobar, 1999.

Capa, projeto gráfico e composição de
Livraria do Advogado / Valmor Bortoloti

Revisão
Rosane Marques Borba

Direitos desta edição reservados por
Livraria do Advogado Ltda.
Rua Riachuelo, 1338
90010-273 Porto Alegre RS
Fone/fax: 0800 517522
E-mail: info@doadvogado.com.br
Internet: www.doadvogado.com.br

Impresso no Brasil / Printed in Brazil

Para
Timóteo Mariense Escobar,
irmão e amigo, com saudade.

Nota à quarta edição

Em nota à edição anterior, dizíamos que a Lei 8.666, de 21 de junho de 1993, com suas alterações subseqüentes, trouxera muita dor de cabeça à administração pública brasileira, que de um momento para outro teve que se preocupar em planejar mais eficientemente a ação governamental de modo a não transgredir os severos preceitos do novo estatuto. Dizíamos, outrossim, que a Lei de Licitações trouxe alguns prejuízos para a Administração, ao tornar mais complexo, dispendioso e formal um procedimento que, sob a disciplina do estatuto anterior, podia andar mais célere e a pouco e pouco se aprimorava, convenientemente.

Não desconhecemos que persistem, ainda, muitas dificuldades. Entretanto, é preciso reconhecer que, apesar delas - repita-se - o extremo cuidado com que órgãos e entidades públicas passaram a licitar depois da Lei 8.666/93, revelou-se benéfico para o setor público, que refreou seus ímpetos de discricionariedade e descompromisso com a moralidade administrativa. A Lei de Licitações mudou o *modus procedendi* das nossas contratações públicas, quando alertadas por ela nossas estruturas administrativas de que, em verdade, como doutrinava o inesquecível Prof. Cirne Lima, o fim, e não a vontade, domina todas as formas de administração.

Ao publicarmos a quarta edição de *Licitação, Teoria e Prática*, reafirmamos a confiança de que nossos legisladores, em estabelecendo ou alterando a disciplina jurídica de nossas licitações, sejam elas federais, estaduais ou municipais, cuidarão para que não se abram portas à contratação favorecida, à imoralidade administrativa, e os negócios públicos entre nós realizem-se debaixo de uma ordem jurídica cada vez mais sadia e civilizada.

Concebido para servir de roteiro teórico-prático ao estudo e à aplicação da Lei das Licitações, o nosso livro apenas tem por escopo subsidiar o desempenho de órgãos e agentes administrativos sempre que a tarefa de dirigir e julgar uma licitação for atribuída a servidores ainda desafeitos com o instituto. Aliás, foi com a intenção exclusiva de facilitar esse trabalho que reunimos nossas anotações acerca da matéria e o escrevemos, vindo agora a reescrevê-lo, para adequar o conteúdo de suas edições anteriores às alterações trazidas pelas Leis nᵒˢ 8.883/94, 9.032/95 e 9.648/98.

Continua a ser, com certeza, um trabalho modesto, mas que contém o mínimo indispensável para os que vierem a ocupar-se com licitações. Se para isso continuar a ter utilidade, estaremos recompensados.

O Autor

Sumário

Apresentação 15

Primeira Parte - Teoria

1. Conceito e finalidade 19
2. Princípios da licitação 19
2.1. Princípio da legalidade 20
2.2. Princípio da impessoalidade 20
2.3. Princípios da moralidade e da probidade 20
2.4. Princípio da igualdade 21
2.5. Princípio da publicidade 21
2.6. Princípio da vinculação ao edital 22
2.7. Princípio do julgamento objetivo 22
3. A obrigatoriedade de licitar 23
3.1. Supremacia do interesse público 23
3.2. Indisponibilidade dos interesses públicos 24
3.3. União, Estados, Distrito Federal e Municípios 24
4. O objeto da licitação 25
4.1. Possibilidade de comparação 25
4.2. Definição no edital 26
4.3. Particularização excessiva 26
4.4. Divisão do objeto 26
4.5. Vedações 27
5. Obras e serviços 27
5.1. Condições para licitar 27
5.2. Execução parcelada 29
5.3. Projetos padronizados 30
5.4. Regimes de execução 30
5.5. Impedimento de participar da licitação 30
6. Compras 31
6.1. Padronização 32
6.2. Registro de Preços 32
6.3. Condições semelhantes ao setor privado 32
6.4. Fracionamento da contratação 33
6.5. Proposta parcial 33
7. Alienações 34
7.1. Bens imóveis 34
7.2. Bens móveis 34
7.3. Tipos de alienação 35
8. Registros cadastrais 35
8.1. Identificação e enquadramento dos interessados 35
8.2. Classificação dos inscritos 36

8.3. Outras anotações 36
8.4. Julgamentos dos pedidos de inscrição 36
8.5. Certificados 38

9. Modalidades de licitação 38
9.1. Concorrência 38
9.2. Tomada de preços 39
9.3. Convite 40
9.4. Concurso 41
9.5. Leilão 41
9.6. Determinação da modalidade. Limites 42
9.7. Prévia audiência pública 43
9.8. Preços superiores ao limite da modalidade 43

10. Tipos de licitação 44
10.1. Licitação de menor preço 44
10.2. Licitação de melhor técnica 45
10.3. Licitação de técnica e preço 47
10.4. Licitação de maior lance ou oferta 48

11. Fases da licitação 48
11.1. Procedimentos interno e externo 48
11.1.1. Procedimento formal 49
11.2. Fases 49

12. Abertura da licitação. O edital 50
12.1. Requisitos. 50
12.2. Divulgação. Prazos 51
12.3. Especificação do objeto. 52
12.4. Critério de julgamento. 53
12.5. Recebimento da documentação e propostas 53

13. Habilitação das licitantes 54
13.1. Vinculação de licitantes à Administração 54
13.2. Habilitação jurídica 54
13.3. Qualificação técnica 55
13.4. Qualificação econômico-financeira 56
13.5. Avaliação da capacitação financeira no Rio Grande do Sul (Decreto 36.601, de 10.4.96) 57
13.6. Regularidade fiscal 58
13.7. Condições de adimplemento 59
13.8. Licitante habilitada 59

14. Julgamento e classificação das propostas 61
14.1. Abertura das propostas 61
14.2. Rubrica 62
14.3. Verificação de conformidade 62
14.4. Desclassificação de proposta 63
14.5. Propostas viáveis 64
14.6. Classificação das propostas 65
14.7. Critérios de julgamento 65
14.8. Relatório final. Critério de desempate 66

15. Adjudicação 68

16. Homologação 69

17. Anulação e revogação da licitação 70
17.1. Razões 70
17.2. Requisitos e efeitos 70
17.3. Características da anulação 70
17.4. Dever de indenizar 71
17.5. Razões da revogação 71
17.6. Direito à indenização 72

17.7. Publicação do ato anulatório ou revogatório 73
18. Dispensa de licitação 73
18.1. Obras e serviços de engenharia de pequeno vulto 74
18.2. Outros serviços e compras de pequeno vulto 74
18.3. Guerra ou grave perturbação da ordem 74
18.4. Emergência ou calamidade pública 75
18.5. Não-comparecimento de interessados à licitação 76
18.6. Intervenção no domínio econômico 77
18.7. Oferta de preço excessivo ou incompatível 77
18.8. Operações entre pessoas jurídicas de Direito Público 78
18.9. Comprometimento da segurança nacional 79
18.10. Compra ou locação de imóvel cujas necessidades condicionam a escolha 80
18.11. Contratação de remanescentes 80
18.12. Compras de gêneros perecíveis 80
18.13. Instituição de pesquisa e desenvolvimento 81
18.14. Aquisições sob acordo internacional 81
18.15. Aquisição ou restauração de obras de arte e objetos históricos 81
18.16. Serviços gráficos e de informática 82
18.17. Aquisições do fornecedor original para manutenção de garantia 82
18.18. Abastecimento de navios, aviões e tropas em deslocamento 82
18.19. Compra de materiais padronizados pelas Forças Armadas 83
18.20. Contratação de associação de deficientes físicos 83
18.21. Bens destinados à pesquisa científica e tecnológica 83
18.22. Suprimento de energia elétrica 84
18.23. Contratação entre as paraestatais e suas subsidiárias e controladas 84
18.24. Contratações com organizações sociais 84

19. Licitação dispensada. 85
19.1. Distinção entre licitação dispensada e dispensável 85
19.2. Para alienações de bens imóveis 85
19.3. Para alienações de bens móveis 86

20. Inexigibilidade de licitação 86
20.1. Aquisição de bens de fornecedores únicos 86
20.1.1. Exclusividade absoluta e relativa. 86
20.1.2. Vedação à preferência de marca 87
20.2. Contratação de serviços técnico-profissionais especializados 88
20.2.1. A notória especialização 89
20.2.2. Serviços de natureza singular 89
20.3. Contratação de artista consagrado 90

21. O procedimento da dispensa e da inexigibilidade de licitação 90
21.1. Documentos necessários 90
21.2. Ratificação superior 91
21.3. Autoridade competente 92
21.4. Justificativas 92

22. Licitação internacional 93
22.1. Concorrência ou tomada de preços 93
22.2. Tratamento igual para as licitantes 93
22.3. Representação legal das empresas estrangeiras 93
22.4. Dispensa de documentação 94
22.5. Legislação aplicável 94
22.6. Requisitos do edital 94
23. A comissão de licitação 95
23.1. Composição e funcionamento 95
23.2. Atribuições 96
23.3. Tomada de decisões 97
24. Os prazos nas licitações 98

24.1. Contagem ... 98
24.2. Prazos principais ... 98
24.2.1. Mínimo para convocação de interessados ... 98
24.2.2. Para impugnação do Edital ... 99
24.2.3. De validade da proposta ... 99
24.2.4. Liberação de licitante ... 99
24.2.5. De convocação para contratação ... 100
24.2.6. Para representação ... 100
24.2.7. Para pedido de reconsideração ... 100
24.2.8. Para recurso hierárquico ... 100
24.2.9. Para impugnação de recurso ... 100
24.2.10. Para reconsideração de decisão por parte de autoridade recorrida ... 100
24.2.11 Para decisão sobre recurso por autoridade superior ... 101

25. A pré-qualificação ... 101
25.1. Objetivo ... 101
25.2. Exigências legais ... 101
25.3. Apresentação de documentos ... 101
25.4. Habilitação preliminar na ocasião da concorrência ... 102

26. O consórcio nas licitações ... 102
26.1. Definição ... 102
26.2. Exigências ... 102
26.2.1. Comprovação do compromisso ... 103
26.2.2. Indicação da empresa responsável ... 103
26.2.3. Apresentação dos documentos de habilitação ... 103
26.2.4. Impedimento de participação ... 103
26.2.5. Participação de empresas estrangeiras ... 104
26.2.6. Forma de constituição ... 104
26.2.7. Responsabilidade solidária dos integrantes ... 104
26.2.8. Elementos essenciais do contrato ... 104

27. Licitação nas entidades paraestatais ... 106
27.1. Regulamentos próprios ... 106
27.2. Empresas públicas que exercem atividade econômica ... 106
27.3. Obrigação de licitar ... 106
27.4. Regra constitucional ... 107

28. Dos recursos administrativos ... 108
28.1. Cabimento e natureza ... 108
28.2. Impugnação do edital ... 108
28.3. Recurso, representação e pedido de reconsideração ... 109
28.4. Efeito suspensivo ... 109
28.5. A quem dirigir ... 110
28.6. Representação ... 110
28.7. Ciência aos interessados ... 110
28.8. Dispensa de publicação de intimações ... 111
28.9. Mandado de segurança e ação cautelar ... 111
28.10. Início da contagem do prazo de recurso ... 111

29. Sanções administrativas e tutela judicial ... 111
29.1. Do servidor público ... 111
29.2. Previsão legal e pressuposto de imposição ... 112
29.3. Crimes ... 112
29.3.1. Dispensa ou inexigência ilegal de licitação ... 113
29.3.2. Frustração da competição ... 114
29.3.3. Patrocínio de interesse privado ... 114
29.3.4. Concessão de vantagem indevida ... 114
29.3.5. Impedimento do ato licitatório ... 115
29.3.6. Quebra do sigilo de proposta ... 115

29.3.7. Afastamento de licitante 115
29.3.8. Fraude da licitação 116
29.3.9. Admissão de licitante inidôneo 116
29.3.10. Impedimento de inscrição de interessado 116

30. Jurisprudência 118

Segunda parte - Modelos

1. Decreto de criação de Comissão Permanente de Licitações 125
2. Portaria de Designação de Comissão de Licitação 126
3. Aviso de Tomada de Preços 127
4. Aviso de Concorrência 128
5. Aviso de Concurso 129
6. Aviso de Leilão 130
7. Convite 131
8. Edital de Tomada de Preços 133
9. Edital de Concorrência 140
10. Planilha de Preços 148
11. Contrato de Fornecimento (Conteúdo básico) 149
12. Instrumento Particular de Constituição de Consórcio 152
13. Pedido de informações sobre o edital 155
14. Resposta ao pedido de informações sobre o edital 156
15. Ata de Sessão de Recebimento de Documentação e Propostas 157
16. Ata de Sessão de Abertura de Propostas 159
17. Ata de Julgamento, Classificação das Propostas e Adjudicação 160
18. Encaminhamento do Processo à Homologação 162
19. Despacho de Devolução à Comissão 163
20. Despacho de Homologação 164
21. Encaminhamento de processo em que houve interposição de recurso . 165
22. Julgamento de recurso pela autoridade superior 166
23. Despacho de Anulação 167
24. Despacho de Revogação 168
25. Publicação resumida do julgamento da habilitação 169
26. Publicação resumida do julgamento e classificação das propostas . 169
27. Publicação de súmula de inexigibilidade de licitação 170
28. Publicação resumida de contrato 170
29. Impugnação do edital 171
30. Recurso da habilitação/inabilitação 173
31. Recurso do julgamento das propostas 175
32. Representação 178

Terceira Parte - Legislação

Lei 8.666, de 21.6.93 - atualizada pelas Leis 8.883/94, 9.032/95 e 9.648/98 183
Lei 9.012, de 30.3.95 222
Decreto 2.271, de 7.7.97 222

Bibliografia 225

Índice analítico da Teoria e dos Modelos 229

Índice analítico da Lei de Licitações - 8.666/93 238

Apresentação

A licitação passou a integrar o direito público brasileiro com o Decreto nº 2.926, de 14.5.1862, a lei orçamentária nº 2.221, de 30.12.1909 (art. 54), e as leis nº 3.232, de 5.1.1917 (art. 94), nº 3.454, de 6.1.1918, e nº 3.991, de 5.1.1920 (art. 73), com o Código de Contabilidade Pública da União (Decreto-Legislativo nº 4.536, de 28.1.22) e o seu Regulamento (Decreto nº 15.783, de 22.11.1922). Observou-se o regramento dos artigos 125 a 144 do Decreto-lei nº 200, de 27 de fevereiro de 1967, que, ao estabelecer a reforma administrativa federal, conferiu à licitação uma sistematização de abrangência nacional. Em 1973, editou-se o Decreto nº 73.140, de 9.11.73, que regulamentou as licitações e contratos sobre obras e serviços de engenharia. Depois, com os Decretos 84.701/80 e 86.025/81, instituíram-se, respectivamente, o Certificado de Regularidade Jurídico-Fiscal (CRJF) e o Certificado de Registro no Cadastro Específico (CRCE).

A necessidade de um estatuto jurídico que, efetivamente, normatizasse as licitações e contratações no âmbito da Administração Pública, através de um ordenamento específico, de estrutura formal adequada e que resumisse, com a abrangência desejada, a disciplina das licitações e contratações do setor público, foi atendida, sem dúvida, com o Decreto-Lei nº 2.300/86, que trouxe para os agentes incumbidos de licitar normas jurídicas mais objetivas, de incidência específica sobre aquelas hipóteses de procedimento diante das quais sempre houve certa confusão e insegurança quando do necessário enquadramento legal.

A Lei Federal nº 8.666, de 21 de junho de 1993, que o substitui, já alterada pelas Leis nº 8.883, de 8.6.94, e nº 9.648, de 12.5.98, ao instituir normas para as licitações e os contratos da Administração Pública, o faz de uma forma mais minudente, com bastante especificidade procedimental, como se estivesse a regulamentar de vez o instituto.

É o que passaremos a ver, neste livro, que trata do instituto jurídico-administrativo da licitação, objetivando dar a conhecer, com os seus aspectos jurídicos principais, a prática dos procedimentos mais elementares, à feição de um manual orientativo de como dirigir e julgar uma licitação.

PRIMEIRA PARTE

Teoria

PRIMERA PARTE

Teoria

1. Conceito e finalidade

Sempre que a Administração Pública pretender contratar com particulares a realização de obras, serviços, compras, alienações, locações, concessões e permissões, obrigatoriamente terá de fazê-lo por meio de um procedimento administrativo denominado licitação. A Administração Pública - nela compreendidas suas entidades estatais e autárquicas - não pode contratar livremente com particulares, de modo a privilegiar uns e preterir outros. Obediente ao princípio constitucional da isonomia (art. 5º, I, da Constituição Federal), segundo o qual em direitos e obrigações todos são iguais perante a lei, para contratar com particulares, a Administração deve assim considerá-los, garantindo a todos iguais oportunidades de com ela poderem realizar os seus negócios. Daí estar obrigada a escolher, em igualdade de condições, entre os eventuais interessados que atenderem ao seu chamamento, aquele que lhe apresentar a melhor proposta, a mais conveniente, a mais vantajosa. Trata-se, como se vê, de uma limitação do arbítrio administrativo. O procedimento dessa escolha é que constitui a licitação, que Hely Lopes Meirelles (1988) definiu como: "o procedimento administrativo mediante o qual a Administração Pública seleciona a proposta mais vantajosa para o contrato de seu interesse".

Consiste a licitação, portanto, na escolha, segundo condições previamente estabelecidas e divulgadas, da melhor proposta para o contrato que a Administração pretende celebrar, cumprindo ressaltar, entretanto, que, embora necessária e obrigatória, a obtenção da proposta mais vantajosa não é suficiente para que essa escolha seja válida, uma vez que o procedimento da licitação destina-se, prioritariamente, como veremos adiante, a garantir a observância do princípio da igualdade.

As pessoas naturais ou jurídicas que formularem propostas de contrato chamar-se-ão licitantes.

2. Princípios da licitação

A Lei Federal nº 8.666, de 21 de junho de 1993, estabelece, no art. 3º, que a licitação se destina a garantir a observância do princípio constitucional da isonomia e a selecionar a proposta mais vantajosa para a Administração, e será processada e julgada em estrita conformidade com os princípios básicos da legalidade, da impessoalidade, da moralidade, da igualdade, da publicidade, da probidade administrativa, da vinculação ao instrumento convocatório, do julgamento objetivo e dos que lhe são correlatos.

Por conter os princípios norteadores da licitação, este parece ser o artigo mais relevante da Lei, uma vez que nenhuma interpretação de seus dispositivos ou decisão sobre os procedimentos decorrentes serão legítimos se incompatíveis com o que nele se preceitua.

2.1. Princípio da legalidade

O princípio da legalidade traduz a obrigatoriedade de o administrador público sujeitar-se às prescrições da lei e a fazer exclusivamente o que a lei autoriza. Na licitação, também significa que o procedimento se vincula, em todos os seus atos e termos, aos preceitos legais e regulamentares pelos quais se rege. A eficácia da atividade administrativa está condicionada ao atendimento da lei. É a integral submissão à lei que constitui o princípio da legalidade. Como refere Seabra Fagundes (1968), "Todas as atividades da Administração Pública são limitadas pela subordinação à ordem jurídica, ou seja, à legalidade. O procedimento administrativo não tem existência jurídica se lhe falta, como fonte primária, um texto de lei. Mas não basta que tenha sempre por fonte a lei. É preciso, ainda, que se exerça segundo a orientação dela e dentro dos limites nela traçados. Só assim o procedimento da Administração é legítimo. Qualquer medida que tome o Poder Administrativo, em face de determinada situação individual, sem preceito de lei que a autorize, ou excedendo o âmbito de permissão da lei, será injurídica".

A obediência devida pela Administração Pública ao princípio da legalidade é de ordem constitucional, conforme art. 37 da Constituição Federal.

2.2. Princípio da impessoalidade

O princípio da impessoalidade quer significar que à Administração não é dado tratar os cidadãos com discriminações ou preferências em razão da pessoa, individualmente considerada. Traduz, na verdade, a exclusão do subjetivismo do administrador na tomada de decisões, que devem ser impessoais e rigorosamente objetivas. Também é de ordem constitucional.

2.3. Princípios da moralidade e da probidade

Os princípios da moralidade e da probidade administrativa, que nos parecem de conteúdo semelhante, decorrem de uma regra moral que deve embasar toda ação administrativa. Manoel de Oliveira Franco Sobrinho (1974) lembra, com palavras de Antônio Brandão, que o bom administrador é aquele que se determina não só pelos preceitos vigentes, mas também pela moral comum, conhecendo, assim, as fronteiras do lícito e do ilícito, do justo e do injusto nos seus efeitos. Decepciona constatar que ainda nos defrontamos, por vezes, com estruturas administrativas deformadas pelo desempenho de agentes absolutamente inaptos ao exercício ético e responsável das funções públicas. A regra que manda a Administração agir conforme o Direito, antes de jurídica, é uma regra moral, e os princípios da moralidade e probidade querem significar essa obrigatoriedade de lisura, de seriedade, de correção na prática de todos os atos que compõem o procedimento licitatório, sem perder de vista que, conforme Everardo da Cunha Luna (1988): "no direito, o juiz de uma pessoa é, necessariamente, uma outra pessoa; na moral, o juiz de uma pessoa é a própria pessoa".

2.4. Princípio da igualdade

O princípio da igualdade entre os licitantes, inscrito no art. 5º, I, da Constituição Federal, é fundamental e sem ele não há procedimento licitatório. Antes de selecionar proposta mais vantajosa, destina-se a licitação a garantir a observância do princípio constitucional da isonomia, que a todos assegura iguais oportunidades de celebração de negócios com a Administração. O ato convocatório dos interessados em contratar com a Administração Pública não pode pois conter condições discriminatórias, critério de julgamento faccioso, que a uns favoreça e a outros prejudique, cláusulas que comprometam, restrinjam ou frustrem o caráter competitivo do procedimento licitatório. Nem a lei admite se estabeleçam preferências ou distinções em razão da naturalidade, da sede ou do domicílio dos licitantes. Igualmente é vedado ao edital de licitação estabelecer tratamento diferenciado de natureza comercial, legal, trabalhista, previdenciária ou qualquer outra entre empresas brasileiras e estrangeiras, inclusive quanto a moeda, modalidade e local de pagamento, mesmo quando envolvidos financiamentos de agências internacionais, ressalvadas as preferências do § 2º do art. 3º da Lei 8.666/93, que precedem o sorteio de desempate, e as exceções de lei, como a referente a bens de informática prevista na Lei 8.248, de 23 de outubro de 1991.

Será nula e de nenhum efeito a cláusula discriminatória, e por conseqüência todo o edital, se o vício for de tal ordem que "desiguale os iguais e iguale os desiguais", impedindo a formulação de propostas em bases idênticas. Esta a regra do art. 3º, §§ 1º e 2º, da nossa lei de licitações.

2.5. Princípio da publicidade

O princípio da publicidade informa que, de todos os atos e procedimentos da licitação, deve haver publicidade, de modo a que nada seja subtraído do conhecimento dos licitantes e do público em geral. Diz a lei que a licitação não será sigilosa, sendo públicos e acessíveis ao público os atos de seu procedimento, salvo quanto ao conteúdo das propostas, até a respectiva abertura (Lei 8.666/93, art. 3°, § 3°).

A publicidade da licitação começa com a divulgação do aviso de sua abertura e o edital correspondente (convite, se for o caso) e termina com a publicação oficial do resultado final, com a homologação da adjudicação, depois que todos os recursos foram julgados. Assim, por exemplo, a abertura dos envelopes contendo os documentos de habilitação e as propostas deverá ocorrer, obrigatoriamente, em ato público, para possibilitar a verificação de que não houve prévio conhecimento de seu conteúdo por uns em detrimento de outros. O resultado do julgamento igualmente terá que ser divulgado, oficialmente, de modo a permitir os recursos administrativos e/ou judiciais cabíveis.

2.6. Princípio da vinculação ao edital

O princípio da vinculação ao instrumento convocatório veda a realização do procedimento em desconformidade com o estabelecido previamente no edital. Como *lei interna* da licitação, ao edital tudo se vincula. Nem os documentos de habilitação nem as propostas podem ser apresentados em desconformidade com o que foi solicitado no instrumento convocatório, nem o julgamento do certame pode realizar-se senão sob os critérios nele divulgados. Tampouco o contrato poderá desviar-se da sua matriz - o instrumento convocatório - de modo a descaracterizar essa vinculação. O edital deve referir, obrigatoriamente, o critério de julgamento da licitação, explicitando os fatores que influirão nesse julgamento, e daí em diante tudo deverá ser feito levando em conta o que nele foi estabelecido e divulgado.

2.7. Princípio do julgamento objetivo

O princípio do julgamento objetivo, por seu turno, reflete a imposição de nada ser feito subjetivamente, delimitando-se o poder discricionário da Administração pelas regras contidas no edital. O julgamento objetivo e a vinculação ao instrumento convocatório são princípios básicos interdependentes. Ambos contribuem definitivamente para delimitar no procedimento licitatório o seu conteúdo de discricionariedade. A licitação é, de certo modo, um procedimento unilateral e discricionário. Entretanto, a obrigatoriedade de julgamento objetivo, vinculado ao edital, impede a escolha de propostas com base em juízos e formulações que não tenham sido divulgadas previamente. Todos os licitantes têm o direito de saber, antecipadamente, de que maneira será escolhida a proposta mais vantajosa, a fim de poderem ofertar, em igualdade de condições. A Lei 8.666/93 estabelece, no art. 43, que, no julgamento das propostas, a Comissão levará em consideração os objetivos definidos no edital ou convite, que não devem contrariar normas e princípios legais, vedada a utilização de qualquer elemento, critério ou fator sigiloso, secreto, subjetivo ou reservado, que possa elidir o princípio da igualdade entre os licitantes. Determina a lei de licitações, outrossim, que para esse julgamento não se considerará qualquer oferta de vantagem não prevista no edital ou no convite, nem preço ou vantagem baseados nas ofertas dos demais licitantes, nem propostas com preços unitários simbólicos, irrisórios ou de valor zero, incompatíveis com os preços dos insumos e salários de mercado, acrescidos dos respectivos encargos, ainda que o edital não tenha estabelecido limites mínimos. O julgamento das propostas será objetivo, diz a lei, devendo a comissão de licitação ou o responsável pelo convite realizá-lo em conformidade com os tipos de licitação, os critérios previamente estabelecidos e de acordo com os fatores exclusivamente referidos no edital, de maneira a possibilitar sua aferição pelas licitantes e pelos órgãos de controle (art. 45, *caput*).

3. A obrigatoriedade de licitar

Tanto os bens públicos quanto os interesses públicos não se acham entregues à livre disposição da vontade do administrador. Dois princípios básicos orientam todo o regime jurídico administrativo e embasam a obrigatoriedade de licitar: o da supremacia do interesse público sobre o privado e o da indisponibilidade dos interesses públicos, caracterizando-se a função administrativa, fundamentalmente, pelo fato de desenvolver-se "debaixo da lei e em estrita conformidade com ela".

3.1. Supremacia do interesse público

O fato de que os particulares, e todos eles, em princípio, têm o direito de contratar com a Administração Pública faz com que esta, como já vimos, não seja totalmente livre para contratar com quem bem entenda. O Direito Público moderno proclama a superioridade do interesse coletivo sobre o do particular, pelo que a vontade do Estado é a expressão do interesse do todo social, e, portanto, a este submetido. Um exemplo dessa supremacia dos interesses públicos sobre os interesses privados é o poder de polícia, em virtude do qual a Administração possui atribuições para disciplinar e restringir direitos e liberdades individuais, na conformidade da lei e em favor do bem comum.

LICITAÇÃO - *Teoria e Prática*

3.2. Indisponibilidade dos interesses públicos

O outro princípio, o da indisponibilidade dos interesses públicos, significa que os interesses da coletividade são inapropriáveis, isto é, não ensejam ao administrador o direito de dispor deles segundo sua vontade.

Sendo a licitação um instituto de direito administrativo, sua obrigatoriedade decorre precisamente desses dois princípios básicos, combinados com o princípio constitucional da isonomia, consignado no art. 5º, I, da Constituição Federal, que diz sermos todos iguais perante a lei em direitos e obrigações. Mesmo se não houvesse texto legal que o determinasse, a Administração seria obrigada a licitar, obrigatoriedade que seria regra para a União, os estados, o Distrito Federal, os municípios, as autarquias e as pessoas governamentais, de um modo geral, apenas e tão-somente como conseqüência do princípio constitucional da isonomia.

A Constituição Federal, no art. 37, XXI, impõe à Administração Pública direta, indireta ou fundacional de qualquer dos Poderes da União, dos estados, do distrito federal e dos municípios, a obrigatoriedade de realizarem licitações.

Sujeitam-se ao dever de licitar, portanto, as entidades da Administração Pública direta (União, estados-membros, Distrito Federal, municípios e territórios), as da Administração Pública indireta (autarquias, empresas públicas, sociedades de economia mista e fundações), as entidades do Poder Legislativo (Senado, Câmara dos Deputados, Assembléias Legislativas e Câmaras de Vereadores), do Poder Judiciário e os Tribunais de Contas, bem como demais entidades controladas direta ou indiretamente pelo Poder Público.

3.3. União, Estados, Distrito Federal e Municípios

A obrigatoriedade de licitar, entretanto, não significa obediência automática e integral aos termos da Lei 8.666/93, por todas as pessoas jurídicas integrantes da Administração Pública. O Brasil é uma República Federativa e, como tal, possui pluralidade de ordens político-jurídicas sobre um mesmo território. Cada um dos entes federais (estado, Distrito Federal, município) possui autonomia política para organizar-se administrativamente. A estruturação do funcionamento dos estados, do Distrito Federal e dos municípios, por princípio constitucional - o princípio da *federação* - compete a esses próprios entes federais. Daí que, conforme Marçal Justen Filho (1998), "as competências locais derivadas da organização federal não podem ser limitadas através de lei da União, destinada a veicular normas gerais." Os estados, o Distrito Federal e os municípios dispõem de competência legislativa suplementar sobre licitações e contratcs administrativos, conforme o art. 24, § 2º, da Constituição Federal, e podem editar regras sobre a matéria, desde que respeitando as *normas gerais* contidas na Lei 8.666/93. Isso porque a lei federal sobre licitações não pode suprimir aquela competência local inerente à autonomia administrativa.

Por isso a Lei 8.666/93 tem aplicação automática e integral somente no âmbito da Administração Pública federal, aplicando-se aos estados, ao Distrito Federal e aos municípios apenas as suas normas de caráter geral, ou seja, aquelas que foram editadas para dar maior eficácia aos princípios da licitação e aos direitos que deles decorrem (hipóteses de dispensa, vedações à discriminação injustificada, exigência de julgamento objetivo, de vinculação ao instrumento convocatório, definição das modalidades de licitação, etc.), excluídas as que detalham procedimentos administrativos específicos, que se caracterizam como *normas procedimentais específicas* (definição das faixas de valores para determinação das modalidades licitatórias, condições específicas do registro cadastral, modo procedimental do sistema de registro de preços, fixação de prazos, etc.), de observância obrigatória pelas entidades da Administração Pública federal.

Caso estados e municípios não disponham de leis próprias, poderão ser aplicados, analogicamente, aos termos do ato convocatório da licitação, os preceitos da lei federal, porquanto a obrigação de licitar - adverte Carlos Ary Sundfeld (1994) - "não desaparece pela omissão legislativa."

4. O objeto da licitação

O objeto da licitação poderá constituir-se, por exemplo, na compra de um automóvel, na construção de uma escola, na contratação de serviços de manutenção, na venda de bens inservíveis, na locação de um imóvel ou na concessão do direito de explorar uma linha de ônibus. Em suma, constitui objeto da licitação precisamente aquilo que a Administração pretende obter com o procedimento.

Se a licitação pressupõe disputa, competição, somente será licitável o objeto que puder ser fornecido ou executado por mais de uma pessoa. Quando apenas um puder fornecê-lo ou executá-lo, a licitação será inviável, pela impossibilidade concreta da competição.

4.1. Possibilidade de comparação

Por outro lado, se licitar é escolher a melhor entre as diversas ofertas de um mesmo objeto, somente será possível licitar quando houver possibilidade lógica e material de comparação desse objeto. Conforme ensina Celso Antônio Bandeira de Mello (1985), o objeto somente será licitável quando for constituído de bens suscetíveis de substituição por equivalente

LICITAÇÃO - *Teoria e Prática*

perfeito. Somente serão licitáveis aqueles bens que forem equivalentes, intercambiáveis, homogêneos. Só essas qualidades asseguram a possibilidade material de comparação. Já se disse que é possível licitar a compra de uma máquina de escrever, mas não a de um quadro de Locatelli, que possui individualidade suficiente para torná-lo único e insubstituível. Assim, a possibilidade de confrontação do objeto é indispensável para que haja licitação. Toda a vez que esse objeto disser respeito a bens que não guardam similitude ou identidade com outros da mesma espécie, será impossível a licitação, em virtude da singularidade do objeto.

4.2. Definição no edital

É importante considerar que o objeto da licitação deve ser definido no edital (ou convite) de modo que os licitantes corretamente venham a saber o que a Administração deseja obter com o procedimento. Hely Lopes Meirelles (1983) assevera que licitação sem adequada caracterização de seu objeto é nula, porque dificulta a apresentação das propostas e compromete a lisura do julgamento e a execução do contrato subseqüente. Na verdade, sem uma conveniente caracterização do objeto da licitação, torna-se inviável a formulação de propostas sérias, firmes e concretas, e o edital, omisso ou imperfeito nessa parte será imprestável, porque juridicamente viciado. Quando incompleta ou inadequada essa identificação, adverte Celso Antônio Bandeira de Mello (1985), "ou os interessados não saberão exatamente o que propor ou as propostas não serão cotejáveis com o mínimo de objetividade capaz de garantir tratamento isonômico aos concorrentes". A indicação confusa ou imprecisa do objeto aumenta o teor de subjetivismo do julgamento e, por isso mesmo, vicia o edital de modo a provocar sua invalidação.

4.3. Particularização excessiva

Essa cabal identificação, todavia, não pode ser divulgada no ato convocatório excessivamente particularizada, de modo tal que contribua para que o princípio da igualdade entre os licitantes seja violado. Assim, pois, constituirá uma violação desse princípio, conforme lição de Ivan Barbosa Rigolin (1991), "a descrição do objeto com tal grau de particularização e minúcias que, sem qualquer necessidade objetiva para a Administração, o torne existente de apenas uma marca, e que, portanto, apenas um produtor possa oferecer".

4.4. Divisão do objeto

Ainda na doutrina do Prof. Hely, o objeto da licitação é uno e indivisível, constituindo um todo para cada proposta. Esta regra somente poderá ser desconsiderada quando a divisão do objeto for fisicamente possível, e o edital permiti-la expressamente. Neste caso, deverá indicar de que modo as propostas podem fracionar-se. Do contrário, sem que o edital o permita, não será possível o fracionamento, ainda que fisicamente admissível.

Para a hipótese desse fracionamento, o que se faz, na prática, é a subdivisão do objeto, no texto do edital ou convite, em itens, e a informação de que poderão ser formuladas propostas para todos os itens ou para quaisquer deles, isoladamente, informando-se, outrossim, que para efeito de julgamento, as ofertas poderão ser adjudicadas no global ou parcialmente, por itens, conforme a subdivisão do objeto indicada no ato convocatório.

4.5. Vedações

É importante considerar, quando tratamos da adequada indicação do objeto licitado, a regra contida no art. 7º da Lei 8.666/93, segundo a qual é vedado incluir, no objeto da licitação, a obtenção de recursos financeiros para a sua execução, qualquer que seja a sua origem, exceto no caso de empreendimentos executados e explorados sob o regime de concessão, nos termos da legislação específica; a inclusão de fornecimento de materiais e serviços sem previsão de quantidades ou cujos quantitativos não correspondam às previsões reais do projeto básico ou executivo, bem como a realização de licitação cujo objeto inclua bens e serviços sem similaridade de marcas, ou de características e especificações exclusivas (§§ 3º, 4º e 5º).

5. Obras e serviços

5.1. Condições para licitar

Segundo as definições contidas na Lei 8.666/93, obra é toda construção, reforma, fabricação, recuperação ou ampliação, realizada por execução direta ou indireta, enquanto serviço é toda atividade destinada a obter determinada utilidade concreta de interesse para a Administração, tais como demolição, conserto, instalação, montagem, operação, conservação, reparação, adaptação, manutenção, transporte, locação de bens, publicidade, seguro ou trabalhos técnicos profissionais.

As obras e os serviços somente poderão ser licitados, conforme § 2º do art. 7º da Lei 8.666/93, quando: houver projeto básico aprovado pela autoridade competente e disponível para exame dos interessados; existir orçamento detalhado em planilhas que expressem a composição de todos os seus custos unitários; houver previsão de recursos orçamentários que assegurem o pagamento das obrigações decorrentes de obras e serviços a serem executadas no exercício financeiro em curso, de acordo com o respectivo cronograma; o produto dela esperado estiver contemplado nas metas estabelecidas no Plano Plurianual de que trata o art. 165 da Constituição Federal, quando for o caso.

Projeto básico, conforme o art. 6º, inciso IX, da Lei nº 8.666, é o "conjunto de elementos necessários e suficientes, com nível de precisão adequado, para caracterizar a obra ou serviço, ou complexo de obras ou serviços objeto da licitação, elaborado com base nas indicações dos estudos técnicos preliminares, que assegurem a viabilidade técnica e o adequado tratamento do impacto ambiental do empreendimento, e que possibilite a avaliação do custo da obra e a definição dos métodos e do prazo de execução, devendo conter os seguintes elementos: a) desenvolvimento da solução escolhida de forma a fornecer visão global da obra e identificar todos os seus elementos constitutivos com clareza; b) soluções técnicas globais e localizadas, suficientemente detalhadas, de forma a minimizar a necessidade de reformulação ou de variantes durante as fases de elaboração do projeto executivo e de realização das obras e montagem; c) identificação dos tipos de serviços a executar e de materiais e equipamentos a incorporar à obra, bem como suas especificações que assegurem os melhores resultados para o empreendimento, sem frustrar o caráter competitivo para a sua execução; d) informações que possibilitem o estudo e a dedução de métodos construtivos, instalações provisórias e condições organizacionais para a obra, sem frustrar o caráter competitivo para a sua execução; e) subsídios para montagem do plano de licitação e gestão da obra, compreendendo a sua programação, a estratégia de suprimentos, as normas de fiscalização e outros dados necessários em cada caso; f) orçamento detalhado do custo global da obra, fundamentado em quantitativos de serviços e fornecimentos propriamente avaliados".

Projeto executivo, por seu turno, consiste no conjunto dos elementos necessários e suficientes à execução completa da obra, de acordo com as normas pertinentes da ABNT - Associação Brasileira de Normas Técnicas. Desde que previsto no edital, o projeto executivo poderá ser desenvolvido durante a execução das obras e serviços.

Por constituir-se o projeto básico no conjunto de elementos necessários e suficientes, com nível de precisão adequado, para caracterizar a obra ou serviço, sem ele não poderá haver licitação para obras e serviços. Mais, exige a lei que o mesmo seja aprovado (ato formal) pela autoridade competente, previamente ao desencadeamento da licitação, à publicação do edital.

A orçamentação detalhada em planilhas de custos unitários é outra exigência que deve constar do processo, ante o dever da Administração de estimar o custo de suas obras e serviços como meio de prever adequadamente seus futuros desembolsos. Marçal Justen Filho (1995) pondera, com razão, que nem sempre a Administração terá condições de promover a apuração desses montantes, por não atuar empresarialmente em certos setores e, por isso, não dispor de elementos que lhe permitam fixar esse detalhamento. "Mas isso - adverte o jurista - não elimina o dever de estimar custos, pois não é lícito à Administração iniciar a licitação sem previsão dos valores a desembolsar."

A necessidade de previsão de recursos orçamentários é de ordem constitucional, porque prevista no art. 167, incisos I e II, que exige a previsão orçamentária de quaisquer dispêndios públicos, ao proibir "o início de programas ou projetos não incluídos na lei orçamentária anual", bem como "a realização de despesas ou a assunção de obrigações diretas que excedam os créditos orçamentários ou adicionais."

A condição de que o objeto da licitação esteja contemplado em Plano Plurianual diz respeito a obras e serviços de longo prazo, cuja execução deva ultrapassar o exercício financeiro e, portanto, custeadas por recursos orçamentários não do exercício em curso mas previstos nos planos plurianuais (orçamento plurianual de investimentos), evitando-se a sua paralisação por falta de recurso orçamentário no exercício subseqüente.

5.2. Execução parcelada

A execução das obras e dos serviços deve programar-se, sempre, em sua totalidade, previstos seus custos atual e final e considerados os prazos de sua execução. Diz a lei que serão divididas em tantas parcelas quantas se comprovarem viáveis, procedendo-se a licitação com vistas ao melhor aproveitamento dos recursos disponíveis no mercado e à ampliação da competitividade (art. 23, § 1°). Obviamente que somente caberá parcelamento da execução da obra ou serviço quando isso trouxer, comprovadamente, vantagem para a Administração.

Na execução parcelada, a cada etapa ou conjunto de etapas de obra ou serviço, há de corresponder licitação distinta e autônoma, preservada a modalidade pertinente para a execução do objeto em licitação, é dizer, adotando-se a modalidade correspondente a cada fase, ao que efetivamente será contratado e executado. Embora, como assinala a doutrina, a autorização da despesa deva ter em vista o custo final e global. O fracionamento da obra ou serviço, em parcelas, obedecerá a razões de conveniência técnica e economicidade, somente sendo admissível quando diante de segura perspectiva de um melhor aproveitamento dos recursos disponíveis no mercado e da ampliação da competitividade.

A lei de licitações proíbe o retardamento imotivado da execução de obra ou serviço, ou de suas parcelas, se existente previsão orçamentária para sua execução total, salvo insuficiência financeira ou comprovado motivo de ordem técnica, justificados em despacho circunstanciado da autoridade superior incumbida de ratificar e/ou homologar as licitações na entidade considerada.

5.3. Projetos padronizados

Quer a Lei 8.666/93, no art. 12, que nos projetos básicos e projetos executivos de obras e serviços sejam considerados principalmente os requisitos de segurança, funcionalidade e adequação ao interesse público; economia na execução, conservação e operação; possibilidade de emprego de mão-de-obra, materiais, tecnologia e matérias-primas existentes no local para execução, conservação e operação; facilidade na execução, conservação e operação, sem prejuízo da durabilidade da obra ou do serviço; adoção das normas técnicas, de saúde e de segurança do trabalho adequadas e impacto ambiental.

Como norma de caráter geral, exige a lei que as obras e os serviços, quando destinados aos mesmos fins, tenham projetos padronizados por tipos, categorias ou classes, exceto quando o projeto padrão não atender às condições peculiares do local ou às exigências específicas do empreendimento.

5.4. Regimes de execução

As obras e os serviços poderão ser executados nas seguintes formas:

- execução direta, quando é feita pelos órgãos e entidades da Administração, pelos próprios meios;

- execução indireta, isto é, por terceiros, nos regimes de empreitada por preço global, quando se contrata a execução da obra ou do serviço por preço certo e total; empreitada por preço unitário, quando a execução é contratada por preço certo de unidades determinadas, como, por exemplo, na construção civil cujo pagamento foi estabelecido em função do metro quadrado das alvenarias prontas; tarefa, quando se ajusta mão-de-obra para pequenos trabalhos, por preço certo, com ou sem fornecimento de materiais; empreitada integral, quando se contrata um empreendimento em sua integralidade, compreendendo todas as etapas das obras, serviços e instalações necessárias, sob inteira responsabilidade da contratada até sua entrega ao contratante em condições de entrada em operação, atendidos os requisitos técnicos e legais para sua utilização em condições de segurança estrutural e operacional e com as características adequadas às finalidades para que foi contratada.

5.5. Impedimento de participar da licitação

Como decorrência do dever de observar princípios de moralidade pública, a Lei 8.666/93 veda a participação, direta ou indiretamente, tanto da licitação quanto da execução da obra ou do serviço, e do fornecimento de bens a eles necessários, do autor (pessoa física ou jurídica) do projeto (básico ou executivo); da empresa, isoladamente ou em consórcio, responsável pela elaboração do projeto ou da qual o autor do projeto seja dirigente, gerente, acionista, ou detentor de mais de 5% (cinco por cento) do capital com direito a voto ou controlador, responsável técnico ou subcontratado; de servidor ou dirigente do órgão ou entidade contratante ou responsável pela licitação.

Permite-se, excepcionalmente, a participação do autor do projeto (ou da sua empresa) como consultor ou técnico, nas funções de fiscalização, supervisão ou gerenciamento, a serviço da Administração interessada, bem como que a licitação inclua no seu objeto a elaboração de projeto executivo, como encargo do contratado ou pelo preço previamente fixado pela Administração.

O impedimento tem a sua razão de ser, vez que o autor do projeto tem condições de projetar de modo a afastar concorrentes e dimensionar a obra de acordo com os seus interesses econômico-financeiros. Ou, ainda, projetar de modo a favorecer este ou aquele interessado.

6. Compras

Compra, na definição legal, é toda aquisição remunerada de bens para fornecimento de uma só vez ou parceladamente.

Quando o objeto da licitação for uma compra, deverão ser observadas algumas regras básicas, constantes dos arts. 14 e 15 da Lei Federal 8.666/93. Assim, por exemplo, nenhuma compra será feita sem a adequada caracterização do seu objeto e a indicação dos recursos financeiros para seu pagamento. Esta é uma norma geral que deve ser observada pela União, pelos estados, pelos municípios e por tantas pessoas jurídicas quantas estejam obrigadas a licitar.

O art. 15 da lei de licitações dispõe que as compras, sempre que possível, deverão:

"I - atender ao princípio da padronização, que imponha compatibilidade de especificações técnicas e de desempenho, observadas, quando for o caso, as condições de manutenção, assistência técnica e garantia oferecidas; II- ser processadas através de sistema de registro de preços; III- submeter-se às condições de aquisição e pagamento semelhantes às do setor privado; IV- serem subdivididas em tantas parcelas quantas necessárias para aproveitar as peculiaridades do mercado, visando à economicidade; V- balizar-se pelos preços praticados no âmbito dos órgãos e entidades da Administração Pública."

LICITAÇÃO - *Teoria e Prática*

6.1. Padronização

Consiste a padronização na aquisição de bens com especificações técnicas uniformes a fim de propiciar melhores condições de desempenho, manutenção e assistência. É adotada mediante prévio estudo técnico que demonstre a sua necessidade e os benefícios decorrentes. Não se padroniza por marca , exclusivamente, mas sim pelas especificações técnicas próprias do material, do equipamento, da máquina, em razão das vantagens que sua uniformização proporcione, devendo o processo administrativo de padronização conter a demonstração cabal dessa vantajosidade e a comprovação da sua utilidade para o serviço público. Do contrário, a padronização poderá ser anulada, com apuração de responsabilidades.

6.2. Registro de Preços

O sistema de registro de preços é um modo procedimental de aquisição, que se implanta mediante publicação de um edital de concorrência, específico, em que se solicita das licitantes a oferta de preços unitários, que deverão ser mantidos por determinado período no qual ocorrerão os fornecimentos requeridos pela Administração, sem nova licitação. Como ensina o prof. Marçal Justen Filho (1995), o que se faz é selecionar fornecedor e proposta de preço unitário para contratações inespecíficas, seriadas, que poderão realizar-se durante certo período por repetidas vezes, observados os quantitativos mínimos e máximos estabelecidos no edital. Os preços registrados devem ser publicados trimestralmente na imprensa oficial, para orientação da Administração. Quer a lei, igualmente, que haja uma estipulação prévia do sistema de controle e atualização dos preços registrados e que a validade desse registro não exceda a um ano. Trata-se de um sistema que agiliza significativamente as obtenções.

Na esfera federal, o sistema foi regulamentado pelo Decreto nº 2.743, de 21.8.98, e Instrução Normativa MARE nº 8, de 4.12.98 (DOU de 7.12.98). No Estado do Rio Grande do Sul e para as aquisições processadas no âmbito da administração estadual, pelo Decreto nº 37.288, de 10.3.97.

6.3. Condições semelhantes ao setor privado

Como meio de dinamizar a sistemática de compras da Administração Pública, a Lei nº 8.666/93 prevê que deve submeter-se às condições de aquisição e pagamento semelhantes às do setor privado, o que autoriza, inclusive, segundo o magistério de Hely Lopes Meirelles (1990), dentre outros, o pagamento à vista ou antecipado, com vistas a obter redução de preço e outras vantagens, desde que previstas no ato convocatório da licitação. Claro que a antecipação, por exemplo, deve ser compensada com benefícios à Administração, que pode acautelar-se, exigindo do fornecedor prestação de garantia (fiança bancária) até o recebimento do objeto do contrato.

6.4. Fracionamento da contratação

Também as compras devem ser realizadas com observância da regra da subdivisão, da preferência pelo fracionamento, como meio de obter maiores vantagens com o aproveitamento das peculiaridades do mercado e a ampliação da competitividade. Ao determinar o fracionamento das compras, quando viável, a Lei objetiva universalizar os fornecimentos, com a participação na disputa também dos pequenos, os quais poderão, eventualmente, por razões peculiares do segmento mercadológico a que pertencem, ofertar mais vantajosamente, daí prever-se o fracionamento, exclusivamente para assegurar vantagens à Administração.

Quando a compra for dividida em parcelas, a cada uma destas há de corresponder licitação autônoma, tal como no caso das obras ou serviços, preservada a modalidade pertinente para a aquisição correspondente ao objeto em licitação.

6.5. Proposta parcial

A Lei nº 9.648/98 acrescentou um § 7º ao art. 23 da Lei nº 8.666/93, segundo o qual, na compra de bens de natureza divisível e desde que não haja prejuízo para o conjunto ou complexo, é permitida a cotação de quantidade inferior à demandada na licitação, podendo o edital fixar quantitativo mínimo para preservar a economia de escala. Visa-se à ampliação da disputa, sem dúvida, importando destacar o benefício trazido pelo dispositivo ao assegurar continuidade à licitação sempre que a praça, ocasionalmente, não disponha de fornecedores em condições de ofertar o todo pretendido, ou, por razões particulares, tenham condições de oferecer preços melhores em face dos quantitativos disponíveis ou de conveniência.

Essa cotação parcial, entretanto, somente poderá ocorrer, parece-nos, quando expressamente autorizada no ato convocatório, por implicar que o vencedor não será contratado para a execução total do objeto. Isso, pela extrema conveniência de se fixarem limites mínimos à proposta de quantidade menor. Também, pela possibilidade que a hipótese enseja da licitante vir a habilitar-se proporcionalmente à oferta menor, e não ao todo do objeto posto em licitação.

Ao admitir-se a hipótese, deverão estar previstos no ato convocatório, também, sob pena de dificuldades intransponíveis, os critérios de julgamento e classificação das ofertas parciais, que para serem válidas deverão dizer respeito ao quantitativo posto em licitação e não às suas partes, em prejuízo do conjunto, como no caso do certame objetivar a aquisição de ventiladores, e a oferta contemplar somente as suas hélices.

Ocorrendo a hipótese, serão selecionadas tantas propostas quantas necessárias até que se atinja a quantidade demandada na licitação (art. 45, § 6º).

7. Alienações

Constitui alienação toda transferência voluntária de domínio de bens ou direitos a outrem.

Quando o objeto da licitação for uma alienação de bens, observar-se-ão as seguintes regras básicas: deverá subordinar-se à existência de interesse público, devidamente justificado, e ser precedida de avaliação. É a norma geral do art. 7º da Lei de licitações.

7.1. Bens imóveis

Essas alienações, quando de bens imóveis, dependerão de autorização legislativa, para órgãos da Administração direta e entidades autárquicas e fundacionais e, para todos, inclusive as entidades paraestatais, de avaliação prévia e concorrência, sendo esta dispensada nas hipóteses da dação em pagamento, doação (permitida, no âmbito federal, exclusivamente, para outro órgão ou entidade da Administração Pública); permuta (por outro imóvel destinado ao atendimento das necessidades precípuas da Administração, que no âmbito federal, além disso, tenha a escolha condicionada às necessidades de instalação e localização); investidura; venda a outro órgão ou entidade da Administração Pública, de qualquer esfera de governo. Também terá a licitação dispensada a alienação, concessão de direito real de uso, locação ou permissão de uso de bens imóveis construídos e destinados ou efetivamente utilizados em programas habitacionais de interesse social, por órgãos ou entidades da Administração Pública criados para esse fim.

Na concorrência para venda de bens imóveis, a fase de habilitação limitar-se-á à comprovação do recolhimento de quantia correspondente a 5% da avaliação. É a regra do art. 18 da lei. Por outro lado, a Administração poderá conceder direito real de uso de bens imóveis, dispensada a licitação quando o uso se destinar a outro órgão ou entidade da Administração Pública (art. 17, § 2º).

7.2. Bens móveis

Quando se tratar de bens móveis, as alienações dependerão de avaliação prévia e de licitação, sendo esta dispensada quando se tratar de doação (permitida, exclusivamente, para fins e uso de interesse social, após avaliação de sua oportunidade e conveniência socioeconômica, relativamente à escolha de outra forma de alienação); permuta (permitida, no âmbito federal, exclusivamente, entre órgãos ou entidades da Administração Pública); venda de ações e títulos, negociados na forma da legislação específica; venda de bens produzidos ou comercializados por órgãos ou entidades da Administração, em virtude de suas finalidades, e venda de materiais e equipamentos para outros órgãos ou entidades da Administração Pública, sem utilização previsível por quem deles dispõe.

A Administração poderá permitir o leilão para a venda de bens móveis, avaliados isolada ou globalmente em quantia não superior ao limite estabelecido como determinante da modalidade da Tomada de Preços, conforme dispõe o parágrafo único do art. 18 da lei de licitações.

7.3. Tipos de alienação

A transferência de domínio de um bem patrimonial pode ser feito sob diferentes formas. Conceituemos algumas delas:

Dação em pagamento - é o acordo liberatório convencionado entre o credor e o devedor em virtude do qual aquele aquiesce em receber deste, para exonerá-lo de uma dívida, um objeto diferente do que constituía a obrigação (M.I. Carvalho de Mendonça, 1938).

Doação - é o ato de liberalidade pelo qual uma pessoa transfere bens ou vantagens do seu patrimônio para o de outrem, que os aceita.

Permuta - é o negócio em virtude do qual as partes trocam entre si coisas de sua propriedade, que se equivalem.

Investidura é a alienação aos proprietários de imóveis lindeiros, por preço nunca inferior ao da avaliação, de área remanescente ou resultante de obra pública, inaproveitável isoladamente (Hely Lopes Meirelles, 1988). O § 3º do art. 17 da Lei nº 8.666/93, ao conceituar investidura, diz que a alienação nela compreendida somente poderá ocorrer sem licitação se a avaliação não ultrapassar 50% do valor estabelecido como limite para o convite.

8. Registros cadastrais

8.1. Identificação e enquadramento dos interessados

Os órgãos e entidades da Administração que freqüentemente realizam licitações, obrigatoriamente devem manter registros cadastrais de fornecedores, para efeito de habilitação, atualizados pelo menos uma vez por ano. É a regra do art. 34 da Lei 8.666/93. Tratam esses registros de assentamentos destinados à identificação e enquadramento dos interessados em contratar com a Administração no ramo de suas atividades. Na Administração federal, o cadastro é feito no SICAF, observando-se a Instrução Normativa MARE n° 05/96.

O registro cadastral é de singular importância para o procedimento licitatório, uma vez que, através dele, realiza-se parte da habilitação dos licitantes em tomadas de preços, servindo o correspondente certificado, também, para comprovação de habilitação jurídica e parte da regularidade fiscal em concorrências, na hipótese de estar substituindo documentos exigidos para esta modalidade (art. 32, § 2°).

As unidades administrativas, dispondo ou não desses registros, podem utilizar-se dos registros de outros órgãos ou entidades (art. 34, § 2°), bastando que os editais admitam essa possibilidade, e o Certificado de Registro Cadastral tenha sido expedido na mesma especialidade do objeto licitado.

8.2. Classificação dos inscritos

Os inscritos no registro cadastral devem ser classificados por categorias, tendo-se em vista sua especialização, subdivididos em grupos, segundo a capacidade técnica e econômica avaliada pelos elementos constantes da documentação prevista para sua comprovação.

Ao requerer a inscrição no registro cadastral, o interessado deverá fornecer a documentação prevista no art. 27 com os elementos necessários à satisfação das exigências legais pertinentes. Estabelece a norma federal que aos inscritos será fornecido certificado, renovável sempre que se atualizar o registro (art. 36, § 1°).

8.3. Outras anotações

O registro cadastral também se destina às anotações acerca da atuação do licitante no cumprimento de obrigações assumidas. Por isso mesmo, em qualquer tempo, poderá ser alterado, suspenso ou cancelado, caso o inscrito deixe de satisfazer as condições de habilitação que lhe foram estabelecidas para a classificação cadastral (art. 37).

8.4. Julgamentos dos pedidos de inscrição

Todos os interessados que preencherem os requisitos necessários têm direito à inscrição cadastral, em qualquer tempo, não podendo a Administração recusá-los, sob pena de ofensa ao art. 37, XXI, da Constituição Federal e enquadramento no tipo criminal definido no art. 98 da lei de licitações. Levando em conta que a expedição do Certificado de Registro Cadastral será obrigatoriamente precedido do exame de documentos e do julgamento do pedido de inscrição, não se poderá pretender que isso seja feito de ordinário em poucas horas, pelo que os registros cadastrais deverão organizar-se de modo a estabelecer e divulgar os prazos necessários a esse trabalho.

Os pedidos de inscrição no registro cadastral, bem como a sua alteração ou cancelamento, serão julgados por uma Comissão, permanente ou especial, integrada por profissionais legalmente habilitados, no caso de obras, serviços ou aquisição de equipamentos (art. 51 e § 2°). A comissão de registro cadastral deverá ser composta por 3 (três) membros, no mínimo, sendo pelo menos 2 (dois) deles servidores qualificados pertencentes aos quadros permanentes dos órgãos da Administração responsável pela licitação. Sendo a comissão permanente, a investidura de seus membros não poderá exceder de um ano, vedada a recondução para o período subseqüente. Esta é a regra do art. 51, § 4°. É importante destacar que a Lei 8.666/93 exige que os membros da Comissão de Registro Cadastral, ao examinarem processos que se relacionem com obras e serviços de engenharia, ou aquisição de equipamentos, sejam profissionais legalmente habilitados. Com efeito, para admitir ou suspender, por exemplo, o registro cadastral de uma empresa de construção civil, a Comissão terá que contar em seus quadros com um engenheiro civil, pelo menos.

Como o certificado de registro cadastral é o documento com o qual o interessado se habilita (parcialmente) nas tomadas de preços, podendo fazê-lo, igualmente, nas demais modalidades, deve conter os dados informativos básicos para essa habilitação. Daí Hely Lopes Meirelles (1983) dizer que o certificado "deve refletir fielmente a situação do inscrito, trazendo, além dos dados identificadores do profissional ou empresa, a categoria e grupo a que pertence; o prazo de validade do registro; a quantidade e qualidade do aparelhamento técnico; o nível da equipe técnica e administrativa; o montante do capital realizado; o faturamento do exercício precedente e o lucro líquido; a indicação do desempenho em contratos anteriores; e demais elementos esclarecedores da capacidade operativa e financeira do cadastrado, de modo a propiciar à Administração o pleno conhecimento do pretendente a futuras licitações".

E isso, porque:

"O que propicia o bom contrato não são as exigências burocráticas, mas, sim, a capacitação dos contratados e o criterioso julgamento das propostas. O registro cadastral é o meio de simplificação da documentação dos proponentes para todas as modalidades de licitação".

O que se julga no pedido de inscrição cadastral é a presença das condições gerais de habilitação, passíveis de complementação por exigências do ato convocatório motivadas pelas peculiaridades próprias de cada certame.

8.5. Certificados

Cumpre registrar que continuam em vigor o Decreto Federal 84.701/80, que criou o Certificado de Regularidade Jurídico-Fiscal (CRJF), correspondente à capacidade jurídica e regularidade fiscal, a Portaria nº 5/80, do extinto Ministério da Desburocratização, que dele instituiu modelo oficial, bem como o Decreto Federal 86.025/81, que instituiu o Certificado de Registro no Cadastro Específico (CRCE), correspondente à capacidade técnica e financeira, ambos aplicáveis às licitações realizadas no âmbito da Administração federal, direta e indireta, naquilo que não contrariar a Lei 8.666/93.

9. Modalidades de licitação

Modalidade de licitação é o modo procedimental da seleção, da escolha. É a espécie de certame que se diferencia pela necessidade da sua adequação ao objeto que se pretende contratar.

Embora no direito estrangeiro coexistam modalidades diversas das nossas, exatamente porque é diverso o tratamento que se dá à matéria, as modalidades licitatórias no Direito brasileiro são as seguintes: a) concorrência; b) tomada de preços; c) convite; d) concurso; e) leilão.

9.1. Concorrência

Concorrência, segundo a definição legal (art. 22, § 1º, da Lei 8.666), "é a modalidade de licitação entre quaisquer interessados que, na fase inicial de habilitação preliminar, comprovem possuir os requisitos mínimos de qualificação exigidos no edital para a execução de seu objeto".

A concorrência é a modalidade de procedimento licitatório em que a Administração Pública realiza uma convocação genérica a um número indeterminado de pessoas, cuja idoneidade será verificada durante o próprio procedimento e para cujo chamamento dar-se-á a mais ampla publicidade. Da concorrência poderão participar quaisquer pessoas que, no curso da licitação, demonstrem condições de atender aos requisitos do edital. Do gênero licitação, é a concorrência a espécie mais importante, exatamente porque nela se admite a participação de qualquer interessado. Como ressalta Américo Servídio (1979), dois requisitos são essenciais na concorrência: a mais ampla divulgação possível, de modo que um maior número de pessoas dela tome conhecimento, e a participação de qualquer concorrente, de modo que não haja restrição nenhuma, já que todos deverão submeter-se, durante o procedimento, à necessária habilitação preliminar, destinada a aquilatar da idoneidade (qualificação) dos interessados. Caracteriza-se, pois, pela sua universalidade.

9.2. Tomada de preços

Consoante art. 22, § 2º, da lei referida, "é a modalidade de licitação entre interessados devidamente cadastrados, ou que atenderem a todas as condições exigidas para cadastramento até o terceiro dia anterior à data do recebimento das propostas, observada a necessária qualificação".

A tomada de preços é um procedimento licitatório menos amplo, efetuado mediante convocação genérica, porém a um grupo determinado de pessoas, que se cadastram junto ao órgão licitador, razão pela qual ingressam no certame com a idoneidade parcialmente comprovada. Trata-se de um procedimento licitatório de menor publicidade e cuja participação restringe-se àquelas pessoas registradas no cadastro existente para essa finalidade junto à entidade promotora da licitação. Para participar da modalidade será necessário estar cadastrado na entidade licitadora ou vir a cadastrar-se até três dias antes da data fixada para o recebimento das propostas. A lei agora obriga a Administração a emitir Certificado de Registro Cadastral até esse momento, tornando necessário organizar os serviços cadastrais de modo a poder observar o preceito. Desde que o interessado tenha satisfeito todas as condições habilitatórias exigidas para cadastramento até três dias antes da data do recebimento das propostas, poderá participar. Parece-nos equivocado o entendimento de que a lei esteja a cogitar da entrega, simplesmente, de documentos, à Comissão, para exame posterior, permitindo uma esdrúxula participação condicionada ou provisória do interessado na licitação, ou a suspensão do procedimento a fim de que os documentos de habilitação sejam avaliados. O que a lei quer, na verdade, com o que diz no § 2º do art. 22 e segundo se depreende da expressão " ou que *atenderem* a todas as condições..." , é possibilitar a obtenção do cadastramento até três dias antes da data do recebimento das propostas, impedindo que os editais restrinjam a participação no certame somente aos que tenham obtido o registro cadastral até determinada data anterior à publicação do ato convocatório, como vinha ocorrendo em setores da Administração Pública na vigência do revogado Decreto-lei 2.300/86. Portanto, em virtude de agora estar assegurada a possibilidade de obtenção do registro cadastral até três dias antes da data do recebimento das propostas, deverá o edital de tomada de preços prever que, para os não cadastrados, a documentação deverá ser entregue na repartição licitante até o terceiro dia anterior àquela data.

Ao participante da tomada de preços, pois, bastará comprovar a circunstância de estar cadastrado e apresentar sua proposta de acordo com o requerido no edital. Sobre os registros cadastrais, deve-se ressaltar que são

LICITAÇÃO - *Teoria e Prática*

eles obrigatórios nos órgãos e entidades da Administração que realizem freqüentemente licitações. Possuem esses registros a finalidade de servir como instrumento de habilitação nas licitações que vierem a realizar-se, devendo ser atualizados pelo menos uma vez por ano, na forma regulamentar (Lei 8.666, art. 33).

9.3. Convite

De acordo com o art. 22, § 3º, "é a modalidade de licitação entre interessados do ramo pertinente ao seu objeto, cadastrados ou não, escolhidos em número mínimo de 3 (três) pela unidade administrativa, que afixará, em local apropriado, cópia do instrumento convocatório e o estenderá aos demais cadastrados na correspondente especialidade que manifestarem seu interesse com antecedência de até 24 (vinte e quatro) horas da apresentação das propostas".

Trata-se aqui de uma modalidade em que o chamamento, a convocação de eventuais interessados, deixa de ser genérica e se torna específica a pessoas determinadas, contanto que operem no ramo pertinente à licitação e pelo menos três sejam convidadas para o certame. É a modalidade utilizada para contratos de menor valor, em que se exige um mínimo de publicidade, apenas o indispensável para a observância dos princípios básicos da licitação. Na modalidade de convite, a idoneidade poderá vir a ser presumida sempre que for dispensada a exigência de documentação, o que a Lei 8.666/93 permite. Por outro lado, as cartas-convite poderão ser endereçadas também a pessoas não-cadastradas.

Importante questão se coloca quando, mesmo tendo convidado três ou mais interessados do ramo pertinente ao objeto licitado, menos de três formulam propostas. Diz a lei que, quando por limitações do mercado ou manifesto desinteresse dos convidados for impossível a obtenção do número mínimo de licitantes exigido, essas circunstâncias deverão ser devidamente justificadas no processo, sob pena de repetição do convite. Feita a justificativa, poder-se-á adjudicar, sem problemas, mesmo com menos de três participantes. Como é requisito de validade da licitação, na modalidade de convite, a participação de pelo menos três interessados, uma vez não ocorrendo essa circunstância, ou se procede como anteriormente referido ou se renova o procedimento ou, não sendo possível renová-lo sem prejuízos para a Administração, também será permitido contratar diretamente com qualquer interessado, mediante dispensa de licitação, com base no art. 24, inciso V, da Lei 8.666/93, desde que nas mesmas condições do convite não ultimado. Assim, não ocorrendo formulação de proposta por três competidores do ramo, mas comprovada a circunstância de terem sido convidados, será possível o prosseguimento do feito, justificadamente, ou a contratação direta, mediante dispensa da licitação, mesmo com quem foi convidado e não compareceu. O importante é não perder de vista que, salvo as circunstâncias excepcionais previstas na lei, não se realizará validamente o Convite sem que existam três participantes, três propostas.

Por outro lado, existindo na praça mais de três possíveis interessados, a cada novo convite para objeto idêntico ou assemelhado, deverá ser convidado pelos menos mais um interessado que não participou da licitação imediatamente anterior, enquanto existirem cadastrados não convidados nas últimas licitações.

9.4. Concurso

Consoante o que dispõe o § 4º do art. 22, "é a modalidade de licitação entre quaisquer interessados para escolha de trabalho técnico ou artístico, mediante a instituição de prêmios ou remuneração aos vencedores, conforme critérios constantes de edital publicado na imprensa oficial com antecedência mínima de 45 (quarenta e cinco) dias".

Serve para a disputa, por exemplo, na elaboração de projetos técnicos desejados pela Administração, elaborados por profissionais de notória especialização. Para o concurso adota-se, em vez do edital, simplesmente, um regulamento próprio, que deverá indicar a qualificação exigida dos participantes, as diretrizes e a forma de apresentação do trabalho, bem como as condições de realização do concurso e os prêmios ou remuneração a serem concedidos.

Recomenda a doutrina que o prazo mínimo para a apresentação do trabalho técnico ou artístico seja compatível com o prazo necessário à sua execução. Assim, sempre que o prazo de 45 dias previsto na Lei puder reduzir a participação de interessados o ato convocatório do concurso deverá fixar um prazo maior.

9.5. Leilão

A teor do § 5º do art. 22, "é a modalidade de licitação entre quaisquer interessados para a venda de bens móveis inservíveis para a Administração, ou de produtos legalmente apreendidos, ou penhorados, a quem oferecer o maior lance, igual ou superior ao da avaliação".

Consiste o leilão na colocação em praça de bens destinados à venda pelo sistema de lances sucessivos de elevação de ofertas. Realiza-se somente no caso de bens móveis.

No leilão não há sigilo quanto ao conteúdo das propostas, visto serem estas anunciadas publicamente, vinculando o proponente ao seu valor, até que outra, mais elevada, o supere, garantindo-se ao vencido no lance o direito de formular outra, superior, e assim sucessivamente. Essencial, para o leilão, é o prazo dentro do qual as propostas serão admitidas, isso porque a escolha da melhor oferta, no caso de lances sucessivos, pressupõe, obrigatoriamente, sob pena de invalidade, o anúncio do prazo a partir do qual não mais se admitirão novos lances.

9.6. Determinação da modalidade. Limites

Destinam-se a concorrência, a tomada de preços e o convite a selecionar propostas visando à contratação de obras, serviços e compras, basicamente. Com o procedimento da concorrência, temos em mira aquelas contratações de grande vulto. Com o da tomada de preços, a celebração de contratos de valor médio, enquanto, através do convite, objetivamos contratos de menor valor.O emprego de tal ou qual modalidade determina-se dentro de limites que são estabelecidos pelo valor estimado da contratação desejada, segundo os limites fixados pela legislação.

No âmbito da Administração Pública federal, conforme art. 23 da Lei 8.666/93, teremos: I- para obras e serviços de engenharia: a) convite - até R$ 150.000,00; b) tomada de preços - até R$ 1.500.000,00; c) concorrência - acima de R$ 1.500.000,00; II- para compras e serviços não referidos no inciso anterior: a) convite - até R$ 80.000,00; b) tomada de preços - até R$ 650.000,00; c) concorrência - acima de R$ 650.000,00.

Segundo o art. 120 da Lei 8.666/93, todos os valores nela fixados poderão ser anualmente revistos pelo Poder Executivo Federal, que os fará publicar no Diário Oficial da União, observando, como limite superior, a variação geral dos preços do mercado, no período (Lei nº 9.848/98).

A concorrência é a modalidade cabível na compra ou alienação de bens imóveis, na concessão de direito real de uso e na concessão de serviço ou de obra pública, qualquer que seja o valor de seu objeto. Para essas contratações, o procedimento será sempre o da concorrência. Para os demais casos, entretanto, aqueles em que à Administração for facultada a utilização da modalidade do convite, ser-lhe-á lícito utilizar a tomada de preços e, em qualquer caso, a concorrência.

À Administração é lícito recorrer à modalidade licitatória de maior abrangência, em que pese a pretendida contratação permitir o uso de procedimento de menor rigor. Essa liberdade da Administração de optar pelo emprego de uma modalidade de maior exigência quando lhe for facultado um procedimento licitatório mais singelo, é altamente benéfica e até recomendável, especialmente naqueles casos em que o significado político da contratação transcende o econômico-financeiro e, por isso mesmo, exige maiores cautelas na realização do certame. Há segmentos da atividade econômica em que as oportunidades de negócio são mais disputadas, mais concorridas, fazendo com que uma eventual contratação com o Poder Público signifique maior prestigiamento para o industrial, o comerciante, o técnico, o artista, etc. Nesses casos, será sempre recomendável que a Administração, quando também outras conveniências o indicarem, adote uma modalidade de maior abrangência, de maior solenidade.

9.7. Prévia audiência pública

Sempre que o valor estimado para uma licitação ou para um conjunto de licitações *simultâneas* ou *sucessivas*, for superior a cem vezes o limite previsto para a concorrência, deverá ocorrer, previamente, a audiência pública prevista no art. 39 da Lei 8.666/93, convocada com antecedência mínima de dez dias úteis, e que só poderá realizar-se com pelo menos quinze dias úteis de antecedência da data prevista para a publicação do edital. Nessa reunião, à qual terão acesso e direito de se manifestar todos os interessados, a autoridade responsável pela licitação prestará todas as informações relacionadas com o certame, que constarão da ata correspondente.

Consideram-se licitações simultâneas aquelas com objetos similares e com realização prevista para intervalos não superiores a trinta dias, e licitações sucessivas, aquelas em que, também com objetos similares, o edital subseqüente tenha uma data anterior a cento e vinte dias após o término do contrato resultante da licitação antecedente.

9.8. Preços superiores ao limite da modalidade

Determina-se, como vimos, a modalidade licitatória, pelo valor estimado da contratação pretendida. Na prática, o que se faz é verificar, com base nos preços de mercado, o valor total da contratação que se deseja licitar, enquadrando-o em uma das modalidades previstas: concorrência, tomada de preços, convite.

Ocorrendo a hipótese de os preços ofertados na licitação indicarem uma contratação de valor superior ao limite estabelecido para a modalidade licitatória que se está praticando, o que fazer? Será possível aproveitar o procedimento, levando em conta a imprevisibilidade das nossas variações inflacionárias? Ivan Barbosa Rigolin e Marco Tullio Bottino (1995), no Manual Prático que fizeram publicar, consideram possível o aproveitamento do procedimento da Tomada de Preços, quando o objeto licitado for divisível, desde que esse aproveitamento da licitação se realize até o limite quantitativo cabível em valor, para a modalidade licitada, caso com isso concorde o licitante, e seus preços unitários sejam mantidos. Sendo indivisível, revoga-se a licitação e abre-se outra, na modalidade que se adequar aos valores ofertados anteriormente. Temos o mesmo entendimento, não sem reconhecer que, por vezes, a renovação do procedimento licitatório traz mais prejuízos à Administração. Sendo a extrapolação de valor insignifi-

LICITAÇÃO - *Teoria e Prática*

cante, parece-nos justificável o aproveitamento do certame, conforme o jurista sugere, se razões de interesse público o exigirem, mediante decisão fundamentada. Afinal, elege-se a modalidade com base em um valor *estimado*. A extrapolação, entretanto, terá que ser realmente de pequena monta, até para não caracterizar a ocorrência de vício na estimativa do valor da contratação.

A Lei 8.666/93, de outra parte, veda a utilização da modalidade convite ou tomada de preços, conforme o caso, para parcelas de uma mesma obra ou serviço, ou ainda para obras ou serviços da mesma natureza e no mesmo local que possam ser realizados conjunta e concomitantemente, sempre que o somatório de seus valores caracterizar o caso de tomada de preços ou concorrência, respectivamente, exceto para as parcelas de natureza específica que possam ser executadas por pessoas ou empresas de especialidade diversa daquela do executor da obra ou serviço, conforme art. 23, § 5°. Não se perca de vista que a vedação somente diz respeito àquela obra ou serviço cuja execução se subdividiu em etapas, se parcelou, ou, quando da mesma natureza e que devam ser executados no mesmo local, possam ser executados ao mesmo tempo, em uma só contratação.

10. Tipos de licitação

Estabelece a Lei 8.666/93, no art. 45, que o julgamento das propostas será objetivo, devendo realizar-se em conformidade com os tipos de licitação, os critérios previamente estabelecidos no edital e de acordo com os fatores exclusivamente nele referidos, de maneira a possibilitar sua aferição pelos licitantes e pelos órgãos de controle.

É essencial que o edital informe de que tipo é a licitação que se está a realizar. Como o tipo adotado para a licitação é que definirá os critérios de seu julgamento, sua indicação no ato convocatório é indispensável.

São os seguintes os tipos de licitação previstos pela Lei 8.666/93:

10.1. Licitação de Menor Preço

Na licitação de menor preço, o que se pretende é que a proposta importe em menor despesa para a Administração - aquela, por assim dizer, mais barata. Nesse tipo de licitação, o menor preço é decisivo, por mínima que seja a diferença, desde que, obviamente, a proposta tenha conformidade com as especificações do edital ou convite. Segundo a doutrina e a lei, a licitação de menor preço é a regra, na qual o simples fato de o preço ser o menor justifica a adjudicação. A licitação de menor preço, ensina Antônio Carlos Cintra do Amaral (1979), pressupõe objeto de rotina, técnica uniforme e qualidade conhecida ou padronizada. Por razões óbvias, é a de julgamento mais fácil. Aberto o envelope nº 1, contendo os documentos de habilitação, a Comissão deverá verificar se houve atendimento das condições exigidas. Após julgada, publicado o resultado e encerrada essa fase, abrir-se-á o envelope nº 2, contendo a proposta, para, primeiro, verificar a conformidade da oferta com as especificações constantes do edital. Existindo desconformidade, a proposta deverá ser desclassificada, ainda que de preço melhor. A seguir, dentre as propostas que efetivamente ofertaram o que foi solicitado, verifica-se a conformidade dos preços com as condições do edital, desclassificando-se toda proposta que contiver preços excessivos, irrisórios, simbólicos ou manifestamente inexeqüíveis, segundo o que, a esse respeito, estabeleceu o ato convocatório. Só então verifica-se a oferta de preço menor.

A classificação se fará pela ordem crescente dos preços propostos e aceitáveis.

10.2. Licitação de Melhor Técnica

Licitação de melhor técnica é aquela em que se pretende a prestação do objeto do modo mais perfeito e adequado, qualitativamente. Trata-se, pois, de um tipo de licitação em que o mais importante é a melhor qualidade do bem, da obra ou do serviço licitado, e não o preço. O que se pretende é o maior grau de confiabilidade no atendimento do objeto.

Muito embora o preço não seja, nesse tipo de licitação, fator principal, nas licitações de melhor técnica, a Administração estabelecerá, no ato convocatório, o preço máximo que se propõe a pagar pelo bem ou serviço. Depois de abertos os envelopes contendo as propostas técnicas e uma vez avaliadas e classificadas de acordo com os critérios pertinentes e adequados ao objeto licitado definidos no edital, segundo a regra do § 1º, incisos I e II do art. 46 da Lei 8.666/93, proceder-se-á à abertura das propostas de preço das licitantes que tenham atingido a valorização mínima estabelecida no edital, e à negociação das condições propostas, com a proponente melhor classificada, com base nos orçamentos detalhados apresentados e respectivos preços unitários e tendo como referência o limite representado pela proposta de menor preço entre as licitantes que obtiverem a valorização mínima. Havendo impasse na negociação, idêntico procedimento será adotado sucessivamente, com as demais licitantes, pela ordem de classificação, até a consecução de acordo para a contratação.

Na licitação de melhor técnica, a Administração promove a divulgação de um preço máximo, permitindo que ocorram propostas técnicas e propostas econômicas, diversamente do que acontecia na vigência do Decreto-lei 2.300/86, com a regulamentação que lhe dera o art. 5º do Decreto Federal

LICITAÇÃO - *Teoria e Prática*

n° 30, de 7.2.91. Ali se dizia que o edital deveria estabelecer o valor que a Administração se propunha a pagar, restringindo-se as propostas dos licitantes à descrição do fornecimento, que se faria pelo preço dado. Na licitação de melhor técnica temos, agora, de par com propostas de preços que não devem ultrapassar o limite estabelecido no ato convocatório, uma negociação intermediária destinada à obtenção do preço mais vantajoso. Na prática, o que se faz é o seguinte: Uma vez superada completamente a fase de habilitação, abrem-se os envelopes de n° 2, contendo as propostas técnicas - das proponentes habilitadas, obviamente - procedendo-se à classificação dessas ofertas de acordo com a pontuação obtida, segundo os critérios do edital. Após publicada essa classificação (imprensa oficial ou ata por todos assinada) e encerrada a fase de recursos, abrem-se os envelopes de n° 3, contendo as propostas de preços, os quais, não apresentando desconformidade com as condições do edital, serão classificados por ordem crescente. Verifica-se, então, se o primeiro lugar em técnica é o primeiro lugar em preço. Se isso não ocorrer, dar-se-á a negociação de que fala a lei, que consistirá em saber do proponente classificado em primeiro lugar em técnica se concorda em fornecer pelo preço daquele classificado em primeiro lugar em preço. Não havendo concordância, aquele que foi o vencedor em técnica será dispensado, e a consulta prosseguirá, pela ordem de classificação. Cumpre esclarecer que, tratando-se de licitação de "melhor técnica", a consulta deverá ser dirigida, sempre, ao vencedor em técnica, ainda que, como advertem Ivan Barbosa Rigolin e Marco Tullio Bottino (1995), seja o último classificado em preço, "quando ninguém mais se dispuser a baixar suas condições financeiras até as do primeiro classificado em preço."

Carlos Ari Sundfeld (1995) ressalva que, segundo a lei, o menor preço cotado deve ser tomado como "referência" e que, para receber a adjudicação, o melhor classificado em técnica não estaria obrigado a reduzir o preço até igualá-lo à proposta mais barata.

Estabelece o art. 46 da Lei 8.666/93 que a licitação de melhor técnica (também a de técnica e preço) será utilizada exclusivamente para serviços de natureza predominantemente intelectual, em especial na elaboração de projetos, cálculos, fiscalizações, supervisão e gerenciamento e de engenharia consultiva em geral e, em particular, para a elaboração de estudos técnicos preliminares e projetos básicos e executivos. Só excepcionalmente, e mediante autorização expressa da maior autoridade da Administração promotora, é que poderá ser usada para fornecimento de bens e execução de obras ou prestação de serviços de grande vulto, tecnologia sofisticada, etc. (art. 46, § 3°).

O Prof. Rigolin lembra que, em geral, esse é o tipo de licitação que oferece à Comissão "dificuldades intransponíveis de julgamento sem assessoramento". E recomenda: "Não deve a CJL (Comissão Julgadora de Licitações) aventurar-se, nem tem o menor sentido técnico ou lógico que o faça, a opinar sobre áreas técnicas específicas, que exigem parecer de profissionais especializados - até mesmo por possível exercício ilegal de profissão, no caso das profissões regulamentadas".

A licitação de melhor técnica pressupõe um objeto fora da rotina, a existência de técnica diferenciada, bem como qualidade não conhecida ou não padronizada, daí sua adequação a licitações que tenham objeto constituído de bens ou serviços majoritariamente dependentes de tecnologia nitidamente sofisticada e de domínio restrito, como refere a lei.

10.3. Licitação de Técnica e Preço

Trata-se daquele tipo em que se conjugam a técnica e o preço, ambos relevantes para a Administração. Há um mínimo de técnica exigido pelo edital ao qual deverão adequar-se as propostas. Após verificada essa adequação é que se examinarão os preços. A apresentação dos preços dar-se-á em envelope distinto da proposta técnica, uma vez que a maior ou menor vantagem econômica somente se verificará com relação àquelas propostas que, em técnica, tenham sido consideradas aceitáveis.

A licitação de técnica e preço é utilizada naqueles casos em que é possível a obtenção de melhor qualidade e melhor técnica, com disputa de preços. A desnecessidade de se classificar ordinalmente as propostas consideradas tecnicamente aceitáveis, bastando separar as aceitáveis das inaceitáveis, desclassificando-se estas e levando para o julgamento final, com os respectivos preços, somente as aceitáveis, como se fazia, agora não é mais praticável. Quer a Lei 8.666/93 que a classificação das propostas técnicas seja feita, conforme art. 46, inciso I, "de acordo com os critérios pertinentes e adequados ao objeto licitado, definidos com clareza e objetividade no instrumento convocatório e que considerem a capacitação e a experiência do proponente, a qualidade técnica da proposta, compreendendo metodologia, organização, tecnologia e recursos materiais a serem utilizados nos trabalhos, e a qualificação das equipes técnicas a serem mobilizadas para a sua execução".

Paralelamente a isso exige que a classificação final das licitantes, segundo o inciso II do § 2º do art. 46, seja feita "de acordo com a média ponderada das valorizações das propostas técnica e de preço, de acordo com os pesos preestabelecidos no instrumento convocatório."

Sendo assim, parece-nos inquestionável a necessidade da adoção do critério de pontuação dos requisitos técnicos fundamentais acerca dos quais orientar-se-ão as propostas, tal como já sugeria Celso Antônio Bandeira de Mello (1985), "de sorte que as propostas inferiores a um nível de pontuação prefixado e constante do edital sejam excluídas do confronto relativo aos preços". Sem pontuação e conseqüente classificação ordinal das propostas técnicas não se viabilizará o cálculo da média ponderada que a lei exige.

Na prática, o que se faz é o seguinte: Vencida a fase de habilitação e uma vez classificadas as propostas técnicas de acordo com as notas previstas no edital (proposta melhor, nota maior), passa-se ao exame das propostas de preços, que também serão julgadas e classificadas por ordem decrescente, com atribuição de notas (ao primeiro lugar em preço, nota 10; ao segundo lugar, 9; ao terceiro, 8, e assim por diante), de modo que cada proponente classificada passe a ter duas pontuações, uma referente à classificação técnica, e outra referente ao posicionamento da sua proposta de preço. Como a lei prevê média ponderada, com atribuição de pesos para cada nota final obtida, tanto na proposta técnica quanto na de preço, multiplicar-se-á cada nota pelo seu peso, somando-se, depois, o total obtido na proposta técnica ao total obtido na proposta de preço. Chega-se, assim, à classificação final de todas as proponentes, pela ordem decrescente do total de pontos obtidos, cumprindo ressaltar que, enquanto não realizadas integralmente essas operações matemáticas, não se deverá publicar resultado algum. O julgamento definitivo das propostas só se dará, por óbvio, quando concluída a classificação final.

A Lei 8.666/93 suprimiu o tipo preço-base, em que a Administração fixava um valor inicial e estabelecia, em função dele, limites mínimo e máximo de preços, especificados no ato convocatório. Todas as propostas que ultrapassassem esses limites seriam desclassificadas.

10.4. Licitação de Maior Lance ou Oferta

A licitação de maior lance ou oferta diz respeito, exclusivamente, aos casos de alienação de bens ou concessão de direito real de uso. É, por assim dizer, uma licitação de "maior preço", uma vez que a proposta mais vantajosa para a Administração, ao pretender, por exemplo, vender imóveis, será aquela de maior valor. Também nesse tipo de licitação é possível - como ensinam Ivan Barbosa Rigolin e Marco Tullio Bottino (1995) - conjugar fatores materiais e econômicos, permitindo que proposta de menor valor possa ser adjudicada, desde que inquestionavelmente mais vantajosa.

11. Fases da licitação

11.1. Procedimentos interno e externo

A licitação é um procedimento administrativo que se realiza por meio de atividades que se desenvolvem, sucessivamente, interligando-se para a finalidade última de escolher a proposta mais vantajosa para o contrato que a Administração deseja celebrar. Essas atividades agrupam-se de modo a constituírem etapas determinadas, distintas, integrativas de um procedimento que, num primeiro momento, possui um caráter interno, preparatório, para em seguida adquirir um caráter externo, público. O procedimento que se diz interno, preparatório, vai até a elaboração do edital ou do convite; o externo desencadeia-se com a publicação do edital ou expedição do convite, encerrando-se com a adjudicação do objeto da licitação.

No procedimento interno, realizam-se as atividades desencadeadoras do processo, aquelas que dizem respeito à origem do certame. São elas a requisição, formulada pelo órgão interessado e que deverá conter a completa especificação do bem ou utilidade que se quer obter; a estimativa do valor balizado em preços praticados no âmbito da Administração Pública; a indicação dos recursos orçamentários necessários, bem como o seu comprometimento; o enquadramento na modalidade licitatória adequada; a elaboração do ato convocatório e seus anexos, com a identificação do regime de execução ou o modo do fornecimento e o tipo de licitação adotado.

11.1.1. Procedimento formal

Formaliza-se a licitação mediante abertura de processo administrativo devidamente autuado, protocolado e numerado, contendo a autorização respectiva, no caso de ser realizada por Comissão permanente ou, nos demais casos, o ato administrativo de designação de Comissão para proceder a licitação, a indicação de seu objeto, bem como do recurso orçamentário próprio necessário ao atendimento da despesa que se irá realizar. Deverão ser juntados ao processo o edital ou convite e respectivos anexos; o comprovante das publicações do edital resumido, ou da entrega do convite; o ato de designação da Comissão, do leiloeiro administrativo ou oficial, ou do responsável pelo convite, conforme o caso; original das propostas e dos documentos que as instruírem; atas, relatórios e deliberações da Comissão; pareceres técnicos ou jurídicos emitidos sobre a licitação, dispensa ou inexigibilidade; atos de adjudicação do objeto da licitação e da sua homologação; recursos eventualmente apresentados pelos licitantes e respectivas manifestações e decisões; despacho fundamentado de anulação ou de revogação da licitação, quando for o caso; termo de contrato ou instrumento equivalente, conforme o caso; outros comprovantes de publicações e, bem assim, demais documentos relativos à licitação (Lei 8.666/93, art. 38).

11.2. Fases

É no procedimento externo que se identificam as atividades que constituem as denominadas fases da licitação, cada uma delas com finalidade específica e, no conjunto, preordenadas cronologicamente ao atingimento do resultado final, o escopo do certame, a escolha da melhor proposta de contrato para a Administração. São elas: a) abertura da licitação; b) habilitação das licitantes; c) julgamento e classificação das propostas; d) adjudicação; e) homologação. Vejamos, a seguir, em que consiste cada uma dessas etapas.

12. Abertura da licitação. O edital

Deflagra-se a licitação no momento em que a Administração manifesta publicamente sua intenção de contratar, em condições por ela preestabelecidas. Essa manifestação se faz através da publicação, pela imprensa, do Edital de Licitação, na íntegra ou em resumo, quando se tratar de concorrência e tomada de preços, e pela remessa do convite (forma simplificada de edital) aos eventuais interessados, afixando-se cópia deste, em local apropriado, para conhecimento público. Divulgada a intenção de licitar, tem início a fase de abertura da licitação, que se desdobra em duas partes: uma de convocação dos interessados e outra de recebimento dos documentos de habilitação e propostas.

Celso Antônio Bandeira de Mello (1985) conceitua o edital de licitação como sendo o ato por cujo meio a Administração faz público seu propósito de licitar um objeto determinado, estabelece os requisitos exigidos dos proponentes e das propostas, regula os termos segundo os quais os avaliará e fixa cláusulas do eventual contrato a ser firmado.

12.1. Requisitos

Segundo a Lei 8.666/93, o edital deve conter, no preâmbulo, o número de ordem em série anual, o nome da repartição interessada e de seu setor, a modalidade, o regime da execução e o tipo da licitação, a menção de que será regida pela mencionada lei, o local, dia e hora para recebimento da documentação e das propostas, bem como para o início da abertura dos envelopes.

Indicará, também, o objeto da licitação, em descrição sucinta e clara; o prazo e condições para assinatura do contrato ou retirada dos instrumentos, para execução do contrato e entrega do objeto da licitação; sanções para o caso de inadimplemento; local onde poderá ser examinado e adquirido o projeto básico; se há projeto executivo disponível (ou não) na data da publicação do edital de licitação e o local onde possa ser examinado e adquirido; condições para participação na licitação e forma de apresentação das propostas; critério adotado para o julgamento, com disposições claras e parâmetros objetivos; locais, horários e códigos de acesso dos meios de comunicação à distância em que serão fornecidos elementos, informações e esclarecimentos relativos à licitação e às condições para atendimento das obrigações necessárias ao cumprimento de seu objeto; condições equivalentes de pagamento entre empresas brasileiras e estrangeiras, no caso de licitação internacional; o critério de aceitabilidade dos preços unitário e global, conforme o caso, permitida a fixação de preços máximos e vedada a fixação de preços mínimos, critérios estatísticos ou faixas de variação em relação a preços de referência, ressalvado o disposto nos parágrafos 1º e 2º do art. 48 (acrescentados pela Lei nº 9.648); critério de reajuste, que deverá retratar a variação efetiva do custo de produção, admitida a adoção de índices específicos ou setoriais, desde a data da proposta ou do orçamento a que esta se referir até a data do adimplemento de cada parcela; limites para pagamento de instalação e mobilização, para execução de obras ou serviços, que serão obrigatoriamente previstos em separado das demais parcelas, etapas ou tarefas. O ato convocatório também deverá conter condições de pagamento, prevendo:

a) prazo de pagamento não superior a trinta dias contado a partir da data final do período de adimplemento de cada parcela;

b) cronograma de desembolso máximo por período, em conformidade com a disponibilidade de recursos financeiros;

c) critério de atualização financeira dos valores a serem pagos, desde a data final do período de adimplemento de cada parcela até a data do efetivo pagamento;

d) compensações financeiras e penalizações por eventuais atrasos, e descontos por eventuais antecipações de pagamentos;

e) exigências de seguros, quando for o caso.

O edital deverá conter, ainda, conforme a disposição legal, instruções e normas para os recursos previstos em lei; condições de recebimento do objeto da licitação e outras indicações específicas ou peculiares da licitação (art. 40).

Aos autos do processo deverá ser anexado o original do edital devidamente datado, rubricado em todas as folhas e assinado pela autoridade que o expedir, dele extraindo-se as cópias para divulgação.

12.2. Divulgação. Prazos

Uma vez publicado, o edital não mais poderá ser modificado a não ser que se renove a publicação e o prazo estabelecido para o recebimento das propostas, que será de, no mínimo, 45 dias para o concurso e a concorrência, quando o contrato que desta decorrer contemplar o regime de empreitada integral ou quando a licitação for do tipo melhor técnica ou técnica e preço; 30 dias para a concorrência nos casos não incluídos no acima especificado e para tomada de preços, quando a licitação for do tipo melhor técnica ou técnica e preço; 15 dias para tomada de preços no caso em que a licitação for do tipo menor preço, e para o leilão e, por fim, 5 dias úteis para convite.

Sobre a divulgação, dispõe a lei que os editais de concorrência e tomada de preços sejam publicados, em resumo (aviso de edital), com antecedência, no mínimo, por uma vez, no Diário Oficial da União, quando se tratar de licitação de órgão da Administração federal e, ainda, quando o objeto se tratar de obras parcial ou totalmente financiadas com recursos federais ou garantidas por instituições federais. No Diário Oficial do Estado, quando se tratar de licitação de órgão estadual ou municipal e do Distrito Federal. Também deverá ser publicado em pelo menos um jornal diário de grande circulação no estado ou, se houver, no município onde será realizada a obra, prestado o serviço, fornecido, alienado ou alugado o bem. Ao estabelecer que o ato convocatório seja publicado em resumo, a lei enseja que na imprensa se divulgue apenas o aviso da licitação, que outra coisa não é senão a notícia de sua abertura, com a indicação resumida do seu objeto. O aviso conterá a indicação do local onde os interessados poderão obter o texto integral do edital e todas as informações sobre o certame. A Administração, conforme o vulto da concorrência, poderá ainda utilizar-se de outros meios de divulgação para ampliar a área de competição.

O edital indicará as condições para que os licitantes se habilitem à licitação, informando a documentação que deverá ser apresentada com essa finalidade.

Para a divulgação das suas licitações, os municípios deverão escolher e contratar, mediante concorrência, jornal que sirva de veículo oficial de divulgação da Administração municipal. Se existente no município um único órgão, este poderá ser o indicado.

12.3. Especificação do objeto

Além das condições para participar do certame, o edital também deverá conter todas as especificações acerca do objeto licitado, de modo que as propostas possam ser formuladas sem omissões ou equívocos. A indicação do objeto feita pelo edital deve permitir aos licitantes o perfeito conhecimento do que a Administração deseja contratar, de modo a evitar que as propostas sejam imprecisas e de difícil cotejo umas com as outras, o que dificultará seu julgamento e dará margem a que o certame possa ser anulado pelo subjetivismo do julgamento. Ao fazer referência às propostas, o edital deverá dizer o modo como devem ser formuladas, indicando as condições básicas que, para isso, todos deverão observar, o que por si só tornará o ato convocatório imutável, a menos que, quando alterado, se renovem a publicação e o prazo mínimo correspondente.

12.4. Critério de julgamento

Deverão constar do edital de licitação, obrigatoriamente, os critérios de que se utilizará a Comissão para apurar a habilitação das licitantes, bem como para o julgamento das propostas. Assim, o julgamento da habilitação de um licitante deverá fazer-se vinculadamente àquelas condições consignadas no edital, aos critérios nele estabelecidos. Do mesmo modo que os critérios de classificação e julgamento das propostas, que jamais poderão ser subjetivos, deverá o edital prever, a fim de que todos saibam, de antemão, o que determinará a supremacia de uma oferta sobre a outra.

12.5. Recebimento da documentação e propostas

Como a verificação da idoneidade dos proponentes (habilitação) se faz em momento precedente ao conhecimento e exame das propostas, documentação e propostas deverão ser apresentadas em envelopes distintos, ambos fechados e rubricados pelo proponente. O envelope ou invólucro da documentação deverá conter os documentos exigidos pelo edital para comprovação da habilitação jurídica, qualificação técnica, qualificação econômico-financeira e regularidade fiscal, podendo essa documentação ser parcialmente substituída pelo certificado de registro cadastral, fornecido pela própria entidade licitadora, como veremos adiante.

Quanto à entrega da documentação e propostas, o edital poderá prever que deva realizar-se até determinada data ou, como nos parece mais adequado, diretamente à Comissão, em local, dia e hora preestabelecidos no ato convocatório. A entrega de documentos e propostas até determinada data, sem solenidade pública e a órgãos e servidores não necessariamente ligados ao procedimento externo da licitação presta-se muito a fraudes e violações do sigilo das propostas. Daí ser mais recomendável recebê-los em ato público. Mas não há necessidade de ser concomitante a apresentação da documentação e propostas, uma vez que a abertura destas últimas se fará sempre após o exame e julgamento da fase de habilitação. Obrigatório, todavia, é que a abertura dos invólucros contendo a documentação e propostas seja feita em ato público, de modo que as licitantes possam, no lapso de tempo que lhes for concedido, ao rubricá-las, constatar terem permanecido indevassáveis. Apontando decisões jurisprudenciais, adverte Hely Lopes Meirelles (1988), que, se houver inversão ou concomitância na abertura dos envelopes de documentação e propostas, a licitação torna-se passível de invalidação, pois o julgamento da habilitação há que necessariamente anteceder ao conhecimento das ofertas e o seu julgamento.

13. Habilitação das licitantes

A segunda fase do procedimento licitatório tem início após o encerramento do prazo fixado para o recebimento dos documentos de habilitação e propostas. Recebidos os invólucros correspondentes no local, dia e hora aprazados, a Comissão de Licitação se reúne e, em ato público, presentes quantos acudiram ao seu chamamento, realiza a abertura dos invólucros contendo a documentação. Em seguida, esses documentos são rubricados pela Comissão e pelos proponentes, concedendo-se a estes oportunidade de exame do seu conteúdo para as anotações de costume.

13.1. Vinculação de licitantes à Administração

A partir do momento em que apresentam documentação e propostas é que os interessados passam à condição de licitantes. A conseqüência jurídica dessa entrega e recebimento é o vínculo que se estabelece entre eles e a Administração. Antes, esta vinculação ainda não se formara completamente. É a partir do momento em que, pela sua entrega, as proponentes não podem mais modificar suas propostas nem a Administração agir imotivadamente, que se estabelecem vínculos de obrigações e direitos a serem observados em estrita consonância com as regras do edital. Chega-se, então, à fase de verificação da idoneidade das licitantes, ao exame de suas condições individuais de qualificação, de capacitação para se obrigarem contratualmente. Consiste a habilitação de licitantes na verificação de capacidade jurídica para contratar, de qualificação técnica para executar o objeto da licitação, de qualificação econômico-financeira para enfrentar os encargos econômicos da pretendida contratação e, ainda, na verificação de estar a licitante em situação de regularidade fiscal.

Para Lúcia Valle Figueiredo, "a habilitação é um ato vinculado, por meio do qual a Administração reconhece ter o interessado capacidade para licitar". Diógenes Gasparini (1993) a define como sendo o ato administrativo vinculado mediante o qual a Comissão de Licitação confirma no procedimento da licitação os licitantes aptos, nos termos do edital.

Exigir-se-á, pois, para a habilitação, exclusivamente documentação que se relacione com as situações acima e sirva para comprovar as circunstâncias nelas contidas.

13.2. Habilitação jurídica

Para comprovar a habilitação jurídica para contratar, estabelece a Lei 8.666/93, no art. 28, que deverá o interessado apresentar, conforme o caso, cédula de identidade; registro comercial, no caso de empresa individual; ato constitutivo, estatuto ou contrato social em vigor, devidamente registrados, em se tratando de sociedades comerciais e, no caso de sociedade por ações, acompanhado de documentos de eleição de seus administradores, para que se saiba quem são os representantes legais da sociedade. As sociedades civis deverão apresentar prova de inscrição do ato constitutivo acompanhada da prova de diretoria em exercício. No caso de empresa ou sociedade estrangeira em funcionamento no país, exigir-se-á o decreto de autorização e ato de registro expedido pelo órgão competente, quando a atividade o exigir.

13.3. Qualificação técnica

Na lição de Hely Lopes Meirelles (1988), "Capacidade técnica é o conjunto de requisitos profissionais que o licitante apresenta para executar o objeto da licitação. Essa capacidade pode ser *genérica, específica* e *operativa*, e sob todos esses aspectos pode ser examinada pela Administração, na habilitação para licitar, desde que pedida no edital a sua comprovação. Comprova-se a capacidade técnica genérica, pelo registro profissional; a capacidade técnica específica por atestados e pela existência de aparelhamento e pessoal adequados para a execução do objeto da licitação; a capacidade técnica operativa, pela demonstração da existência de aparelhamento e pessoal disponíveis para a execução do objeto da licitação constante do edital." A verificação da qualificação técnica adquire uma importância maior, nas licitações, quando tratam de obras e serviços de engenharia.

Diz o art. 30 da Lei 8.666/93 que a documentação relativa à qualificação técnica limitar-se-á ao registro ou inscrição do licitante na entidade profissional competente; à comprovação de aptidão para desempenho de atividade pertinente e compatível, em características, quantidades e prazos, com o objeto da licitação (*capacidade técnica específica*), e indicação das instalações e do aparelhamento e do pessoal técnico adequados e disponíveis para a realização do objeto da licitação (*capacidade técnico-operacional*), bem como da qualificação de cada um dos membros da equipe técnica que se responsabilizará pelos trabalhos (*capacidade técnico-profissional*); comprovação, fornecida pelo órgão licitante, de que recebeu os documentos e, quando exigido, de que tomou conhecimento de todas as informações e das condições locais para o cumprimento das obrigações objeto da licitação; prova do atendimento de requisitos previstos em lei especial, quando for o caso.

A comprovação de aptidão referida anteriormente, no caso de licitação para obras e serviços, far-se-á, segundo o § 1º do art. 30, por atestados fornecidos por pessoas jurídicas de direito público ou privado, devidamente certificados, quando for o caso, pela entidade profissional competente. Se os atestados forem solicitados para comprovar capacitação técnico-profissional, limitar-se-ão as exigências à comprovação de a licitante contar, em

LICITAÇÃO - *Teoria e Prática*

seu quadro permanente, na data prevista para entrega da proposta, com profissional de nível superior ou outro devidamente reconhecido pela entidade competente, que seja detentor de atestado de responsabilidade técnica por execução de obra ou serviço de características semelhantes, limitadas estas exclusivamente às parcelas de maior relevância e valor significativo do objeto da licitação, vedadas as exigências de quantidades mínimas e prazos máximos (art. 30, § 1º, I). Essa vedação de exigência de quantidades mínimas e/ou prazos máximos, entretanto, não diz respeito à pessoa jurídica licitante, à *empresa* licitante, mas somente quando se estiver a comprovar capacitação técnico-profissional. Quando os atestados disserem respeito à capacitação técnica específica da pessoa jurídica, da empresa licitante, será possível exigir, conforme Antonio Carlos Cintra do Amaral (1995), que se refiram a *características, quantidades* e *prazos* compatíveis com o objeto da licitação. Proíbe a lei, outrossim, que se exija comprovação de atividade ou de aptidão com limitações de tempo ou de época ou, ainda, em locais específicos, ou quaisquer outras que inibam a participação na licitação (§ 5º), sendo permitido exigir das licitantes que informem a metodologia de execução, no caso de obras, serviços e compras de grande vulto e alta complexibilidade técnica. Considera-se como de alta complexibilidade aquela que envolve alta especialização como fator de extrema relevância para garantir a execução contratual, ou que possa comprometer a continuidade da prestação de serviços públicos essenciais.

13.4. Qualificação econômico-financeira

Para efeito de comprovação de qualificação econômico-financeira, exigir-se-á das empresas que apresentem balanço patrimonial e demonstrações contábeis do último exercício social, já exigíveis e apresentados na forma da lei, que comprovem sua boa situação financeira, vedada sua substituição por balancetes ou balanços provisórios, podendo ser atualizados por índices oficiais quando encerrados há mais de três meses da data da apresentação da proposta; certidão negativa de falência ou concordata, expedida pelo distribuidor da sede da empresa ou, tratando-se de pessoa física, certidão negativa de execução patrimonial expedida pelo distribuidor do seu domicílio; garantia, nas modalidades de caução em dinheiro, em títulos da dívida pública ou fidejussória, limitada a 1% (um por cento) do valor estimado do objeto da contratação.

Nas compras para entrega futura e na execução de obras e serviços, o edital poderá exigir capital mínimo ou patrimônio líquido mínimo de parte das licitantes, para efeito de qualificação, que não poderá exceder a 10% (dez por cento) do valor estimado da contratação.

A comprovação da boa situação financeira da licitante deverá ser feita de forma objetiva, através de cálculo de índices contábeis previstos no edital e devidamente justificados no processo administrativo que tenha dado início ao processo licitatório (art. 31, § 5º). No nosso modelo de edital de concorrência, adiante, exemplificamos um critério de cálculo.

13.5. Avaliação da capacitação financeira no Rio Grande do Sul (Decreto 36.601, de 10.4.96)

O Governo do Estado do Rio Grande do Sul, entendendo necessário padronizar os procedimentos para avaliação da capacidade financeira em certames promovidos em órgãos da Administração Pública estadual (órgãos da administração direta, autarquias, fundações, sociedades de economia mista e suas coligadas, controladas ou subsidiárias) acaba de instituir, pelo Decreto nº 36.601, de 10 de abril de 1996, procedimentos específicos para essa avaliação. Mediante o emprego de fórmulas de cálculo de índices contábeis, o decreto prevê um índice de avaliação da capacidade financeira relativa e, outro, de avaliação da capacidade financeira absoluta, cujo critério de formulação também considera os contratos de obras e serviços que o licitante tem que adimplir, informados em formulário próprio que deve ser entregue juntamente com o Balanço Patrimonial do último exercício social. A avaliação da capacidade financeira absoluta aplica-se, conforme o Decreto 36.601/96, somente às tomadas de preço e concorrências que tiverem por objeto obras e serviços de engenharia enquadrados na seção "Construção", da Resolução do Instituto Brasileiro de Geografia e Estatística-IBGE Nº 54, de 19 de dezembro de 1994. É prevista a instituição do Certificado de Capacidade Financeira Relativa de Licitantes, que poderá substituir, quando da entrega dos documentos necessários à avaliação da habilitação econômico-financeira da licitante, tanto o Balanço Patrimonial quanto o formulário Análise Contábil da Capacidade Financeira de Licitante-ACF, que constitui o Anexo II do Decreto 36.601/96. À Contadoria e Auditoria Geral do Estado-CAGE competirá controlar, fiscalizar e expedir normas complementares ao cumprimento do decreto, cabendo-lhe, além da instituição do referido Certificado de Capacidade Financeira Relativa de Licitante, revisar, anualmente, os critérios e parâmetros definidos, bem como promover as diligências que se fizerem necessárias para verificar a exatidão dos dados fornecidos pelas licitantes.

Todos os órgãos e entidades públicas estaduais sujeitam-se às disposições do Decreto 36.601/96, que assim uniformiza, no âmbito do Estado do Rio Grande do Sul e para as licitações que a Administração Pública estadual realizar, as exigências de comprovação de boa situação financeira pelo cálculo de índices contábeis previsto no § 5º do art. 31 da Lei 8.666/93,

LICITAÇÃO - *Teoria e Prática*

sempre que a entidade licitadora entender necessário que seja comprovada essa circunstância.

13.6. Regularidade fiscal

A documentação relativa à regularidade fiscal consistirá em prova de inscrição no Cadastro de Pessoas Físicas (CPF) ou no Cadastro Geral de Contribuintes (CGC), conforme o caso; prova de inscrição no cadastro de contribuintes estadual ou municipal, se houver, relativo ao domicílio ou sede da licitante, pertinente ao seu ramo de atividade e compatível com o objeto contratual, e prova de regularidade para com a Fazenda Federal, a Estadual e a municipal do domicílio ou sede da licitante, ou outra equivalente, na forma da lei. Também, por força do art. 29, IV, na prova de regularidade relativa à Seguridade Social, que secunda a regra constitucional (artigo 195, § 3º) de que, "a pessoa jurídica em débito com o sistema de seguridade social, como estabelecido em lei, não poderá contratar com o Poder Público nem dele receber benefícios ou incentivos fiscais ou creditícios".

Assim, entendida a seguridade social como referente às obrigações sociais para com o trabalhador, nelas incluídos os encargos previdenciários, de um modo geral, para a celebração do contrato será necessário, além da prova de situação regular perante o INSS, também a de regularidade perante o FGTS.

Mas, afora a regularidade relativa à Seguridade Social, a regularidade fiscal a ser comprovada é aquela perante o ente que promove a licitação. Não teria sentido que, para participar de licitação federal, o interessado tivesse que comprovar regularidade para com o IPTU ou o IPVA. Razão assiste ao Prof. Marçal Justen Filho (1998) quando doutrina que a regularidade fiscal deve comprovar-se na órbita em que se realiza a licitação, por tratar-se de regularidade fiscal e não regularidade "fazendária", sendo incorreto generalizar, para todas as figuras tributárias, a regra do art. 195, § 3º, da Constituição Federal, que é específica, e não subsiste sem conjugação com a do art. 37, XXI, "que proíbe adoção de restrições que ultrapassem o mínimo necessário à garantia do interesse público." Portanto, só devem ser exigidas as provas de regularidade em relação aos tributos que incidam sobre a atividade a ser contratada, merecendo acolhimento o entendimento adotado pelo Tribunal de Contas do Distrito Federal, no Processo nº 2.479/97, sessão de 2.11.97, que pôs em relevo o art. 193 do Código Tributário Nacional, para recomendar interpretação restritiva quanto às exigências do art. 29, III, da Lei 8.666/93. Recomenda a boa doutrina, aliás, que não se deve exigir demasiado na fase de habilitação - salvo quando imprescindível observar precauções óbvias.

"A orientação correta nas licitações é a dispensa de rigorismos inúteis e a não exigência de formalidades e documentos desnecessários à qualificação dos interessados em licitar". (Hely Lopes Meirelles, 1983).

Os documentos destinados à habilitação dos licitantes poderão ser apresentados em original, por qualquer processo de cópia autenticada por tabelião ou funcionário da unidade licitadora, ou publicação em órgão de imprensa oficial (art. 32).

13.7. Condições de adimplemento

Licitações há em que a verificação da idoneidade dos licitantes - sua qualificação para realizar o objeto da licitação - exige o exame de condições seguras de adimplemento das obrigações a serem assumidas com a futura contratação. Essa necessidade de uma maior cautela permite que se exija dos proponentes, nas compras para entrega futura e na execução de obras e serviços, que tenham o capital mínimo ou o patrimônio líquido mínimo informado no edital, cujo valor não poder exceder dez por cento do valor estimado da contratação, conforme art. 31, parágrafos 2º e 3º, da Lei 8.666/93.

Também será possível exigir a relação dos compromissos por eles assumidos, que importem diminuição da capacidade para executar as tarefas pertinentes ao objeto licitado, ou que importem em absorção de disponibilidade financeira. Essa faculdade, que às vezes se torna imprescindível, vem estabelecida no art. 31, § 4º, da Lei 8.666/93, e é de todo recomendável nas licitações de valor considerável e significativa complexidade técnica.

13.8. Licitante habilitada

Habilitada à licitação estará a pessoa interessada que, pela documentação apresentada, atender às exigências do edital. Também se dirá qualificada. Inabilitada ou desqualificada estará aquela que deixar de apresentar a documentação exigida ou apresentá-la de modo a que, pelo exame do seu conteúdo, se verifique que as condições de habilitação exigidas no instrumento convocatório não foram atendidas,sendo alijada do certame.

No procedimento da concorrência e da tomada de preços, é durante seu desenrolar que a habilitação se faz, mediante a apresentação dos documentos solicitados, inclusive na hipótese da apresentação do Certificado de Registro Cadastral, que a partir da Lei nº 8.666/93 não mais substitui toda a documentação habilitatória exigível. No procedimento do convite, a idoneidade das licitantes é presumida, não havendo, portanto, necessidade de comprovação. Isso não impede, todavia, que nesta modalidade, facultativamente, se exija a documentação anteriormente referida. A habilitação no concurso é facultativa, podendo seu regulamento exigir condições de qualificação. No leilão, é absolutamente desnecessária, por se tratar de um negócio à vista, podendo, entretanto, ser prevista no edital.

Habilitada a licitante, dá-se o reconhecimento, pela Administração da sua capacidade para contratar. Significa, conforme Adilson Abreu Dallari (1980), que a Administração reconhece o caráter de promessa de contrato na proposta por ela apresentada, e não mais pode ignorá-la ou preteri-la sob a alegação da inidoneidade de seu proponente. Na verdade, a habilitação faz com que a pessoa participante do procedimento adquira o direito de apresentação de proposta, transformando-se em proponente e, conforme Lúcia Valle Figueiredo (1981), por via de conseqüência, em eventual adjudicatária.

O julgamento da habilitação, como já foi dito, será vinculado às condições previstas no edital ou no convite. Se a Administração pode, com maior ou menor severidade, fixar os requisitos para a aferição dessa idoneidade, que dirá respeito exclusivamente à pessoa da licitante, não poderá decidir aquém ou além desses requisitos. Fixado o critério, deverá obedecê-lo. A fixação desses requisitos e o julgamento a eles vinculado é que garantirá a observância do princípio da igualdade. Por outro lado, quando todas as licitantes forem inabilitadas, a Administração poderá conceder o prazo de oito dias úteis (três dias úteis no caso de convite) para que apresentem nova documentação. É a regra do parágrafo único do art. 48, na redação da Lei nº 8.883/94.

Divulgado o resultado do julgamento da fase de habilitação, não mais caberá desqualificar as licitantes por motivo relacionado com capacidade jurídica, qualificação técnica, qualificação econômico-financeira e regularidade fiscal, a não ser que ocorram fatos supervenientes ou só conhecidos após esse julgamento.

Do julgamento da documentação apresentada pelas licitantes, quando estarão habilitadas somente as que satisfizerem as exigências legais e as contidas no edital, lavrar-se-á ata que explicitará, fundamentadamente, as razões da decisão. Vem, depois disso, em ato público, a abertura dos envelopes contendo as propostas, o que se dará somente com relação àqueles cujas proponentes foram habilitadas. Conforme a lei de licitações, a inabilitação da licitante resulta na perda do seu direito de participar das fases subseqüentes. Os invólucros contendo as propostas das licitantes inabilitadas não serão abertos e, ao término do procedimento, deverão ser devolvidos às interessadas, podendo essa devolução ocorrer antes, caso não haja interposição de recurso sobre a fase de habilitação.

Como ensina Lúcia Valle Figueiredo, "depois da habilitação, os habilitados não mais poderão se retirar da licitação sem ônus, de vez que suas propostas deverão ser mantidas até a homologação, ou até o prazo prefixado em lei ou no edital. O adjudicatário deverá manter sua proposta até a assinatura do contrato, obrigando-se pelo prazo estipulado".

Após a fase de habilitação, reza o § 6° do art. 43 da Lei 8.666/93, não cabe desistência da proposta, salvo por motivo justo decorrente de fato superveniente e aceito pela Comissão.

Oportuno mencionar, nesta altura, sobre a habilitação, o clássico Acórdão do Tribunal de Justiça do Estado do Rio Grande do Sul (Revista de Direito Público, 14/240):

"Visa a concorrência pública a fazer com que maior número de licitantes se habilitem para o objetivo de facilitar aos órgãos públicos a obtenção de coisas e serviços mais convenientes a seus interesses. Em razão desse escopo exigências demasiadas e rigorismos inconsentâneos com a boa exegese da lei devem ser arredados. Não deve haver nos trabalhos nenhum rigorismo, e na primeira fase da habilitação deve ser de absoluta singeleza o procedimento licitatório". Ao clássico entendimento jurisprudencial é de alinhar-se a ponderação de Adilson Abreu Dallari (1992), segundo a qual, em todo o negócio pode e deve haver um certo risco, e não há como eliminar totalmente esses riscos mediante rigorosos critérios de habilitação. "O que se deve fazer é redigir cuidadosamente o contrato, estipulando com precisão e clareza as obrigações das partes, e fixando as responsabilidades pelo inadimplemento. A busca de uma segurança inexistente não deve impedir o regular funcionamento da máquina administrativa, em detrimento do bem-estar da coletividade."

14. Julgamento e classificação das propostas

14.1. Abertura das propostas

Em ato público e com a presença dos interessados far-se-á a abertura dos envelopes contendo as propostas, os quais até esse momento deverão ter sido mantidos inviolados, inaugurando-se a terceira fase do procedimento externo da licitação. Somente serão abertos os envelopes das propostas das licitantes que tiverem sido habilitadas e, mesmo assim, após decorrido o prazo destinado aos recursos pertinentes à fase de habilitação sem que tenham sido interpostos, ou tenha havido desistência expressa de recorrer ou após o julgamento de eventual recurso. Aos inabilitados devolver-se-ão os envelopes das propostas ainda fechados, tais como foram entregues, depois de exaurida a fase recursal. Esta devolução pode ser através do correio, sendo conveniente que o edital o informe, quando for o caso.

A abertura das propostas, como vimos, será realizada em sessão pública, previamente designada e da qual se lavrará ata circunstanciada, que será assinada pelas licitantes presentes e pela Comissão de Licitação. Abertas as propostas, seus originais passarão a integrar os autos do processo licitatório, devidamente rubricados pela Comissão e pelos prepostos das licitantes. Ressalte-se que somente se procederá a abertura das propostas após superados todos os incidentes, impugnações e recursos eventualmente interpostos e relacionados com a habilitação dos candidatos.

14.2. Rubrica

Tanto os documentos de habilitação quanto as propostas serão rubricados pelas licitantes presentes e pela Comissão ou servidor designado. Tem-se aqui uma norma de prudência e segurança que proporciona às licitantes real oportunidade de fiscalizarem a regular formação do processo da licitação. No regime do Decreto-lei 2.300/86, esse procedimento se achava disciplinado de modo mais eficiente. Rubricava-se a documentação e o envelope ainda inviolado da proposta, que somente mais tarde, após o julgamento da fase de habilitação, seria aberto. Agora, a Lei 8.666/93 não manda rubricar o envelope proposta. Embora a omissão, recomendamos o procedimento, que contribuirá para preservar a inviolabilidade das propostas até a sua abertura.

14.3. Verificação de conformidade

O julgamento das propostas e sua respectiva classificação far-se-ão na mesma sessão ou em ocasião posterior, podendo realizar-se em sessão privada da qual participem somente a Comissão de Licitação, assessores técnicos e auxiliares. O julgamento será objetivo, devendo ser realizado em conformidade com os tipos de licitação, o critério previamente estabelecido no ato convocatório e de acordo com os fatores exclusivamente nele referidos.

Inaugurada a fase de julgamento e classificação das propostas, o que se faz de começo é a verificação da conformidade de cada proposta com os requisitos do edital e, conforme o caso, com os preços correntes no mercado, ou constantes do registro de preços, para fins de desclassificação daquelas eventualmente desconformes ou incompatíveis. A proposta que se desviar do pedido no edital ou for omissa em pontos essenciais é inaceitável - ensina Hely Lopes Meirelles (1983) - sujeitando-se à desclassificação. Essa desconformidade tanto pode ser na forma de apresentação como no conteúdo da oferta, pois o edital é que fixa os requisitos da proposta e estabelece as condições em que a Administração deseja contratar. A oferta que não se sujeitar aos limites do edital, escreveu o saudoso jurista, será rejeitada pela desclassificação.

A verificação da conformidade de cada proposta com os requisitos do edital e, conforme o caso, com os preços correntes no mercado ou fixados por órgão oficial competente, ou ainda com os constantes do sistema de registro de preços, para a finalidade de desclassificação das propostas desconformes ou incompatíveis, muito embora referida na Lei 8.666/93, no inciso IV do art. 43, como um procedimento anterior e independente do julgamento e classificação das propostas, é, para nós, integrante desse julgamento. Só em ato de exame de mérito, de análise do conteúdo da proposta é que se obtêm os elementos necessários para deliberar sobre a sua conformidade com as exigências do edital. Daí entendermos que a fase de julgamento das propostas se inicia por essa verificação de conformidade. Toschio Mukai (1993) ensina que a fase de julgamento da licitação se compõe de duas subfases: a do exame preliminar e classificação e a do julgamento propriamente dito.

14.4. Desclassificação de proposta

Celso Antônio Bandeira de Mello (1985), abordando o desajuste da proposta ao edital, doutrina que "são inúmeros e imprevisíveis os modos pelos quais uma proposta poderá desatender ao edital. Qualquer descumprimento dele, inclusive por omissão em preencher os dados e elementos requeridos para clareza, firmeza, certeza e concreção do teor da proposta, acarretará obrigatoriamente a desclassificação dela". Diz a lei que serão desclassificadas as propostas que não atenderem às exigências do ato convocatório da licitação. Também serão desclassificadas aquelas de valor global superior ao limite estabelecido ou com preços manifestamente inexeqüíveis, assim considerados aqueles que não venham a ter demonstrada sua viabilidade através de documentação que comprove que os custos dos insumos são coerentes com os de mercado, e que os coeficientes de produtividade são compatíveis com a execução do objeto do contrato, condições estas necessariamente especificadas no ato convocatório da licitação. Consideram-se preços excessivos aqueles que exorbitam dos valores praticados no mercado em situação idêntica àquela prevista no ato convocatório, não havendo excessividade, portanto, quando as condições preconizadas no edital forem distintas das condições de mercado, por não ser legítima a comparação de preços ofertados para pagamento em condições diferentes. Propostas manifestamente inexeqüíveis serão aquelas sem possibilidade jurídica e material de execução (preços irrisórios, inadequação técnico-científica, etc.). No caso de licitações de menor preço para obras e serviços de engenharia, considerar-se-ão manifestamente inexeqüíveis as propostas cujos valores sejam inferiores a 70% da média das demais propostas, ou da estimativa da Administração, devendo a licitante demonstrar a respectiva exeqüibilidade. Das licitantes classificadas segundo esse critério cujo valor global da proposta for inferior a 80%, será exigida, para assinatura do contrato, prestação de garantia adicional (§§ 1º e 2º do art. 48, acrescentados pela Lei 9.648/98).

Em nenhuma hipótese é permitido à Comissão Julgadora suprir eventuais deficiências de uma proposta, salvo quando o vício ou omissão forem absolutamente sanáveis, como na hipótese de o edital solicitar, por exemplo, preços líquidos, sem impostos, com a indicação do tributo incidente, da alíquota e respectivo valor, e a proposta for omissa quanto ao valor do tributo. É facilmente apurável esse valor mediante cálculo, uma vez que seus fatores essenciais foram indicados. Seria rigorismo inútil desclassificar propostas com essa deficiência. Como adverte Hely Lopes Meirelles, deve-se evitar desclassificações por erros insignificantes. "A desconformidade da desclassificação da proposta - ensina o jurista - deve ser substancial e lesiva à Administração ou aos outros licitantes, pois um simples lapso de redação ou uma falha inóqua na interpretação do edital, não deve propiciar a rejeição sumária da oferta".

E arremata: "Melhor será que se aprecie uma proposta sofrível na apresentação, mas vantajosa no conteúdo, do que desclassificá-la por um rigorismo formal e inconsentâneo com o caráter competitivo da licitação".

Cumpre assinalar que a desclassificação terá que ser fundamentada, cabalmente, com a indicação do que foi desatendido pela proposta, sob pena de nulidade, não sendo suficientes meras referências a itens do edital. Poderá ocorrer em decisão autônoma ou conjunta com a desclassificação das demais propostas, ensina Marçal Justen Filho (1993), parecendo-nos mais recomendável que ocorra conjuntamente com a classificação das demais para evitar recursos intermediários.

14.5. Propostas viáveis

Recomendando que somente as propostas viáveis devam ser classificadas, vale-se Adilson Abreu Dallari (1980) das lições de Marcello Caetano (1970) para concretizar essa viabilidade afirmando, com este, que as propostas devem ser sérias, firmes, concretas e em estrita conformidade com as cláusulas do instrumento de abertura. E explica: proposta séria é aquela feita com propósito de ser mantida; firme, a que não apresentar cláusulas restritivas, resolutivas ou excepcionais; concreta, a que não apresentar preços indeterminados; em estrita conformidade com as cláusulas do instrumento de abertura, aquela em que o bem ou serviço oferecido seja exatamente aquele pretendido pela Administração. Em resumo, as propostas deverão ser, antes de mais nada, como condição para sua classificação,

64   *J. C. Mariense Escobar*

exeqüíveis, inalteráveis, determinadas e conformes com o objeto da licitação.

A Lei 8.666/93, aliás, nos parágrafos 2º e 3º do art. 44, não descuidou de prever essas características, ao estabelecer que não se considerará qualquer oferta de vantagem não prevista no edital ou no convite, inclusive financiamentos subsidiados ou a fundo perdido, nem preço ou vantagem baseada nas ofertas das demais licitantes, nem se admitirá proposta que apresente preços simbólicos, irrisórios ou de valor zero, incompatíveis com os preços dos insumos e salários de mercado, acrescidos dos respectivos encargos, ainda que o ato convocatório da licitação não tenha estabelecido limites mínimos.

14.6. Classificação das propostas

Classificar as propostas é acolhê-las, aceitando-as como proposições de contrato passíveis de adjudicação. Ao proceder na avaliação das propostas, o que faz a Comissão, de começo, é verificar se cada uma atende às exigências do ato convocatório. Caso haja desconformidade com o solicitado no edital ou no convite, a proposta será liminarmente rejeitada, por desclassificação.

Para Diógenes Gasparini (1993), a desclassificação é o ato administrativo vinculado mediante o qual a comissão de licitação acolhe as propostas apresentadas nos termos e condições do edital ou carta-convite.

Uma vez acolhidas as propostas como viáveis, cotejáveis umas com as outras, analisa-se o conteúdo de cada uma delas realizando-se a classificação ordinal das licitantes, por ordem numérica crescente a partir da proposta mais vantajosa, que se classifica em primeiro lugar.

14.7. Critérios de julgamento

O importante para a escolha da proposta mais vantajosa, repita-se, é realizar-se o julgamento rigorosamente dentro dos limites previstos nas cláusulas do edital, observando as normas legais pertinentes. Por outro lado, o critério de julgamento deve incidir sobre o objeto da licitação, tal como este foi divulgado no edital. Se a Administração é livre para estabelecer de modo inequívoco o objeto da licitação, bem como os critérios de julgamento, uma vez estabelecidos deverá observá-los. Não será livre, portanto, para classificar as propostas. Essa classificação, com a proclamação do vencedor, far-se-á vinculadamente aos critérios que foram estabelecidos de modo prático e objetivo no instrumento convocatório. E só com base neles poder decidir.

Estabelece o art. 37 do Decreto 73.140, de 9.11.73, que regulamenta as licitações para obras e serviços de engenharia, ainda em vigor naquilo que não contraria ou diverge da Lei 8.666/93, que, havendo discordância entre os preços unitários e os totais resultantes de cada item, prevalecerão os primeiros; ocorrendo discordância entre os valores numéricos e por extenso, prevalecerão estes últimos.

Julgadas as propostas, serão elas classificadas de modo a permitir o confronto de cada um dos fatores que influíram no julgamento, sendo recomendável a elaboração de um quadro comparativo a ser também divulgado com o resultado do julgamento, o qual terá a função de posicionar ordenadamente as propostas.

14.8. Relatório final. Critério de desempate

Ao término dos seus trabalhos, a Comissão lavrará uma ata, que pode ser denominada Ata de Julgamento, Classificação das Propostas e Adjudicação, contendo o resultado final da licitação. Esta ata deverá conter a classificação ordinal das licitantes, por ordem numérica crescente a partir da proposta mais vantajosa, à qual se atribuirá o primeiro lugar. Diz a lei que, no caso da licitação de menor preço, entre as licitantes qualificadas, a classificação se fará pela ordem crescente dos preços propostos e aceitáveis, prevalecendo, no caso de empate, o critério de desempate previsto no § 2º do art. 3º, e depois o sorteio, em sessão pública, com todas as licitantes convocadas. Esclareça-se que, por *convocados*, na expressão da lei, deve-se entender convidados, já que ninguém poderá ser obrigado a comparecer. O § 2º do art. 3º da Lei 8.666/93 diz que, como critério de desempate, será assegurada preferência, sucessivamente, aos bens e serviços: I- produzidos ou prestados por empresas brasileiras de capital nacional; II- produzidos no país; III- produzidos ou prestados por empresas brasileiras. Por empresa brasileira de capital nacional entende-se aquela cujo controle efetivo esteja em caráter permanente sob a titularidade direta ou indireta de pessoas físicas domiciliadas e residentes no País ou de entidades de direito público interno. Por controle efetivo entende-se a titularidade da maioria de seu capital votante e o exercício de fato e de direito do poder decisório para gerir suas atividades. Por *empresa brasileira* entende-se aquela constituída sob as leis brasileiras e que tenha sua sede e administração no Brasil.

Com a revogação do art. 171 da CF, pela Emenda Constitucional nº 6, de 15.8.95, deixou de existir entre nós a *empresa brasileira de capital nacional*. Por outro lado, sendo raríssima a ocorrência de um empate real, essa regra de preferências parece absolutamente impraticável, embora continue no texto da Lei 8.666/93, que somente depois da sua aplicação admite o sorteio.

Prevê a Lei 8.666/93 que o julgamento das propostas deverá realizar-se em conformidade com os tipos de licitação. O § 1º do art. 45 especifica esses tipos, já comentados anteriormente. Recordemos:

Licitação de menor preço, quando o critério de seleção da proposta mais vantajosa para a Administração determinar que será vencedora a licitante que apresentar a proposta de acordo com as especificações do edital ou convite e ofertar o menor preço. Licitação de melhor técnica, quando o interesse preponderante da Administração é o próprio bem, o serviço em si, de melhor qualidade, mais durável, mais útil, etc. Nesse tipo de licitação, a Administração fixa no ato convocatório o valor máximo que se propõe a pagar pelo bem ou serviço, subdividindo-se a proposta em uma parte técnica, que conterá a descrição do bem ou serviço e, outra, contendo o preço, que não poderá exceder o teto fixado no edital. Licitação de técnica e preço, quando o interesse preponderante da Administração é escolher a proposta que apresente técnica satisfatória e preço mais vantajoso.

A melhor técnica será aquela melhor posicionada em face dos requisitos preestabelecidos no ato convocatório pela Administração, enquanto o melhor preço será, obviamente, o menor. Será imprescindível separar-se, em envelopes distintos, a proposta técnica da proposta de preços, até para que as técnicas inaceitáveis sejam de logo desclassificadas. A classificação das licitantes far-se-á pela média ponderada das valorizações das propostas técnicas e de preço, de acordo com os pesos preestabelecidos no edital.

No julgamento das propostas, qualquer que seja o tipo de licitação, sempre a comissão ou o servidor designado deverão conduzir-se de modo a não favorecer nem discriminar, restringindo-se à observância das condições de julgamento que o próprio edital fixou. Só assim o julgamento será válido.

Importa destacar que, para esse julgamento, não se poderão conceber nem consignar no edital fatores que digam respeito à pura e simples capacitação das licitantes, já que isso é verificável no julgamento da fase de habilitação, exclusivamente. Ressalte-se, outrossim, que o julgamento das propostas, vale dizer o julgamento da licitação, não se constitui num simples parecer conclusivo, numa sugestão à autoridade superior. Na verdade, como acentua Lúcia Valle Figueiredo (1981), o julgamento da comissão "é um juízo de valor técnico, que a autoridade superior não pode desconhecer". Como veremos mais adiante, ao examinarmos a anulação e a revogação da licitação, se a autoridade superior discordar do julgamento da Comissão, não poderá por si mesma modificá-lo, senão somente invalidá-lo, por ilegal, determinar que seja reexaminado ou revogá-lo, por razões de interesse público. Mas não poderá modificá-lo. Entre a Comissão Julgadora e a autoridade competente para o controle administrativo do procedimento licitatório não se cogita de hierarquia, uma vez que cada um possui atribuições diferentes e independentes de modo a configurar uma verdadeira soberania da comissão para realizar o seu julgamento.

15. Adjudicação

Depois de classificadas as propostas e verificando que a primeira colocada satisfaz ao interesse da Administração, a Comissão adjudica o objeto da licitação à proponente vencedora. Inicia-se, com isso, a fase de adjudicação.

Consiste a adjudicação nessa atribuição, à licitante vencedora, do objeto da licitação. É o ato pelo qual se investe a primeira colocada na condição de vencedora, comunicando-lhe oficialmente essa circunstância. Como a conceitua Celso Antônio Bandeira de Mello (1985), "é o ato pelo qual a Administração, em vista do eventual contrato a ser travado, proclama satisfatória a proposta classificada em primeiro lugar". Para Régis Fernandes de Oliveira (1981), a adjudicação "afirma que a proposta vencedora tem condições de ser aceita".

Opera-se com a adjudicação o reconhecimento de que a proposta vencedora atende ao interesse da Administração e, por isso mesmo, pode ser contratada. A eficácia da adjudicação entendemos estar condicionada à confirmação do julgamento pela autoridade superior. Essa confirmação é o que se denomina homologação, que aprova não só a classificação das propostas e adjudicação, mas também todo o procedimento licitatório.

Pela adjudicação, a proponente vencedora adquire o direito de contratar com a Administração, caso esta queira fazê-lo. Trata-se de um direito subjetivo condicionado à conveniência da Administração de formalizar ou não o contrato. Se esta decidir contratar, somente com a adjudicatária poderá fazê-lo. Com efeito, a adjudicatária não tem direito ao contrato, de modo a compelir a Administração a efetivá-lo pura e simplesmente. Tem, sim, direito a que somente com ela deva a avença ser formalizada caso a Administração decida por fazê-lo, sendo que os casos de abuso ou desvio de poder se resolverão pela pretensão indenizatória. Sobre o direito de não ser preterida, a Lei 8.666/93, no art. 50, é taxativa: "A Administração não poderá celebrar o contrato, com preterição da ordem de classificação das propostas ou com terceiros estranhos ao procedimento licitatório".

Por outro lado, a adjudicação é obrigatória, vale dizer, uma vez começado o procedimento licitatório deve ele ser concluído pela adjudicação, salvo nas hipóteses de desistência, invalidação ou de revogação do certame. A adjudicação é integrante, por conseqüência lógica, do julgamento e classificação das propostas. Uma vez publicada, na forma da lei, contra ela cabe recurso no prazo de 5 dias úteis, com efeito suspensivo. Não se deve publicar a adjudicação já homologada. Afinal, a autoridade superior que julga os recursos não acolhidos pela comissão é a mesma (deve ser) que pratica o ato de controle da homologação. Como adverte Diógenes Gaspa-

J. C. Mariense Escobar

rini (1993), seria desastroso o acolhimento de recurso contra a adjudicação em que já ocorrera a homologação e até, quem sabe, a contratação.

A adjudicação, uma vez homologada, produz o efeito de atribuir ao vencedor o direito de contratar com a Administração caso houver contratação; de impedir que a Administração contrate com outro; de liberar as demais licitantes dos encargos da licitação, inclusive quanto ao levantamento das garantias oferecidas; de proibir a Administração de realizar nova licitação enquanto permanecer válida a adjudicação.

16. Homologação

Segundo o Prof. Oswaldo Aranha Bandeira de Mello (1978), "Homologação é o ato administrativo unilateral, vinculado, de controle de outro ato jurídico, pelo qual se lhe dá eficácia ou se afirma sua validade. Examina a legitimidade da manifestação de vontade do ato controlado".

Consiste a homologação no ato pelo qual a autoridade administrativa superior confirma o julgamento das propostas e aprova a adjudicação feita pela Comissão de Licitação, para o efeito de atribuir eficácia aos atos anteriormente praticados. Também vemos na homologação, implícito, como assinala Celso Antônio Bandeira de Mello (1985), um juízo sobre a conveniência de contratar, e não apenas sobre a legitimidade da licitação.

Dá-se a homologação após realizada a adjudicação e após encerrado o prazo dos recursos sobre esta, ou após o julgamento dos recursos eventualmente interpostos. No momento em que o procedimento licitatório sobe à autoridade que mandou instaurá-lo, para homologação, dá-se a oportunidade de aprová-lo, conferindo-se eficácia ao ato classificatório/adjudicatório, devendo a autoridade administrativa superior escoimá-lo de eventuais equívocos que possam ser corrigidos, anulá-lo, por vício insanável no procedimento ou, ainda, revogá-lo por razões de interesse público, tendo, evidentemente, justo motivo para isso, sem exonerar-se a Administração do dever de indenizar as eventuais perdas e danos.

Ressalte-se que a Administração poderá desinteressar-se da contratação subseqüente, mesmo após homologada a licitação, por razões de interesse público fundadas em fatos supervenientes, obrigatoriamente comprovados, sujeitando-se ao ônus de reparar os prejuízos que eventualmente essa decisão causar.

Homologada a licitação, encerra-se o procedimento licitatório. Todos os atos que foram praticados tornam-se definitivos, ocorrendo a preclusão administrativa que impedirá de serem reexaminados com vistas a sua modificação, restando a via judicial aos que quiserem insurgir-se contra o ato.

LICITAÇÃO - *Teoria e Prática*

17. Anulação e revogação da licitação

17.1. Razões

Diz o art. 49 da lei de licitações que a autoridade competente para a aprovação do procedimento somente poderá revogar a licitação por razões de interesse público decorrente de fato superveniente devidamente comprovado, pertinente e suficiente para justificar tal conduta, devendo anulá-lo por ilegalidade, de ofício ou por provocação de terceiros, mediante parecer escrito e devidamente fundamentado. Como se vê, quem anula ou revoga o certame não é a comissão de licitação, mas a autoridade superior incumbida da homologação.

A propósito, a Súmula 473 do Supremo Tribunal Federal reza: "A Administração pode anular os seus próprios atos, quando eivados de vícios que os tornem ilegais, porque deles não se originam direitos, ou revogá-los por motivos de conveniência e oportunidade, respeitados os direitos adquiridos e ressalvada em todos os casos a apreciação judicial".

A licitação, pois, como procedimento administrativo formal, é passível de anulação ou de revogação. Anulação, quando houver razões por motivo de ilegalidade; revogação, quando, embora regular o procedimento houver razões de interesse público decorrente de fato superveniente que a justifique. Como assevera Hely Lopes Meirelles (1988): "Anula-se o que é ilegítimo; revoga-se o que é legítimo mas inoportuno ou inconveniente ao interesse público".

17.2. Requisitos e efeitos

A Administração poderá, sempre, anular ou revogar a licitação, no exercício da faculdade que possui de corrigir os próprios atos, mesmo que não esteja previsto no ato convocatório. Entretanto, não poderá invalidar nem revogar sem justa causa, sem motivo suficiente. Daí ser indispensável, como meio de evitar a prática de ato nulo, por excesso ou abuso de poder, que a decisão anulatória ou revogatória seja adequadamente fundamentada.

Para anular ou revogar a licitação é imprescindível a demonstração do motivo determinante, da justa causa. Tratando-se de anulação, será necessário indicar a ilegalidade, descrevendo o fato que a caracterizou, que poderá constituir infringência a preceitos de lei ou de condições do edital.

17.3. Características da anulação

Duas características importantes, entre outras, possui a anulação do procedimento licitatório ou de uma de suas fases. Em primeiro lugar, pode ser promovida em qualquer etapa dos trabalhos. Uma vez verificada a ilegalidade, a Administração poderá, em qualquer momento, anular a licitação, desde que justificadamente, mediante despacho que aponte a ilegalidade. Em segundo lugar, a anulação opera efeitos *ex tunc*, ou seja, retroage ao ato anulado que, por ter sido considerado ilegal, não gerou direitos nem obrigações.

A invalidação do procedimento licitatório tanto pode ser realizada pela entidade licitante, por sua iniciativa ou mediante provocação de terceiros, quanto pelo Poder Judiciário, quando provocado.

17.4. Dever de indenizar

É de considerar-se, também, nesta parte, a hipótese da anulabilidade do próprio despacho anulatório ou revogatório, se tiver sido praticado com desvio ou abuso de poder. É possível a invalidação do ato anulatório, por ausência de justa causa, subsistindo para a Administração o dever de indenizar perdas e danos, se houve.

Registra o § 1º do art. 49 da Lei 8.666/93, que "a anulação do procedimento licitatório, por motivo de ilegalidade, não gera obrigação de indenizar, ressalvado o disposto no parágrafo único do art. 59". Diz o parágrafo único do art. 59: "A nulidade não exonera a Administração do dever de indenizar o contratado pelo que este houver executado até a data em que ela for declarada e por outros prejuízos regularmente comprovados, contanto que não lhe seja imputável, promovendo-se a responsabilidade de quem lhe deu causa".

Hely Lopes Meirelles (1988) leciona que a anulação com justa causa (ilegalidade) não sujeita a Administração ao dever de indenizar, porque ao Poder Público incumbe invalidar o ato ilegítimo, para que outro se pratique regularmente. Entretanto, quando a ilegalidade for atribuível exclusivamente à Administração, responderá esta pelo prejuízo eventualmente causado ao licitante.

17.5. Razões da revogação

Se a anulação é o desfazimento da licitação por motivo de ilegalidade, a revogação é o desfazimento por razões de conveniência e oportunidade, de interesse público, embora válido e perfeito o certame.

A revogação tem por fundamento razões de interesse público decorrente de fato superveniente devidamente comprovado e suficiente. Isso significa que a revogação somente poderá acontecer fundada em fatos de ocorrência posterior à abertura do certame, como, por exemplo, o fato de a receita não se ter realizado conforme o previsto. O que comanda a revogação, entretanto, é mais o interesse público do que as conveniências do serviço. Enquanto a anulação pode ser parcial ou total não pode haver revogação de parte da licitação, mas somente do procedimento como um todo. Somente se admite revogação parcial quando o objeto da licitação for dividido em itens distintos, passíveis de ofertas independentes. Nessa hipótese, será possível a revogação da licitação em relação a determinado item. Mesmo aí, como ensina o Prof. Toshio Mukai (1988), a revogação será de toda a licitação em relação a um determinado item, não cabendo falar-se em revogação parcial. Oportuno enfatizar, outrossim, que o que se revoga é o certame, a licitação, e não o seu julgamento, ou o julgamento de uma de suas fases.

Também para revogar é necessário justa causa, consubstanciada em fato superveniente comprovado, pertinente e suficiente. As razões da decisão devem ser indicadas no despacho revogatório, sob pena de caracterizá-lo como arbitrário e nulo.

17.6. Direito à indenização

A licitante não pode impedir a anulação nem a revogação do certame. Pode, todavia, exigir que seus motivos determinantes sejam indicados, podendo obter judicialmente a anulação do ato que anulou ou que revogou a licitação, com vistas à obtenção de indenização.

Questão importante decorre da revogação no que diz respeito ao direito de o adjudicatário ser indenizado.

Com efeito, os que acorrem à convocação do Poder Público sem dúvida aceitam o risco de terem suas propostas consideradas insatisfatórias. Sabem, portanto, de antemão, que poderão perder a disputa. Caso a licitação venha a ser revogada, para os que dela participaram sem vencer parece não assistir o direito de indenização. Entretanto, para o licitante que teve a proposta classificada em primeiro lugar, tornando-se adjudicatário do objeto licitado, será cabível pretender a indenização dos prejuízos que teve com a revogação, embora fundada em justa causa. Celso Antônio Bandeira de Mello (1985) doutrina: "Quem aflui ao certame e atende ao pretendido tem o direito de esperar de quem o convocou publicamente um comportamento não só sério mas também firme: o mesmo que dele é exigido. De direito pode e deve supor que a licitação não foi instaurada por capricho ou impensadamente. Além disso, se fatores supervenientes desaconselham o contrato, trata-se de questão estranha ao licitante vencedor, cuja proposta além de satisfatória, foi a melhor. Então, não deve ficar onerado pelas despesas ou prejuízos que lhe resultem da nova decisão administrativa. Temos por indubitável que aquele que venceu a licitação mediante proposta qualificável, de direito, como satisfatória, e superior às demais, faz jus à indenização pelos prejuízos que efetivamente comprove, caso seja revogada a licitação."

17.7. Publicação do ato anulatório ou revogatório

Registre-se, por derradeiro, que a nulidade do procedimento licitatório induz à do contrato (art. 49, § 2º), e que, para surtirem efeitos jurídicos, tanto a anulação quanto a revogação devem ser publicadas, conforme o caso, no Diário Oficial da União, do estado, do município, ou, na falta deste, no jornal utilizado costumeiramente para publicações oficiais.

Na doutrina do Prof. Gasparini (1993), a anulação e a revogação somente ocorrem na licitação acabada. Quando a licitação tem o seu curso interrompido pela autoridade que determinou a sua abertura, o que ocorre é desistência do procedimento, e não revogação. Também a desistência deve ser motivada, justificada, e por não ser da natureza da licitação - como diz o jurista - gera o dever de indenizar.

Contra a desistência cabem os recursos de lei.

18. Dispensa de licitação

A licitação é a regra; sua dispensa, exceção.

Casos há em que a licitação é possível, mas a lei permite seja dispensada pela autoridade administrativa. Antônio A. de Queiroz Telles (1985) diz que a indicação da necessidade, conveniência e oportunidade de exigir ou dispensar o procedimento encontra justificativa no próprio interesse público. A Lei 8.666/93, no art. 24, com as alterações subseqüentes, alinha as seguintes hipóteses em que é possível dispensar a realização do procedimento licitatório:

I - obras e serviços de engenharia de pequeno vulto; II - outros serviços e compras de pequeno vulto; III - guerra ou grave perturbação da ordem; IV - emergência ou calamidade pública; V - quando não comparecem licitantes; VI - intervenção no domínio econômico; VII - oferta de preço excessivo ou incompatível; VIII - operações entre pessoas jurídicas de Direito Público; IX - comprometimento da segurança nacional; X - compra ou locação de imóvel cujas necessidades condicionam a escolha; XI - contratação de remanescentes em decorrência de rescisão contratual; XII - compras eventuais de gêneros perecíveis; XIII - instituição de pesquisa e desenvolvimento; XIV - aquisições sob acordo internacional; XV - aquisição ou restauração de obras de arte; XVI - serviços gráficos e de informática; XVII - aquisições do fornecedor original para manutenção de garantia; XVIII - abastecimento de navios, aviões e tropas em deslocamento; XIX - compra de materiais padronizados pelas Forças Armadas; XX - contratação de associação de deficientes físicos; XXI - bens destinados a pesquisa científica e tecnológica; XXII - suprimento de energia elétrica; XXIII -

LICITAÇÃO - *Teoria e Prática*

contratação entre paraestatais e suas subsidiárias e controladas; XXIV - para atividades contempladas em contrato de gestão.

Vejamos em que consiste cada uma delas.

18.1. Obras e serviços de engenharia de pequeno vulto

Conforme o art. 24, I, da Lei 8.666/93, é dispensável a licitação para obras e serviços de engenharia de valor até 10% do limite previsto para que sejam licitadas na modalidade de convite, desde que não se refiram a parcelas de uma mesma obra ou serviço ou ainda para obras e serviços da mesma natureza e no mesmo local que possam ser realizados conjunta e concomitantemente. Esse percentual será de 20% quando a entidade for sociedade de economia mista e empresa pública, bem como autarquia e fundações qualificadas como agência executiva. Desnecessário tecer maiores comentários sobre a hipótese. Na verdade, negócios assim de valor menor não comportam as delongas de um formalismo burocrático absolutamente inconveniente para a Administração. Mas somente serão dispensáveis da licitação desde que não se refiram a parcelas de uma mesma obra ou serviço ou, ainda, de obras e serviços da mesma natureza e no mesmo local, que possam ser realizados ao mesmo tempo.

18.2. Outros serviços e compras de pequeno vulto

Do mesmo modo que na hipótese anterior, é dispensável a licitação para a contratação de serviços e compras até o valor de 10% do limite previsto na alínea *a* do inciso II do art. 23 da Lei 8.666/93 para que sejam licitadas, na modalidade de convite, e para alienações, desde que não se refiram a parcelas de um mesmo serviço, compra ou alienação de maior vulto que possa ser realizada de uma só vez. Tanto este valor quanto aquele referente a obras e serviços de engenharia de pequeno vulto serão corrigidos, automaticamente, com base no IGPM.

18.3. Guerra ou grave perturbação da ordem

Em situações anormais, caracterizadas por acontecimentos excepcionais, como o procedimento licitatório pressupõe certo tempo de implementação, é possível dispensar sua realização. Para que isso ocorra, entretanto, assinala a doutrina ser imprescindível a prévia caracterização dos fatos determinantes da dispensa, sem o que não será lícito à autoridade utilizar-se da faculdade. No art. 24, III, a Lei 8.666/93 faz menção aos casos de guerra ou grave perturbação da ordem como hipóteses em que a licitação é dispensável. A guerra, considerada como o estado de beligerância entre nações soberanas, deve ser declarada obrigatoriamente pelo Chefe de Estado, na forma constitucional. É o conflito armado entre Estados, como diz Diógenes

Gasparini, que só se configura com a declaração solene do Chefe de Estado. No Brasil, é atribuição do Presidente da República, conforme Constituição Federal, art. 84, XIX.

Devemos esclarecer que a permissão legal para a dispensa de licitação, nessa hipótese, acha-se rigorosamente subordinada à ocorrência efetiva das respectivas anormalidades, enquanto estiverem ocorrendo e, ainda, como adverte Américo Servídio (1979), desde que devidamente caracterizadas como tais.

18.4. Emergência ou calamidade pública

Casos há em que é urgente o atendimento de situações emergenciais que pela imprevisibilidade de suas conseqüências podem causar danos irreparáveis a pessoas e bens. Assim, por exemplo, a queda de uma ponte e a urgente necessidade de restabelecer o trânsito no lugar; o incêndio de uma central telefônica e o imperioso dever de restabelecimento da comunicação interrompida, são casos de emergência por si só autorizadores de uma contratação direta. Mas só se dispensará a licitação, nesses casos, para os bens necessários ao atendimento da situação emergencial ou calamitosa e para as parcelas de obras e serviços que possam ser concluídas no prazo máximo de 180 (cento e oitenta) dias consecutivos e ininterruptos, contados da ocorrência da emergência ou calamidade, vedada a prorrogação dos respectivos contratos.

A perfeita caracterização da situação emergencial há que ser feita caso a caso, de modo a não pairar dúvidas sobre a urgente necessidade de medidas administrativas relacionadas com a anormalidade. Segundo Hely Lopes Meirelles (1983), "o reconhecimento da emergência é de valoração subjetiva, mas há de estar baseado em fatos consumados ou iminentes, comprovados e previstos, que justifiquem a dispensa da licitação".

A situação emergencial ensejadora da dispensa é aquela que resulta do imprevisível, e não da inércia administrativa. Para ser considerada emergente é necessário que a situação seja de tal ordem que não comporte submissão aos trâmites do procedimento licitatório. E essa aferição, assinalam Lúcia Valle Figueiredo e Sérgio Ferraz (1980), deve ser feita no momento da contratação. Lecionam, acerca da hipótese:

"Impende assinalar, todavia, a necessidade de aferição da situação emergencial no momento da contratação; circunstâncias podem existir transformando o que era emergencial em passível de ser contratado por licitação. Na prática ocorre, freqüentemente, o seguinte: autoriza-se uma contratação direta por situação emergencial. Por demora na tramitação burocrática a referida contratação é efetuada dois, três meses depois. Afigura-se-nos, em tais casos, ter havido a descaracterização da emergência".

LICITAÇÃO - *Teoria e Prática*

Entende-se por calamidade pública, conforme art. 1º do Decreto Federal 67.347, de 05.10.70: "a situação de emergência, provocada por fatores anormais e adversos que afetam gravemente a comunidade, privando-a, total ou parcialmente, do atendimento de suas necessidades ou ameaçando a existência ou integridade de seus elementos componentes". Exemplificam-se essas situações como inundações, pestes, terremotos, vendavais, incêndio, etc.

Com efeito, não terá sido correto o procedimento da contratação direta após terem-se normalizado aquelas circunstâncias de perigo de prejuízo ou comprometimento à segurança de pessoas e bens, de modo a tornar possível a licitação.

Para dispensar a licitação nos casos de emergência ou de calamidade pública, ensina o Prof. Marçal Justen Filho (1993), a Administração deverá avaliar a presença de dois requisitos: a demonstração concreta e efetiva da potencialidade de dano e a demonstração de que a contratação é via adequada e efetiva para eliminar o risco. Em resumo: a urgência deve ser concreta, efetiva, e a contratação, o instrumento eficiente para eliminar o risco - escreve o jurista.

18.5. Não-comparecimento de interessados à licitação

Pela regra do art. 24, V, é dispensável o procedimento licitatório quando não acudirem interessados à licitação, e esta, justificadamente, não puder ser repetida sem prejuízo para a Administração. Neste caso, é permitida a contratação direta desde que sejam mantidas as condições preestabelecidas no ato convocatório.

Ocorre o desinteresse pela licitação quando a ela não acode nenhum interessado, nenhum licitante. Trata-se da licitação deserta. Para Hely Lopes Meirelles (1983), o desinteresse pela licitação caracteriza-se "quando não acode à licitação nenhum licitante, ou todos são inabilitados ou nenhuma proposta é classificada, muito embora, neste último caso a Administração possa convidar os proponentes para reformular suas ofertas".

Num primeiro momento, parece, poder-se-ia discordar do mestre quando afirma ter havido desinteresse pela licitação na hipótese de terem sido inabilitados todos os participantes ou nenhuma de suas propostas classificadas. Afinal, se houve participante inabilitado e, além disso, proposta aberta, examinada e desclassificada, não houve desinteresse. E tanto é assim que a própria lei de licitações permite, nesta última hipótese, que os proponentes possam reformular suas ofertas, se desclassificadas por desacordo com o edital, por preços excessivos ou manifestamente inexeqüíveis. Entretanto, o desinteresse que aqui se quer considerar não é aquele decorrente do fato de que ninguém compareceu, mas, sim, aquele caracterizado pelo só comparecimento de desqualificados, ou de autores de ofertas inaceitáveis ou inexeqüíveis, preponderando o fato da licitação não poder ser repetida sem prejuízo para a Administração (encarecimento do preço da aquisição, por exemplo). O risco de prejuízos, se a licitação vier a ser repetida, que deverá ser justificado, obrigatoriamente, é o que prepondera na hipótese.

Com efeito, a Administração estará liberada para contratar sem licitação, quando verificar que a repetição do procedimento acarretaria prejuízo ao interesse público.

Registre-se que a contratação direta somente poderá realizar-se, nessa hipótese, se observadas as mesmas condições que o ato convocatório divulgou. Por outro lado, se apenas um comparecer, validamente, o procedimento terá curso normal, pois o comparecimento de um único licitante permite inferir, conforme doutrina Toshio Mukai (1988), que, no caso, "só há um interessado hábil à contratação".

18.6. Intervenção no domínio econômico

É dispensável a licitação quando a União tiver que intervir no domínio econômico para regular preços ou normalizar o abastecimento. É o que dispõe o inciso VI do art. 24 da Lei 8.666/93.

Há ocasiões em que o governo federal necessita intervir no domínio econômico com a finalidade de conter a elevação injustificada dos preços ou normalizar o abastecimento da população, e para isso tem necessidade de adquirir determinado produto para lançá-lo no mercado objetivando o equilíbrio da oferta. Não teria o menor sentido divulgar amplamente, e por antecipação, o pretendido, até porque o conhecimento prévio da providência governamental poderia comprometer sua finalidade ou diminuir seu alcance.

18.7. Oferta de preço excessivo ou incompatível

O inciso VII do art. 24 diz ser dispensável a licitação quando as propostas apresentadas (em procedimento anterior) consignarem preços manifestamente superiores aos praticados no mercado nacional, ou forem incompatíveis com os fixados pelos órgãos oficiais competentes, casos em que, observado o parágrafo único do artigo 48, será admitida a adjudicação direta dos bens ou serviços, por valor não superior ao constante do registro de preços (ou aos de mercado).

Assim, se em uma licitação não foi possível adjudicar em virtude de preços exorbitantes, embora tendo-se concedido o prazo de oito dias úteis previsto no art. 48, parágrafo único, da Lei 8.666/93, para renovação das propostas, desnecessário será repetir o procedimento. Poderá haver contratação direta, desde que por preços não superiores aos constantes do registro de preços do órgão licitante (ou aos de mercado). Raul Armando Mendes

(1988), em seus comentários ao então vigente Decreto-lei 2.300/86, que previa a regra, advertia para a necessidade de a Administração estabelecer um critério para aferir a superioridade dos preços, "que não há de ser qualquer uma, pois uma diferença mínima, e para mais, não é suficiente a abandonar-se a licitação e fazer a contratação direta, com comprometimento da moral do administrador".

A hipótese do tão propalado superfaturamento ocorre, freqüentemente, entre nós, é bom que se diga, como decorrência natural do mau hábito da Administração de não pagar suas contas nos prazos prometidos. Num país de inflação endêmica e de gestão pública quase sempre moldada ao sabor do improviso eleitoral, incompetente e paternalista, não há como enfrentar esse problema de outro modo. Parece-nos que seria leviano culpar simplesmente os fornecedores da Administração pela freqüente ocorrência do fenômeno, lamentável sob todos os aspectos. Não temos dúvidas de que, na prática do superfaturamento, há vilões nos dois lados.

A Lei 8.666/93, aliás, em seu art. 7º, § 7º, traz uma decisiva contribuição para a extinção do superfaturamento, ao prever que não será computado como valor da obra ou serviço, para fins de julgamento das propostas de preços, a atualização monetária das obrigações de pagamento, desde a data final de cada período de aferição até a do respectivo pagamento, calculada conforme os critérios do edital.

Para a conceituação do preço excessivo ou exorbitante ensejador da desclassificação da proposta ou da revogação do certame é preciso considerar os preços praticados no mercado, nas mesmas condições de fornecimento e de pagamento propostas no edital. Não teria sentido comparar preços de mercado em condições diversas daquelas preconizadas na licitação. Como doutrina Marçal Justen Filho (1998), se as circunstâncias de mercado forem distintas daquelas previstas no ato convocatório, a disparidade não caracterizará preço excessivo. Existirá excessividade quando, em situação idêntica à prevista no ato convocatório, a Administração puder obter preço melhor do que o da proposta.

Essa hipótese de dispensa também serve para defender a Administração de eventuais arranjos entre os fornecedores, com vistas a uma deliberada elevação de preços.

18.8. Operações entre pessoas jurídicas de Direito Público

Estabelece o inciso VIII do art. 24 da Lei 8.666/93 que a licitação será dispensável para a aquisição, por pessoa jurídica de direito público interno, de bens produzidos ou serviços prestados por órgão ou entidade que integre a Administração Pública e que tenha sido criada para esse fim específico em data anterior à vigência desta lei, desde que o preço contratado seja compatível com o praticado no mercado.

São pessoas jurídicas de Direito Público interno a União, os estados-membros, os municípios, o Distrito Federal, bem como suas respectivas autarquias.

Sempre que a contratação envolver exclusivamente essas pessoas públicas, a licitação será dispensável, desde que não existam pessoas privadas que possam oferecer os bens ou prestar os serviços desejados. A contratação direta só será legítima, pois, inexistindo participantes privados na operação, bem como particulares que possam oferecer os bens ou prestar os serviços pretendidos pela Administração. Esta a regra. E nem poderia ser de outra forma, já que os particulares têm direito, todos, em igualdade de condições, de celebrar negócios com a Administração.

18.9. Comprometimento da segurança nacional

O inciso IX do art. 24 da Lei 8.666/93 diz que é dispensável a licitação quando houver possibilidade de comprometimento da segurança nacional, nos casos estabelecidos em decreto do Presidente da República, ouvido o Conselho de Defesa Nacional. O dispositivo dispensa maiores comentários. Na verdade, aplica-se exclusivamente à União, já que não compete aos estados-membros, municípios e Distrito Federal aquilatar do comprometimento da segurança nacional. A hipótese legal foi regulamentada pelo Decreto nº 2.295, de 4.8.97, segundo o qual ficam dispensadas de licitação as compras e contratações de obras ou serviços quando a revelação de sua localização, necessidade, característica do seu objeto, especificação ou quantidade coloquem em risco objetivos da segurança nacional, e forem relativos a aquisição de recursos bélicos, contratação de serviços técnicos especializados na área de projetos, pesquisa e desenvolvimento científico e tecnológico, bem como à aquisição de equipamentos e serviços especializados para a área de inteligência.

Segundo a hipótese, verificada a possibilidade de o procedimento licitatório comprometer a segurança nacional, deverá a Administração dirigir-se à Presidência da República a fim de obter autorização para realizá-lo ou, se for o caso, para a contratação direta. Todos os casos que possam comprometer a segurança nacional, não previstos no art. 1º do Decreto nº 2.295/97, obrigatoriamente deverão ser submetidos à apreciação do Conselho de Defesa Nacional, para o fim de dispensa de licitação. A contratação direta, nesses casos, deverá realizar-se em conformidade com o Decreto Federal 79.099, de 6.1.77, que aprova o Regulamento para Salvaguarda de Assuntos Sigilosos.

18.10. Compra ou locação de imóvel cujas necessidades condicionam a escolha

No inciso X do art. 24 da Lei 8.666/93 acha-se prevista a hipótese da compra ou locação de imóvel destinado ao atendimento das necessidades precípuas da Administração, cujas necessidades de instalação ou localização condicionam sua escolha, desde que o preço seja compatível com o valor de mercado, segundo avaliação prévia. Sem dúvida que não seria possível o estabelecimento de competição se a Administração precisa comprar, por exemplo, imóvel contíguo a determinado almoxarifado, ou que necessariamente possua tais e quais características físicas. Se não há outro bem que atenda às necessidades da Administração, aquele por ela pretendido certamente torna-se passível de compra ou locação, sem licitação, que será dispensável pela inviabilidade da competição.

Esta é uma hipótese que, em nossa opinião, estava melhor disciplinada no regime do Decreto-lei 2.300/86, como caso de inexigibilidade, e não de dispensa. Se há escolha condicionada, a licitação não é possível, tornando-se inexigível ao invés de dispensável. É importante atentar para o fato de que o imóvel a que alude a hipótese legal deve ser destinado efetivamente ao atendimento de finalidades precípuas da Administração, e não a outros fins como, por exemplo, residência de autoridades.

18.11. Contratação de remanescentes

Estabelece o inciso XI do art. 24 da Lei 8.666/93 que, ocorrendo rescisão de contrato, é permitida a contratação de remanescente de obra, serviço ou fornecimento, desde que atendida a ordem de classificação da licitação anterior e aceitas as mesmas condições oferecidas pelo vencedor, inclusive quanto ao preço, devidamente corrigido.

Aqui não se trata da hipótese de uma complementação de obra, serviço ou fornecimento anterior resultante de contratação integralmente executada, mas de caso em que a necessidade da complementação resulta de rescisão contratual, isto é, de contratação anterior que não foi integralmente executada. Será permitido contratar, sem licitação, com quem tenha participado daquela anterior e aceite as mesmas condições oferecidas pelo vencedor, inclusive quanto ao preço, corrigido. Caso não haja interesse de parte de nenhuma das licitantes remanescentes em concluir o objeto do contrato, a Administração deverá licitar essa conclusão, salvo na hipótese de emergência, conforme previsto no art. 24, IV.

18.12. Compras de gêneros perecíveis

Diz o inciso XII do art. 24 ser dispensável a licitação nas compras de hortifrutigrangeiros, pão e outros gêneros perecíveis, no tempo necessário para a realização dos processos licitatórios correspondentes, realizadas diretamente com base no preço do dia. Observe-se que a dispensa só pode ocorrer para compras enquanto a licitação não se prontifica.

18.13. Instituição de pesquisa e desenvolvimento

É dispensável a licitação na contratação de instituição brasileira sem fins lucrativos, incumbida regimental ou estatutariamente da pesquisa, do ensino ou do desenvolvimento institucional, ou de instituição dedicada à recuperação social do preso, desde que a pretensa contratada detenha inquestionável reputação ético-profissional (art. 24, inciso XIII).

Temos aqui uma hipótese de dispensa para contratação de instituições de pesquisa, de ensino ou de desenvolvimento institucional, desde que nacionais e possuidoras de inquestionável reputação ético-profissional. Reputação ético-profissional não significa notória especialização, exigida para a contratação dos serviços técnicos profissionais especializados enumerados no art. 13 da Lei 8.666/93. Reputação, do latim *reputatio, reputare*, significa a avaliação, o conceito, a consideração em que se têm coisas ou pessoas (De Plácido e Silva, 1963). Reputação ético-profissional quer significar a boa fama profissional, o conceito profissional ilibado, fundado na correção moral, na prática profissional reconhecidamente séria, responsável, eficiente, da instituição.

18.14. Aquisições sob acordo internacional

É dispensável a licitação, diz o inciso XIV do art. 24 da lei de licitações, para a aquisição de bens ou serviços nos termos de acordo internacional específico aprovado pelo Congresso Nacional, quando as condições ofertadas forem manifestamente vantajosas para o Poder Público.

Trata-se da possibilidade de dispensar a licitação para aquisições de bens ou serviços conforme acordo ou convênio internacional celebrado para a finalidade.

18.15. Aquisição ou restauração de obras de arte e objetos históricos

A Lei 8.666/93 prevê, no art. 24, inciso XV, ser dispensável a licitação para aquisição ou restauração de obras de arte e objetos históricos, de autenticidade certificada, desde que compatíveis ou inerentes à finalidade do órgão ou entidade. Com efeito, um museu, uma escola de belas artes, uma fundação artística ou cultural podem ser dispensadas de licitar as aquisições de obras de arte para os seus acervos. Sendo essas obras de arte bens cujo valor é também intrínseco, valiosos por sua originalidade e significação histórica, únicos e incomparáveis, podem ser adquiridos sem licitação desde que sua autenticidade seja certificada.

Do mesmo modo, é possível contratar sem licitação a restauração dessas obras e objetos históricos, com profissionais de notória especialização na atividade, conforme prevê a hipótese de inexigibilidade consignada no art. 25, inciso II, combinado com o art. 13, inciso VII da Lei 8.666/93.

18.16. Serviços gráficos e de informática

A licitação também poderá ser dispensada para a impressão dos diários oficiais, formulários padronizados de uso da Administração, edições técnicas oficiais, a prestação de serviços de informática a pessoa jurídica de direito público interno, por órgãos que integrem a Administração Pública, criados para esse fim específico, segundo o inciso XVI do art. 24 da Lei 8.666/93. Cuida-se aqui daqueles serviços gráficos e de informática prestados por entidades ou órgãos integrantes da Administração Pública, criados para esse fim específico (DATAPREV, PROCERGS, CORAG), cumprindo observar que a licitação somente será dispensável para a prestação de serviços de informática, com fundamento neste dispositivo legal, quando forem contratados com pessoa jurídica de direito público interno (União, estados, Distrito Federal, municípios e autarquias), exclusivamente.

18.17. Aquisições do fornecedor original para manutenção de garantia

Diz a Lei 8.666/93, no inciso XVII do art. 24, que é dispensável a licitação para a aquisição de componentes ou peças de origem nacional ou estrangeira, necessários à manutenção de equipamentos durante o período de garantia técnica, junto ao fornecedor original desses equipamentos, quando tal condição de exclusividade for indispensável para a vigência da garantia. Trata-se da compra de compenentes ou peças junto ao fornecedor original, durante o período de garantia técnica, para que esta seja mantida. Uma hipótese de dispensa absolutamente necessária, trazida ao texto da lei de licitações pela Lei 8.883/94. Importante atentar para o fato de que a condição de exclusividade da contratação terá que ser indispensável para a vigência da garantia. Do contrário, a exigência do fornecedor quanto a peças originais será tida por ilegítima, configurando abuso de poder econômico e invalidando a contratação direta.

18.18. Abastecimento de navios, aviões e tropas em deslocamento

Segundo o inciso XVIII do art. 24 da lei de licitações, é dispensável a licitação para as compras ou contratações de serviços para o abastecimento de navios, embarcações, unidades aéreas ou tropas e seus meios de deslocamento, quando em estada eventual de curta duração em portos, aeroportos ou localidades diferentes de suas sedes, por motivo de movimentação operacional ou de adestramento, quando a exigüidade dos prazos legais puder comprometer a normalidade e os propósitos das operações e desde que seu valor não exceda ao limite determinante da modalidade de convite para compras e serviços (art. 23, II, *a*). Parece termos aqui, sem dúvida, um erro de redação, ou o emprego, pelo legislador, de palavra inadequada. Não seria a *exigüidade,* mas a exigibilidade, simplesmente, dos prazos legais, que poderia comprometer...

18.19. Compra de materiais padronizados pelas Forças Armadas

Sempre que necessário manter a padronização requerida pela estrutura de apoio logístico dos meios navais, aéreos e terrestres, mediante parecer de comissão instituída por decreto, poderão as Forças Armadas adquirir materiais de seu uso, sem licitação. Esta é a regra contida no inciso XIX do art. 24 da lei 8.666/93, que a nosso ver se completa no preceito do art. 15 da lei de licitações, que manda observar o princípio da padronização, sempre que possível. A padronização requerida pelas Forças Armadas, contudo, possui características e finalidade peculiares, podendo ser instituída, conforme o caso, por atos administrativos de conhecimento restrito quando sua divulgação ensejar possibilidade de comprometimento da segurança nacional.

Essa dispensabilidade, entretanto, não se aplica à padronização de materiais de uso pessoal e administrativo pelas Forças Armadas, tais como fardamentos, materiais de escritório, etc.

18.20. Contratação de associação de deficientes físicos

Segundo o inciso XX do art. 24 da Lei nº 8.666/93, é dispensável o certame na contratação de associação de portadores de deficiência física, sem fins lucrativos e de comprovada idoneidade, por órgãos e entidades da Administração Pública, para a prestação de serviços ou fornecimento de mão-de-obra, desde que o preço contratado seja compatível com o praticado no mercado.

A lei, aqui, busca favorecer as associações de deficientes físicos, facilitando a sua contratação, certamente por razões humanitárias.

18.21. Bens destinados à pesquisa científica e tecnológica

A licitação também é dispensável, segundo o inciso XXI do art. 24 da Lei 8.666/93, que foi acrescido pela Lei 9.648/98, para a aquisição de bens destinados exclusivamente à pesquisa científica e tecnológica com recursos concedidos por instituições oficiais de fomento à pesquisa, credenciadas pelo CNPq para esse fim específico, tais como CAPES, FINEP e outras.

Trata-se de aquisições de bens que serão utilizados em exames e testes, e por isso não estão sujeitos ao critério da maior vantagem para a Administração, mas, como refere a doutrina, o critério de seleção é a pertinência com a atividade de pesquisa, permitindo concluir que o fundamento da dispensa reside, efetivamente, na natureza da atividade de pesquisa e, não, na destinação dos bens a essa atividade.

18.22. Suprimento de energia elétrica

É possível, ainda, dispensar a licitação na contratação do fornecimento ou suprimento de energia elétrica, com concessionário ou permissionário do serviço público de distribuição ou com produtor independente ou auto-produtor, segundo as normas da legislação específica. Como a anterior, essa hipótese foi introduzida na lei de licitações pela Lei 9.648/98, certamente para adequar as privatizações das empresas de energia elétrica à demanda de suprimento por parte das pessoas públicas.

18.23. Contratação entre as paraestatais e suas subsidiárias e controladas

Outro casuísmo. Segundo o inciso XXIII, é dispensável a licitação, na contratação realizada por empresas públicas e sociedades de economia mista com suas subsidiárias e controladas, direta ou indiretamente, para aquisição de bens e serviços, ou serviços, desde que o preço contratado seja compatível com o praticado no mercado. Com efeito, não há como pretender que, nas suas relações negociais, essas pessoas jurídicas devam tratar suas subsidiárias e controladas como terceiros. Havendo vínculo, mesmo indireto, entre as mesmas, será possível dispensar a licitação para contratarem fornecimentos entre si, contanto que a preços de mercado.

18.24. Contratações com organizações sociais

A última hipótese de dispensa de licitação, também introduzida pela Lei 9.648/98, diz respeito à celebração de contratos de prestação de serviços com as organizações sociais qualificadas no âmbito das respectivas esferas de governo, para atividades contempladas no contrato de gestão. Considera-se, para os fins da hipótese legal, organização social, pessoas jurídicas de direito privado destituídas de fins lucrativos, que assumem o desempenho de funções de natureza pública. Marçal Justen Filho (1998) doutrina que, em nosso direito, há duas espécies de pessoas jurídicas que comportam objeto social não revestido de fim lucrativo: as associações e as fundações.

O contrato de gestão passou a constituir-se na pedra de toque da administração moderna, sendo função dessas organizações sociais a celebração de contratos, dessa natureza, com a Administração.

19. Licitação dispensada

19.1. Distinção entre licitação dispensada e dispensável

Fala-se em licitação dispensada pelo fato de a própria lei assim tê-lo estabelecido. São casos sobre os quais ninguém precisa buscar autorização para que a contratação se realize sem licitação, porque a própria lei já dispensou o procedimento.

Diversamente da licitação dispensável, prevista no art. 24, da Lei nº 8.666/93, os casos de licitação dispensada, neles incluída a concessão de direito real de uso de bens imóveis a outro órgão ou entidade da Administração Pública, como vimos no capítulo referente às alienações, se justificam por peculiaridades (natureza) do negócio jurídico que representam, que por si só inviabilizam a competição licitatória.

19.2. Para alienações de bens imóveis

A Lei 8.666/93, no art. 17, I e II, estabelece que a alienação de bens imóveis da Administração Pública será precedida de avaliação e dependerá de autorização legislativa, para órgãos da Administração direta e entidades autárquicas e fundacionais e, para todos, inclusive as entidades paraestatais, dependerá de avaliação prévia e licitação, na modalidade de concorrência, dispensada esta nos casos de dação em pagamento; doação, permitida exclusivamente para outro órgão ou entidade da Administração Pública, de qualquer esfera do governo (a vedação tem aplicação obrigatória somente no âmbito da União Federal, segundo decisão do STF na ADIn nº 927-3, requerida pelo Governador do Estado do Rio Grande do Sul); permuta por outro imóvel destinado ao atendimento das necessidades precípuas da Administração, cujas necessidades de instalação e localização condicionem a sua escolha (também com aplicação obrigatória somente no âmbito federal - ADIn nº 927-3); investidura; venda a outro órgão ou entidade da Administração Pública, de qualquer esfera de governo; alienação, concessão de direito real de uso de bens imóveis construídos e destinados ou efetivamente utilizados no âmbito de programas habitacionais de interesse social, por órgãos ou entidades da Administração Pública especificamente criados para esse fim.

19.3. Para alienações de bens móveis

Quando se tratar de bens móveis, também estará dispensada, por determinação da própria lei, a licitação, nos casos de doação, permitida exclusivamente para fins e uso de interesse social, após avaliação de sua oportunidade e conveniência socioeconômica, relativamente à escolha de outra forma de alienação; permuta, permitida exclusivamente entre órgãos ou entidades da Administração Pública (também a vedação tem aplicação obrigatória somente no âmbito federal - ADIn nº 927-3); venda de ações, que poderão ser negociadas em bolsa, e venda de títulos, na forma da legislação pertinente; venda de bens produzidos ou comercializados por órgãos ou entidades da Administração Pública, em virtude de suas finalidades, e venda de materiais e equipamentos para outros órgãos ou entidades da Administração, sem utilização previsível por quem deles dispõe.

20. Inexigibilidade de licitação

A Lei 8.666/93 trata, no art. 25, das hipóteses em que a licitação não é exigível em razão de não ser possível sua realização, por absoluta inviabilidade de competição.

Diversamente da dispensa, em que a licitação é possível e só não se realiza por razões de conveniência e oportunidade fundadas no interesse público, na inexigibilidade o que se tem é a impossibilidade material ou jurídica de realizá-la, por não ser possível instaurar a competição, como, por exemplo, no caso de fornecedor exclusivo, em que apenas um é capaz de satisfazer plenamente o objeto da contratação pretendida. Diógenes Gasparini (1989) ensina que a inexigibilidade da licitação é a circunstância de fato ou de direito encontrada na pessoa que se quer contratar ou com quem se quer contratar, que impede o certame, que impossibilita o confronto das propostas dos negócios pretendidos por quem, em princípio, está obrigado a licitar. O art. 25 da Lei 8.666/93 enumera algumas das hipóteses em que a licitação é inexigível, por ocorrer inviabilidade de competição. Essas hipóteses não são únicas. Outras circunstâncias existem e poderão impedir a realização do procedimento. Enquanto as hipóteses de dispensa de licitação são aquelas enumeradas pelo texto legal somente, os casos de inexigibilidade indicados no art. 25 da lei de licitações possuem natureza exemplificativa, não são os únicos. Analisemos, brevemente, cada um deles.

20.1. Aquisição de bens de fornecedores únicos

20.1.1. Exclusividade absoluta e relativa

Seria absurda a exigência de licitação para a aquisição de bens junto a quem fosse fornecedor exclusivo. Como assinala Hely Lopes Meirelles

(1983), "seria inútil licitar o que não é passível de competição de preço ou de qualidade".

A exclusividade será absoluta quando disser respeito ao produtor da coisa, quando se tratar de exclusividade industrial, na hipótese em que somente um é o fabricante de determinado equipamento, material, gênero. Será relativa quando, mesmo existindo no País mais de um produtor, empresa ou representante comercial, na praça comercial onde se pretende realizar a aquisição há apenas um. Trata-se aqui da exclusividade comercial, relativa, porque adstrita à praça comercial considerada. Com efeito, se em determinada localidade existir apenas uma casa comercial vendedora de papéis carbonados, será ela considerada exclusiva - na praça - para vender à respectiva prefeitura, que não necessitará licitar as aquisições desse material enquanto persistir a circunstância, e o vulto da contratação for compatível.

A circunstância da exclusividade deve ser comprovada através de atestado fornecido pelo órgão de registro do comércio do local em que se realizaria a licitação ou obra ou o serviço, pelo sindicato, federação ou confederação patronal, ou, ainda, pelas entidades equivalentes (cf. art. 25, I). Marçal Justen Filho (1995) considera absurda essa forma de comprovação, considerando que a exclusividade possui um caráter contratual que não a submete, obrigatoriamente, ao registro nessas entidades. Seria inválido, perguntamos, o documento em que o próprio fabricante informasse ser o único vendedor do que fabrica ? Responder afirmativamente é ultrajar o bom-senso!

20.1.2. Vedação à preferência de marca

Ao tratar da hipótese de aquisição de produtor ou vendedor exclusivo, o inciso I do art. 25 da Lei 8.666/93 veda a preferência de marca. É entendimento doutrinário que essa vedação somente diz respeito à escolha arbitrária. Sem dúvida, há ocasiões em que a escolha da marca é significativamente vantajosa para a Administração, como, por exemplo, quando se pretende a padronização ou uniformização de determinados bens com vistas à obtenção de maior economicidade de manutenção, desempenho ou rendimento. Minha experiência como Prefeito Municipal de São Borja convenceu-me ser vantajoso para as administrações municipais de pequeno e médio porte possuírem um parque de máquinas rodoviárias padronizado, de características técnicas peculiares a determinada marca, o que facilita sua manutenção, que se realiza a custos menores, especialmente nas compras de peças de reposição. É possível que a conveniência administrativa de padronização ou uniformização recaia sobre determinada marca, hipótese que deve ser considerada, como leciona Toshio Mukai (1988), até pelo caráter de interdependência entre o preceito legal que veda a preferência de marca e aquele que recomenda o atendimento ao princípio da padronização (art. 15). A decisão de padronizar, entretanto, deverá cercar-se de todas as cautelas legais, pois, como adverte, com muita propriedade, Jorge Ulisses Jacoby Fernandes (1995), atualmente os órgãos de controle (Tribunal de Contas) foram dotados de competência para, ao avaliar o ato administrativo, invadir o seu até então inquestionável mérito, verificando não só a conformidade do ato com o interesse público quanto se a sua prática constituía a melhor forma de satisfazê-lo.

Hely Lopes Meirelles (1983) entendia ser possível "a aquisição de produto de marca determinada, com exclusão de similares... em três hipóteses: para continuidade de utilização da marca já existente no serviço público; para adoção de nova marca mais conveniente que as existentes; para padronização de marca ou tipo no serviço público. O essencial é que a Administração demonstre a efetiva vantagem de determinada marca ou tipo, para continuidade, adoção ou padronização em seus órgãos e serviços, com exclusividade".

A liberdade de escolha da Administração, todavia, há de basear-se no interesse público, exclusivamente, sendo necessário demonstração cabal da vantajosidade da aquisição de produto de marca determinada, em processo administrativo de padronização instaurado para esse fim.

É muito comum no setor das telecomunicações a necessidade de aquisição pela marca, quando as companhias prestadoras do serviço adquirem determinados tipos de centrais telefônicas e, depois, por razões de condicionamento técnico-operacional ou comprovada economicidade, obrigam-se pela continuidade de utilização da marca existente, como meio de possibilitar a expansão dos sistemas implantados.

20.2. Contratação de serviços técnico-profissionais especializados

O inciso II do artigo 25 da Lei 8.666/93 preceitua a inexigibilidade da licitação para a contratação de serviços técnicos enumerados no seu art. 13, contanto que de natureza singular e se contratados com profissionais de notória especialização. Como serviços técnico-profissionais especializados consideram-se, para os fins da lei, os seguintes trabalhos: I - estudos técnicos, planejamentos e projetos básicos ou executivos; II - pareceres, perícias e avaliações em geral; III - assessorias ou consultorias técnicas e auditorias financeiras; IV - fiscalização, supervisão ou gerenciamento de obras ou serviços; V - patrocínio ou defesa de causas judiciais ou administrativas; VI - treinamento e aperfeiçoamento de pessoal; VII - restauração de obras de arte e bens de valor histórico.

Os serviços aqui não são os comuns, rotineiros, de conhecimento intuitivo, para cuja execução não há necessidade de habilitação especial, mas *técnico-profissionais* e, além disso, *especializados*, isto é, serviços que exigem habilitação legal para a sua execução (um parecer jurídico não será dado por um arquiteto), e aperfeiçoamento específico. Conforme a doutrina de Hely Lopes Meirelles (1983), o serviço técnico-profissional se caracteriza pelo fato de sua execução ser privativa de um profissional habilitado e se divide em generalizados e especializados. Os generalizados não demandam maiores conhecimentos além dos fornecidos nos cursos normais de formação profissionais, tanto de nível médio como superior. Devem ser licitados porque muitos podem prestá-los com igual competência. Serviços técnico-profissionais especializados, por seu turno, "são serviços de alta especialização e de conhecimentos pouco difundidos entre os demais técnicos da mesma profissão." São aqueles serviços realizados "por quem se aprofundou nos estudos, no exercício da profissão, na pesquisa científica, ou através de cursos de pós-graduação ou de estágios de aperfeiçoamento." Somente a estes é que se aplica a inexigência de licitação.

20.2.1. A notória especialização

A lei de licitações define a notória especialização no § 1º do art. 25: "Considera-se de notória especialização o profissional ou empresa cujo conceito no campo de sua especialidade, decorrente de desempenho anterior, estudos, experiências, publicações, organização, aparelhamento, equipe técnica, ou de outros requisitos relacionados com suas atividades, permita inferir que o seu trabalho é essencial e indiscutivelmente o mais adequado à plena satisfação do objeto do contrato".

O que bem caracteriza a notória especialização é o reconhecimento público da capacidade profissional, e não o reconhecimento particular, feito pela autoridade administrativa. Nem se confunde com habilitação profissional. A simples competência e reconhecimento oficial para exercer a profissão - observa A. de Queiroz Telles (1985) - não outorga a especialidade, muito menos a notoriedade. Segundo a doutrina de Hely Lopes Meirelles (1983), "notoriedade profissional é algo mais que habilitação profissional. Esta é a autorização legal para o exercício da profissão; aquela é a proclamação da clientela e dos colegas sobre o indiscutível valor do profissional na sua especialidade". Para o renomado jurista, a notoriedade que legitima a contratação direta é aquela que se constitui, na "fama consagradora do profissional no campo de sua especialidade".

20.2.2. Serviços de natureza singular

Necessário salientar que não basta a notória especialização do profissional ou empresa para configurar-se a hipótese legal. É preciso que os serviços técnicos profissionais especializados sejam de natureza singular, isto é, possuam características individualizadoras suficientes para distin-

LICITAÇÃO - *Teoria e Prática*

gui-los daqueles prestados por outros profissionais do ramo, inviabilizando, por isso, a competição. Tem-se por "singular", ensinam Lúcia Valle Figueiredo e Sérgio Ferraz (1992), "algo insuscetível de paradigma de confronto". Que não é cambiável, não é cotejável com outros de sua espécie. Configura-se essa singularidade quando o serviço, por suas características intrínsecas, não é confundível com outro. Não ser confundível com outro não quer dizer que seja único, mas sim que, por peculiaridades próprias do serviço, não é possível a sua comparação com outros de sua espécie. Sempre que o serviço possui natureza singular, a sua execução só pode ser atribuída - ensina Vera Lúcia Machado D'Avila (1994) - a um determinado profissional ou empresa especializada, que também não são únicos, mas têm a sua escolha justificada pela comprovada capacitação para prestá-lo. Daí dizer-se que essa singularidade também se caracteriza pelo toque pessoal, pelo modo particular com que o serviço é prestado, e o diferencia quando prestado por outrem.

Serviço de natureza singular, ressalte-se, não significa único. Outras pessoas também podem prestá-lo, cada uma à sua maneira, em virtude das características individualizadoras que o serviço possui, daí Celso Antônio Bandeira de Mello (1985) assinalar que, de um modo geral, são singulares todas as produções intelectuais.

20.3. Contratação de artista consagrado

Segundo o inciso III do art. 25 da Lei 8.666/93, é inexigível a licitação para a contratação de profissional de qualquer setor artístico contanto que consagrado pela crítica especializada ou pela opinião pública. O que legitima a contratação direta, neste caso, é o reconhecimento da crítica especializada no ramo artístico do profissional ou sua consagração popular. Para o perfeito enquadramento dessa hipótese de inexigibilidade é suficiente, parece-nos, considerar a crítica local, regional ou nacional, conforme o vulto da pretendida contratação. Se a contratação circunscrever-se no limite do convite, não terá o menor sentido exigir que seja de âmbito nacional a consagração artística do profissional.

21. O procedimento da dispensa e da inexigibilidade de licitação

21.1. Documentos necessários

Os procedimentos administrativos da dispensa e da inexigibilidade de licitação devem constituir processos próprios, independentes, contendo entre seus documentos a demonstração da hipótese de dispensabilidade ou inexigência incidentes, bem como aqueles relativos aos atos de autorização praticados pelas autoridades competentes. A contratação direta, na verdade, não exclui um certo procedimento licitatório. Como doutrina Marçal Justen Filho (1993), em seus comentários à Lei 8.666/93, tanto a dispensa quanto a inexigibilidade pressupõem um procedimento especial que não dispensa a observância dos princípios fundamentais da atividade administrativa. Assim, formalidades prévias como a verificação da necessidade, a disponibilidade de recursos, etc., devem ser observadas. O processo administrativo da dispensa ou inexigibilidade deverá ser instruído com documentos que demonstrem as circunstâncias que motivaram a contratação direta. Se, por exemplo, a dispensa se baseia em não ter havido interessados na licitação anterior, que não pode repetir-se, deverão constar do processo uma cópia do relatório final do certame tido por deserto, a justificativa da impossibilidade da sua repetição e uma cópia do edital correspondente, para verificar-se que a contratação direta está sendo realizada nas mesmas condições daquele ato convocatório, como prescreve a lei.

21.2. Ratificação superior

Estabelece o art. 26 da Lei 8.666/93, com suas alterações subseqüentes, que as dispensas previstas nos incisos III a XXIV do art. 24, as situações de inexigibilidade referidas no art. 25, necessariamente justificadas, e o retardamento previsto no final do § 2º do art. 8º deverão ser comunicados, dentro de 3 dias, à autoridade superior, para ratificação e publicação na imprensa oficial, no prazo de 5 dias, como condição para eficácia dos atos. O descumprimento desses prazos, ensina Carlos Ari Sundfeld (1994), apenas retarda a eficácia do ato e gera efeitos de ordem disciplinar para os servidores negligentes, não impedindo a ratificação ou publicação, ainda que extemporânea. A decisão administrativa que autoriza a contratação direta, portanto, seja porque esta foi dispensada com fundamento nos incisos III a XXIV do art. 24, seja por se tratar de caso de inexigibilidade, obrigatoriamente deverá ser submetida, por seus autores, à autoridade administrativa superior, a fim de ser por esta ratificada, como condição de eficácia dos atos que dela decorrerem.

Vê-se que estabelece a lei um duplo grau de juízo acerca da necessidade e cabimento da contratação direta, sem o que esta não poderá efetivar-se eficazmente. Com efeito, o contrato só será lavrado após a ratificação, pela autoridade superior, da decisão de firmá-lo sem procedimento licitatório. Para que isso ocorra, é necessário que ambas as decisões, tanto a que propõe quanto a que ratifica, sejam justificadas plenamente de modo a ficar bem expostas e fundamentadas as razões pelas quais se dispensou ou inexigiu a licitação ou, ainda, se retardou a execução de parcela da obra ou do serviço. Nos casos que envolvem situações emergenciais, esse procedimento poderá, excepcionalmente, realizar-se, por exemplo, mediante simples troca de telex. O que não se permite é prescindir do duplo grau de exame e decisão, por quem de direito, nos prazos estabelecidos.

21.3. Autoridade competente

Mas, a que nível hierárquico é conferido o poder de ratificar a decisão de contratar sem licitação? Certamente àquelas autoridades que possuírem atribuições funcionais para a prática e formalização dos atos obrigacionais da Administração. Em uma sociedade de economia mista, por exemplo, a ratificação da decisão de contratar sem licitação somente poderá ser efetivada por quem possuir poderes estatutários de obrigar juridicamente a sociedade, originariamente ou por delegação de competência.

21.4. Justificativas

Por outro lado, a justificativa para a contratação sem licitação deverá ser cabal, contendo demonstração suficiente da necessidade do procedimento excepcional. Diz a lei que o processo de dispensa ou de inexigibilidade será instruído, no que couber, com a caracterização da situação emergencial ou calamitosa que justifique a dispensa, quando for o caso; a razão da escolha do fornecedor ou executante; a justificativa do preço, e documento de aprovação dos projetos de pesquisa aos quais os bens serão alocados (parágrafo único do art. 26). Não é o preço, somente, que se haverá de justificar, para legitimar a contratação direta. As justificativas, tanto da decisão de quem manda contratar quanto da de quem ratifica esta última, deverão ser bem embasadas, completas, abordando todas as circunstâncias que motivaram o respectivo ato. Nem a dispensa nem a inexigibilidade autorizam a contratação de qualquer proposta mas, sempre, daquela que se puder justificar como a mais vantajosa. Os pressupostos de dispensabilidade e de inexigibilidade deverão ser justificados, e não apenas invocados. As hipóteses de contratação direta não possuem natureza discricionária, mas ensejam uma certa liberdade de escolha do fornecedor, que também deverá ser justificada.

A decisão que dispensa ou inexige a licitação, pois, somente terá validade se devidamente justificada no processo administrativo correspondente. Por outro lado, no prazo de 3 (três) dias corridos, deverá ser comunicada a autoridade superior. Em 5 (cinco) dias corridos, essa decisão terá de ser ratificada e publicada na imprensa oficial, como condição de eficácia dos atos. Só então, como se disse, poderá celebrar-se o contrato, que, embora não estando precedido de licitação, deverá observar os requisitos legais que regem obras e serviços, compras e alienações previstos nos artigos 7º, 14 e 17 da Lei 8.666/93. O processo administrativo de dispensa ou de inexigibilidade deverá conter: a) documentação relativa à hipótese e ao ato praticado pela autoridade competente (art. 24 ou 25); b) parecer técnico ou jurídico (art. 38, VI); c) pesquisa de mercado (§ 2º do art. 25); ato de ratificação (art. 26); e) comprovação de regularidade com o INSS/FGTS; f) termo de contrato e respectiva proposta (art.54, § 1º), quando obrigatório, conforme art. 62.

22. Licitação internacional

22.1. Concorrência ou tomada de preços

Diz o § 3º do art. 23 da Lei 8.666/93 que a concorrência é a modalidade de licitação cabível, qualquer que seja o valor do seu objeto, na compra ou alienação de bens imóveis, nas concessões de direito real de uso, bem como nas licitações internacionais, admitida, neste último caso, a tomada de preços, desde que o órgão ou entidade disponha de cadastro internacional de fornecedores e sejam observados os limites estabelecidos nesse artigo.

22.2. Tratamento igual para as licitantes

Instaura-se a licitação internacional sempre que o objeto licitável puder ser fornecido por empresas estrangeiras. Com efeito, ocorrerá certame internacional - concorrência internacional - sempre que se der a participação de empresas nacionais e estrangeiras, quer estejam estas participando do certame isoladamente ou consorciadas com empresas brasileiras. A Lei 8.666/93 proíbe aos agentes públicos estabelecer tratamento diferenciado de natureza comercial, legal, trabalhista, previdenciária ou qualquer outra, entre empresas brasileiras e estrangeiras, inclusive no que se refere a moeda, modalidade e local de pagamentos, mesmo quando envolvidos financiamentos de agências internacionais.

A nova lei de licitações suprimiu as restrições à participação de estrangeiros nas nossas licitações, que o revogado Decreto-lei 2.300/86 impunha. No art. 3º (inciso II do § 1º), a Lei 8.666/93 veda a discriminação entre empresas brasileiras e estrangeiras, podendo afirmar-se que, em princípio, qualquer pessoa jurídica estrangeira pode participar de nossas licitações, contanto que sejam observadas as normas legais legitimadoras da sua atuação no País, como, por exemplo, prévia autorização governamental.

22.3. Representação legal das empresas estrangeiras

As empresas estrangeiras que não funcionem no País deverão ter representação legal no Brasil para participar das nossas licitações, com poderes

LICITAÇÃO - *Teoria e Prática*

expressos para receber citação judicial e responder administrativa e judicialmente. Essas empresas, tanto quanto possível - diz o § 4º do art. 32 da Lei 8.666/93 - atenderão, nas licitações internacionais, às exigências legais sobre a documentação necessária à qualificação, mediante apresentação de documentos equivalentes, autenticados pelos respectivos consulados e traduzidos por tradutor juramentado.

22.4. Dispensa de documentação

As exigências acima serão dispensadas quando a concorrência tiver por objeto aquisição de bens ou serviços a serem pagos com o produto de financiamento concedido por organismo financeiro internacional de que o Brasil faça parte, bem como nos casos de contratação com empresa estrangeira, para a compra de equipamentos fabricados e entregues no exterior, desde que para este caso tenha havido prévia autorização do Chefe do Poder Executivo, bem nos casos de aquisição de bens e serviços realizada por unidades administrativas com sede no exterior.

22.5. Legislação aplicável

O procedimento licitatório internacional obedecerá ao regramento da legislação brasileira, sendo que, no consórcio entre empresas brasileiras e estrangeiras a liderança do consórcio caberá, obrigatoriamente, à empresa brasileira, salvo na hipótese de licitações cujo pagamento seja feito com financiamento internacional ou para aquisição de equipamentos fabricados e entregues no exterior. A ressalva também vale para o foro do contrato, que não precisará ser no Brasil.

22.6. Requisitos do edital

Registre-se, por último, que nas concorrências de âmbito internacional o edital deverá ajustar-se às diretrizes da política monetária e do comércio exterior e atender às exigências dos órgãos competentes, sendo que, quando for permitido ao licitante estrangeiro cotar preço em moeda estrangeira, igualmente o poderá fazer o licitante brasileiro. Diz a Lei 8.666/93, ainda, que as garantias de pagamento ao licitante brasileiro serão equivalentes àquelas oferecidas ao licitante estrangeiro e, para fins de julgamento da licitação, as propostas de licitantes estrangeiros serão acrescidas dos gravames conseqüentes dos mesmos tributos que oneram exclusivamente os licitantes brasileiros quanto à operação final de venda (art. 42, §§ 1º, 3º e 4º).

23. A comissão de licitação

23.1. Composição e funcionamento

Segundo o art. 51 da Lei 8.666/93, a direção e o julgamento das licitações, em suas diversas modalidades, à exceção do convite, obrigatoriamente deverão ser realizados por uma Comissão, permanente ou especial, de no mínimo três membros, sendo pelo menos dois deles servidores qualificados pertencentes aos quadros permanentes dos órgãos da Administração responsáveis pela licitação. Na hipótese de convite, a Comissão, excepcionalmente, nas pequenas unidades administrativas, poderá ser substituída por servidor designado pela autoridade competente (art. 51, § 1º).

A Comissão de Licitação, portanto, também designada Comissão Julgadora, pode ser permanente ou especial. Será permanente quando instituída para processar e julgar todas as licitações do órgão ou entidade administrativa; especial, quando instituída para dirigir e julgar determinada licitação, extinguindo-se com a conclusão do correspondente procedimento. Marçal Justen Filho (1993) ensina que, embora não sendo recomendável, admite-se a expedição do edital sem que exista comissão, devendo esta estar constituída, entretanto, até a data prevista para a apresentação das propostas, sob pena de vício insanável do procedimento.

Em face da exigência legal de que a direção e o julgamento da licitação se realizem através de Comissão - mediante decisões colegiadas - é importante observar que não será possível a prática de atos de responsabilidade da Comissão quando esta estiver incompleta. A falta de um de seus membros, como adverte Diógenes Gasparini (1989), impede a realização dos atos de responsabilidade da Comissão, salvo quando convocado o suplente, devendo os trabalhos serem adiados se não existir suplente para a substituição. Assim, pois, se constituída de cinco membros, todos eles deverão atuar.

Dos integrantes da Comissão de Licitação, pelo menos dois deverão ser funcionários da entidade licitadora. Os de Comissão Permanente serão nomeados para o exercício de um mandato de, no máximo, um ano, vedada sua recondução no período subseqüente para a mesma Comissão, nada impedindo que o servidor seja nomeado para outra, de natureza especial. Os membros das Comissões de Licitação respondem, solidariamente, por todos os atos praticados pela Comissão, salvo se a posição individual divergente ficar devidamente fundamentada e registrada em ata lavrada na reunião em que tiver sido tomada a decisão, conforme art. 51, § 3º.

Ivan Barbosa Rigolin (1991) recomenda que os membros das Comissões Julgadoras sejam escolhidos entre pessoas, "se não qualificadas em nível superior, ao menos de formação técnica em áreas condizentes com a maior parte dos assuntos comuns às licitações, técnicos ou administrativos, ou ao menos com experiência e desenvoltura nos procedimentos e nas rotinas da Administração".

23.2. Atribuições

As comissões de licitação deverão, no desempenho normal de suas tarefas, elaborar editais, prestar informações sobre o procedimento licitatório, promover as publicações pertinentes, instruir o processo, realizar diligências, receber e abrir invólucros contendo documentos de habilitação e propostas, habilitar e inabilitar participantes, reconsiderar suas decisões, quando for o caso; classificar ou desclassificar propostas; adjudicar o objeto da licitação à proponente vencedora; informar os recursos eventualmente interpostos, a fim de que a autoridade superior os receba em condições de prontamente sobre eles emitir sua decisão; firmar atas circunstanciadas das reuniões e diligências que se realizarem; enfim, fazer tudo quanto necessário para os trabalhos de sua responsabilidade e competência.

Informar o recurso significa emitir parecer sobre ele de modo a esclarecer a autoridade incumbida de julgá-lo sobre os fatos nele articulados, os argumentos e alegações do recorrente. É no momento de informar o recurso que a Comissão tem ensejo de, analisando-o, reconsiderar a sua decisão.

Há setores da Administração que também atribuem às comissões de licitação, além da elaboração da minuta do contrato a realização de tratativas e negociações pré-contratuais. Consideramos não ser recomendável atribuir-lhe essas últimas tarefas. O ideal é que as comissões de licitação se ocupem exclusivamente do procedimento licitatório, até o seu final, deixando para outrem tanto as tratativas quanto a formalização da avença negocial, sem furtarem-se evidentemente de assessorar, quando necessário. O que reputamos inconveniente, especialmente na hipótese de Comissão Permanente, é o desdobramento das atividades de direção e julgamento da licitação em negociações pré-contratuais diretas com fornecedores, que a experiência tem demonstrado serem prejudiciais à manutenção da independência e autoridade dos respectivos membros.

Na realização de suas tarefas, a Comissão de Licitação decidirá como qualquer órgão colegiado, buscando sempre a unanimidade em suas deliberações, mas decidindo pelo voto da maioria sempre que a decisão unânime não for possível. Havendo discordância relevante, deverá ocorrer declaração de voto divergente.

Toda Comissão de Licitação terá um presidente, que tanto poderá ser designado no próprio ato de sua constituição, como, *a posteriori*, escolhido por seus membros, registrando-se em ata a decisão.

Para a realização de suas atribuições, as comissões podem assessorar-se de órgãos técnicos e profissionais especializados, especialmente quando o objeto licitado, pelo vulto ou complexidade técnica, o recomendar. Essa assessoria, entretanto, não substitui a Comissão. Ao formular opiniões e emitir pareceres, devem os assessores restringir-se aos aspectos técnicos de seu mister, uma vez que não estão a julgar a licitação, mas apenas auxiliando para que esse julgamento se realize o mais corretamente possível. É importante ressaltar que constitui competência exclusiva da Comissão de Licitação decidir sobre a habilitação, o julgamento e a classificação das propostas e a adjudicação. Será nulo o procedimento licitatório em que essas atribuições forem deferidas a comissão técnica, peritos ou outros agentes. É muito comum a remessa do processo da licitação a órgãos técnicos da entidade licitadora, "para julgamento das propostas técnicas..." Isso não pode acontecer. Proceder assim é invalidar a licitação. Somente a Comissão pode julgar. Todos os demais apenas assessoram, emitindo opiniões técnicas, pareceres e laudos referentes à conformidade da oferta com as especificações do edital. Os acontecimentos das fases de habilitação, classificação e julgamento das propostas e adjudicação deverão constar de atas circunstanciadas, assinadas pelos membros da Comissão e licitantes que o desejarem, quando for o caso.

23.3. Tomada de decisões

Conforme Hely Lopes Meirelles (1983), a Comissão de Licitação é independente nas suas decisões. Nenhuma autoridade pode substituí-la na sua função decisória. Sendo independente nas suas decisões, entretanto, não é discricionária no seu julgamento, porque vinculado aos critérios do edital. Com efeito, leciona o eminente jurista: "se ocorrer irregularidade ou erro no julgamento, a autoridade competente poderá anular a decisão, através de recurso *ex officio*, determinando que a comissão corrija o erro ou proceda a novo julgamento em forma regular".

Embora anular ou revogar o certame seja atribuição privativa da autoridade administrativa superior, poderá a Comissão de Licitação reconsiderar seu próprio julgamento, se assim entender necessário, anulando-o ela própria. Encerra-se o trabalho da Comissão de Licitação quando esta, em relatório final, conclusivo, integrante da Ata de Julgamento, realiza a classificação ordinal das licitantes, por ordem numérica crescente a partir da proposta mais vantajosa, adjudica o objeto da licitação ao ofertante classificado em primeiro lugar e envia o processo à homologação da autoridade superior. A Comissão somente voltará a atuar no processo se essa autoridade determinar que sejam corrigidos determinados atos, sejam realizadas diligências ou, o que também pode ocorrer, seja refeito todo o procedimento, já que a adjudicação por si só não defere o direito do licitante à homologação, sendo permitido à Administração corrigir os próprios atos quando eivados de ilegalidade ou carentes de utilidade para o serviço público (conforme Recurso Extraordinário n° 84.396, *Revista de Direito Administrativo*, 130/248).

24. Os prazos nas licitações

24.1. Contagem

Diz a Lei 8.666/93 que os prazos nela estabelecidos deverão ser contados, como regra, em dias corridos, com início e vencimento, obrigatoriamente, em dias de expediente. Tal o teor do art. 110: "Na contagem dos prazos estabelecidos nesta lei excluir-se-á o dia do início e incluir-se-á o do vencimento e considerar-se-ão os dias consecutivos, exceto quando for explicitamente disposto em contrário".

Portanto, quando se tratar de prazos estabelecidos em dias úteis, como os pertinentes ao exercício do direito de petição (recursos), deste modo deverão ser contados.

24.2. Prazos principais

Os prazos principais que devem ser observados no procedimento licitatório são:

a) mínimo para convocação de interessados;

b) para impugnação do edital;

c) de validade da proposta;

d) de liberação de licitante;

e) de convocação para contratação;

f) para representação;

g) para pedido de reconsideração;

h) para recurso hierárquico;

i) para impugnação de recurso;

j) para reconsideração de decisão por parte da autoridade recorrida;

k) para decisão sobre recurso por autoridade superior.

24.2.1. Mínimo para convocação de interessados

É de quarenta e cinco dias corridos para o concurso e para a licitação do tipo melhor técnica ou técnica e preço ou quando o contrato a ser celebrado contemplar a modalidade de empreitada integral; trinta dias corridos para concorrência e tomada de preços do tipo melhor técnica ou técnica e preço; quinze dias corridos para tomada de preços ou leilão, e de cinco dias úteis para convite (art. 21, § 2°). Os prazos serão contados a partir da última publicação do edital resumido (aviso) ou da expedição do convite, ou ainda da efetiva disponibilidade do edital ou do convite e respectivos anexos, prevalecendo a data que ocorrer mais tarde (art. 21, 3º). Oportuno lembrar, por se tratarem de prazos mínimos, a lição de Antônio Marcello da Silva (1971), no sentido de que: "a inobservância de proporcionalidade entre o prazo de convocação e o necessário para o preparo da oferta, de modo a impedir a participação de interessados ou a favorecer quem tenha tido conhecimento antecipado da abertura da licitação afronta o princípio em exame (publicidade), tipificando comprometimento do caráter competitivo do certame ou limitação das possibilidades normais de competição".

24.2.2. Para impugnação do edital

É de cinco dias úteis antes da data fixada para abertura dos invólucros contendo os documentos de habilitação o prazo para qualquer cidadão protocolar junto à entidade licitadora o pedido de impugnação do edital, por irregularidade na aplicação da lei, que deverá ser julgado e respondido em até três dias úteis do respectivo recebimento. Quando a impugnação for de licitante, deverá ocorrer até o segundo dia útil que anteceder a abertura dos invólucros contendo os documentos de habilitação em concorrência, a abertura das propostas em tomada de preços, convite ou concurso, ou a realização de leilão.

24.2.3. De validade da proposta

As licitantes têm liberdade de atribuir prazo de validade às suas propostas. Entretanto, não podem consignar prazos que inviabilizem o exame da proposta no tempo necessário à conclusão do procedimento licitatório, especialmente quando de vulto e complexidade. Quando atribuídos, esses prazos devem ser contados a partir da entrega das propostas. Os editais podem estabelecer quaisquer prazos desde que não superiores a 60 dias da data da entrega das propostas. Teoricamente, este é o prazo máximo estabelecido para o término da licitação, uma vez que após sessenta dias da entrega das propostas, sem convocação para a contratação, as licitantes ficam liberadas dos compromissos assumidos na proposta. É a regra do art. 64, § 3º, da Lei 8.666/93.

24.2.4. Liberação de licitante

As licitantes ficam desobrigadas dos compromissos assumidos na proposta decorridos sessenta dias da data da sua entrega sem convocação para a contratação. Havendo convocação, prorrogar-se-á o prazo até a contratação.

LICITAÇÃO - *Teoria e Prática*

24.2.5. De convocação para contratação

Trata-se de prazo livremente fixado pela Administração, obviamente que compatível com o objeto da avença. Pode ser prorrogado uma vez, por igual período, quando solicitado durante seu transcurso pela parte, desde que ocorra motivo justificado aceito pela Administração (art. 64, § 1º). Quando a convocada não assinar o termo de contrato ou não aceitar ou retirar o instrumento equivalente, no prazo e condições estabelecidos, é facultado à Administração convocar as licitantes remanescentes, na ordem de classificação, para fazê-lo em igual prazo e nas mesmas condições propostas pela primeira classificada, inclusive quanto aos preços atualizados, ou revogar a licitação, independentemente das cominações legais.

24.2.6. Para representação

É de cinco dias úteis a contar da intimação da decisão relacionada com o objeto da licitação ou do contrato de que não caiba recurso hierárquico. No caso de convite, dois dias úteis.

24.2.7. Para pedido de reconsideração

É de dez dias úteis a contar da intimação do ato de declaração de inidoneidade para licitar ou contratar com a Administração, feita mediante publicação na imprensa oficial.

24.2.8. Para recurso hierárquico

É de cinco dias úteis a contar da intimação do ato mediante publicação na imprensa oficial ou da lavratura da ata, nos casos de habilitação ou inabilitação do licitante; julgamento das propostas; anulação ou revogação da licitação; indeferimento do pedido de inscrição em registro cadastral, sua alteração ou cancelamento; rescisão do contrato e aplicação das penas de advertência, suspensão temporária ou de multa. No caso de convite, dois dias úteis.

24.2.9. Para impugnação de recurso

É de cinco dias úteis da comunicação, pela Comissão, de que foi interposto. Recomendável o fornecimento de cópia do recurso aos demais licitantes. No caso de convite, dois dias úteis.

24.2.10. Para reconsideração de decisão por parte de autoridade recorrida

É de cinco dias úteis a contar do recebimento do recurso (art. 109, § 4º).

24.2.11 Para decisão sobre recurso por autoridade superior

É de cinco dias úteis a contar do recebimento do recurso, sob pena de responsabilidade (art. 109, § 4º).

25. A pré-qualificação

25.1. Objetivo

O art. 114 da Lei 8.666/93 estabelece que o sistema por ela instituído não impede a pré-qualificação de licitantes nas concorrências em que o objeto recomende análise mais detida da qualificação técnica dos interessados. A utilização da pré-qualificação será feita mediante proposta da autoridade competente, aprovada pela imediatamente superior.

25.2. Exigências legais

Pré-qualificação, segundo Celso Antônio Bandeira de Mello (1985), consiste numa prévia operação seletiva dos interessados em contratar com a Administração. Na verdade, é um procedimento de habilitação que se destina a "verificar a qualificação de interessados em participar de licitações relativas a um dado empreendimento". E explica: "Por meio dela são previamente selecionados interessados que preencham requisitos de capacidade estipulados em vista de um certo objeto que será licitado em uma licitação ou em algumas licitações parciais. Efetiva-se de maneira análoga a uma concorrência. É precedida da mesma publicidade, atende a iguais rigores na definição do objeto, também é julgada por uma Comissão de três membros e depende de homologação por autoridade superior".

A pré-qualificação é um procedimento de habilitação voltado para determinado empreendimento que, em futuro, será objeto de licitação. Não é específica para determinada concorrência, exclusivamente, uma vez que pode valer para diversas licitações que se realizarem - licitações parciais - relacionadas com o mesmo objeto. Diz a Lei 8.666/93 que, na pré-qualificação, serão observadas as exigências legais relativas à concorrência, à convocação dos interessados, ao procedimento e à análise da documentação (art. 114, § 2º).

25.3. Apresentação de documentos

A pré-qualificação possui uma finalidade habilitatória, somente, e nela não ocorre apresentação de propostas, mas unicamente de documentos de habilitação. As propostas somente serão apresentadas na licitação realizada *a posteriori*, pelo que o procedimento só se justifica diante de contratações de complexidade técnica, que exijam alta especialização e pressuponham investimentos significativos.

LICITAÇÃO - *Teoria e Prática*

25.4. Habilitação preliminar na ocasião da concorrência

Quando da realização da licitação correspondente ao procedimento da pré-qualificação, nada impede que se realize habilitação preliminar, própria das concorrências. Será esta, entretanto, como adverte Hely Lopes Meirelles (1988), "limitada à verificação de que permanecem nos concorrentes as mesmas condições comprovadas na pré-qualificação". Isso porque, aquelas condições podem ter-se alterado em função de novos compromissos assumidos, ensejando a hipótese de inabilitação de licitante pré-qualificado.

Realizada a pré-qualificação, a concorrência que lhe corresponder somente se dará entre os pré-qualificados, que serão convocados individualmente para o certame, do qual não haverá publicidade, uma vez que já conhecidos seus participantes.

26. O consórcio nas licitações

26.1. Definição

Consórcio é *associação, ligação, união*. No sentido da Economia Política, consórcio significa a associação de interesses promovida por várias empresas com vistas à realização de um empreendimento. Para Führer (1986), "é o contrato pelo qual duas ou mais sociedades, sob o mesmo controle ou não, se comprometem a executar em conjunto determinado empreendimento". O consórcio não possui personalidade jurídica, pois que sua constituição não resulta em outra empresa. Trata-se de simples associação de empresas que se conservam independentes. Conforme De Plácido e Silva (1963), "é uma das muitas modalidades de cooperação econômica em virtude da qual as empresas associadas regulam entre si a maneira de executar as suas operações alienando, por ela, parte de sua autonomia econômica, pois que ficam, neste particular, sob a dependência da direção do consórcio". Para Hely Lopes Meirelles (1983), e em face da licitação, consiste na "associação de dois ou mais interessados na concorrência (empresas ou profissionais) de modo que, somando técnica, capital, trabalho e *know-how*, possam executar um empreendimento que, isoladamente, não teriam condições de realizar".

O tempo de duração do consórcio será o necessário para a realização do empreendimento.

26.2. Exigências

A participação do consórcio nas licitações somente poderá ocorrer se o edital permitir (art. 33 da Lei 8.666/93). Quando permitido, observar-se-ão as normas adiante especificadas:

26.2.1. Comprovação do compromisso

Para se habilitarem na licitação como associadas em consórcio, as empresas interessadas deverão comprovar, inicialmente, apenas o compromisso de virem a consorciar-se, em documento público ou particular, assinado por todas, no qual se comprometem a realizar o empreendimento objeto do certame.

26.2.2. Indicação da empresa responsável

O documento que constituir o consórcio ou registrar o compromisso da sua constituição dever indicar qual, dentre as consorciadas, será a empresa líder. Esta, por sua vez, deverá observar as condições fixadas pelo ato convocatório para o exercício dessa liderança. Importante observar que o edital, ao admitir a participação de consórcio na licitação, deverá fixar de modo objetivo as condições em que se dará o relacionamento da Administração com a consorciada que representar o consórcio. À empresa líder incumbirá responsabilizar-se pelas demais, inclusive "quanto às multas e indenizações por ato ilícito ou descumprimento do contrato, quando a Administração o exigir expressamente" (Hely Lopes Meirelles, 1983).

26.2.3. Apresentação dos documentos de habilitação

Quando na licitação participa consórcio, as consorciadas devem, cada uma, apresentar os documentos de habilitação a que aludem os arts. 28 a 31 da Lei 8.666/93. A habilitação, entretanto, será do consórcio, e não de cada consorciada. Estas, obviamente, complementam-se nas deficiências individuais quanto à capacitação técnica e econômico-financeira, de modo a comprovar a capacitação do grupo, globalmente, para realizar o objeto licitado, que isoladamente cada uma não teria condições de realizar. Habilita-se, pois, o consórcio, "pelo somatório da capacidade de seus componentes", no que se refere à qualificação técnica e qualificação econômico-financeira, levando em conta os quantitativos e valores de cada consorciado, na proporção de sua respectiva participação no consórcio.

Considerando o fato de estar competindo com empresas isoladas uma associação delas, um consórcio, poderá o edital exigir, para este, acréscimo de até 30% (trinta por cento) dos valores exigidos para o licitante individual comprovar sua qualificação econômico-financeira. Esta é, sem dúvida, uma novidade trazida pela nova lei, que só não se aplicará quando o consórcio for constituído, na sua totalidade, por micro e pequenas empresas, assim definidas em lei (art. 33, III).

26.2.4. Impedimento de participação

A Lei 8.666/93 também veda que uma consorciada participe mais de uma vez da mesma licitação, seja isoladamente ou como integrante de outro consórcio, o que faz por razões óbvias.

26.2.5. Participação de empresas estrangeiras

Os consórcios podem constituir-se tanto de empresas nacionais, exclusivamente, quanto destas consorciadas com estrangeiras. Quando o consórcio tiver a participação de empresas estrangeiras, a liderança obrigatoriamente deverá caber à empresa nacional. É a regra do § 1° do art. 33 da Lei 8.666/93. As empresas estrangeiras, por outro lado, que não funcionem no país, quando consorciadas, para se habilitarem nas concorrências internacionais, apresentarão sua documentação autenticada pelos respectivos consulados e traduzida por tradutor juramentado.

26.2.6. Forma de constituição

A Lei 8.666/93 mantém a facilitação prevista no revogado Decreto-lei 2.300/86, para a participação de consórcios nas licitações, por não exigir das empresas que venham a constituí-lo definitivamente quando dessa participação. Basta, inicialmente, que apresentem, com os documentos de habilitação, o compromisso de se consorciarem. Um documento particular que contenha o compromisso de associação e de virem a promover, caso vençam o certame, antes da celebração do contrato, a constituição e o registro do consórcio.

26.2.7. Responsabilidade solidária dos integrantes

A nova lei de licitações aqui também inovou. No regime do revogado Decreto-lei 2.300/86, não era exigida a responsabilidade solidária dos consorciados, como regra. Constituía uma faculdade da Administração. Agora, é obrigatória.

26.2.8. Elementos essenciais do contrato

Constituem elementos essenciais do contrato de consórcio: partes, objeto, duração, endereço, definição de obrigações, normas sobre recebimento de receitas, Administração, forma de deliberação e foro.

26.2.8.1 Partes. Podem participar de um consórcio tanto pessoas físicas quanto jurídicas, sejam estas sociedades por ações ou quaisquer outros tipos societários, inclusive as sociedades de economia mista e as empresas públicas, desde que autorizadas pelos órgãos societários competentes, e não haja vedação legal. No caso de pessoas físicas e sociedades civis, há, como adverte Mauro Rodrigues Penteado, dificuldades relacionadas com o registro ao qual deverão ser levados os instrumentos contratuais - Cartório de Registro de Títulos e Documentos e/ou Registro do Comércio.

26.2.8.2. Objeto. O instrumento contratual deve indicar de modo preciso e completo qual empreendimento constitui o objeto do consórcio.

26.2.8.3. Duração. O contrato poderá vincular a duração do consórcio à execução do empreendimento que tem por objeto, se não for possível estabelecer prazo determinado para sua vigência.

26.2.8.4. Endereço. O consórcio, por não possuir personalidade jurídica, também não tem sede social. Daí o contrato indicar o seu endereço, local onde estariam centralizados todos os assuntos de interesse do consórcio, sendo recomendável corresponder ao domicílio ou sede social do representante legal do consórcio (empresa líder).

26.2.8.5. Definição das Obrigações. O contrato de consórcio deve definir adequadamente as obrigações e responsabilidades de cada consorciada na realização do empreendimento, com a indicação das prestações específicas de cada uma, de modo a evitar dissídios internos e externos ao consórcio.

26.2.8.6. Normas sobre o recebimento de receita. O contrato deve indicar quem, dentre as consorciadas, estará incumbida do recebimento das receitas, bem como de que maneira se procederá a partilha dos respectivos resultados. Aqui se deve indicar a proporção de participação de cada consorciada, para possibilitar o somatório de valores a que alude o inciso III do art. 33 da Lei 8.666/93.

26.2.8.7. Administração. Normas claras e precisas devem integrar o texto contratual dispondo sobre a Administração, contabilização e representação do consórcio.

26.2.8.8. Forma de deliberação. Com vistas às deliberações das consorciadas sobre assuntos de interesse comum, o contrato deve indicar a forma de deliberação, se pelo voto da maioria das consorciadas, *intuitu personae*, ou levando em conta o capital social de cada uma - *intuitu rei*.

26.2.8.9. Foro. O contrato de consórcio deve indicar com precisão, no seu texto, o foro para a discussão das questões que se originarem das relações dos consorciados entre si, bem como com terceiros. Convém seja o da sede social da empresa líder.

Não possuindo o consórcio personalidade jurídica, uma vez que as empresas que o integram mantêm a individualidade, todas as consorciadas deverão assinar o contrato resultante da licitação de que participaram.

27. Licitação nas entidades paraestatais

27.1. Regulamentos próprios

Dispõe o art. 119 da Lei 8.666/93 que "As sociedades de economia mista, empresas e fundações públicas e demais entidades controladas direta ou indiretamente pela União, e pelas entidades referidas no artigo anterior, (Estados, Distrito Federal e Municípios) editarão regulamentos próprios devidamente publicados, ficando sujeitas às disposições desta lei".

As denominadas entidades paraestatais, portanto, não estão isentas do dever de licitar, devendo adotar regulamentos próprios, publicados na imprensa oficial, após aprovados pela autoridade de nível superior a que estiverem vinculados os respectivos órgãos.

A doutrina anterior ao revogado Decreto-lei 2.300/86 divergia sobre estarem ou não isentas de licitação as sociedades de economia mista, empresas e fundações públicas, controladas direta ou indiretamente pelo Poder Público. Lúcia Valle Figueiredo (1980) registrou o entendimento que: "Manipulando as empresas públicas e sociedades de economia mista recursos públicos, em larga escala, devem, a nosso ver, total submissão aos princípios da licitação (não ao procedimento formal da lei específica) independente de que tal obrigatoriedade esteja expressamente assinalada, quer na lei que as tenha criado, quer em decreto-lei complementar (como o Decreto-lei complementar nº 7/69 do Estado de São Paulo), ou em Lei Municipal".

27.2. Empresas públicas que exercem atividade econômica

Considerando a existência de entidades paraestatais cuja atividade seja serviço público (mesmo que comercial/industrial) e outras (empresas) que exploram atividade econômica, Toshio Mukai (1988) disse estarem as primeiras sujeitas aos princípios da licitação, independentemente de norma legal expressa, pois seu regime é público, sob forma privada, enquanto estas últimas, "libertas, em princípio, do dever de licitar, salvo se lei determinar-lhes a obediência aos princípios licitatórios". Antônio Carlos Cintra do Amaral (1978) também posicionou-se no sentido de que as entidades que exercem exclusivamente atividade econômica não tinham o dever de licitar, mas considerou conveniente fazê-lo, "por uma questão de moralidade administrativa".

27.3. Obrigação de licitar

Se dúvidas e divergências havia acerca de as entidades paraestatais estarem ou não obrigadas a licitar, o Decreto-lei 2.300/86 pôs termo às omissões da legislação anterior. Estabeleceu o dever de licitar, podendo fazê-lo, entretanto, mediante procedimentos seletivos simplificados, regidos por regulamento próprio que observasse os ditames básicos da competição licitatória.

A Lei 8.666/93, por sua vez, sem cogitar de procedimentos seletivos simplificados, disse apenas ser obrigatória a observância, por todos, das suas disposições, determinando às entidades paraestatais que adotassem regulamentos próprios.

27.4. Regra constitucional

No art. 37, inciso XXI, da Constituição Federal, temos que a Administração Pública direta, indireta ou fundacional, de qualquer dos poderes da União, dos estados, do Distrito Federal e dos municípios obedecerá aos princípios de legalidade, impessoalidade, moralidade, publicidade e, também, ao seguinte:

"XXI- Ressalvados os casos especificados na legislação, as obras, serviços, compras e alienações serão contratados mediante processo de licitação pública que assegure igualdade de condições a todos os concorrentes, com cláusulas que estabeleçam obrigações de pagamento, mantidas as condições efetivas propostas nos termos da lei, o qual somente permitirá as exigências de qualificação técnica e econômica indispensáveis à garantia do cumprimento das obrigações".

No regime jurídico da Lei 8.666/93, as entidades paraestatais, nelas compreendidas as sociedades de economia mista, empresas e fundações públicas e demais entidades controladas direta ou indiretamente pelo Poder Público, estão obrigadas a observar o procedimento administrativo formal que ela preconiza, as disposições legais nela contidas, ou, conforme o caso, somente o conteúdo das suas normas de caráter geral.

A Emenda Constitucional nº 19, de 4.6.98, ao dispor sobre princípios e normas da Administração Pública, alterando o inciso XXVII do art. 22 da Constituição Federal, atribuiu competência à União para legislar sobre normas gerais de licitação e contratação (...) para as empresas públicas e sociedades de economia mista, nos termos do art. 173, § 1º, III. A mesma Emenda Constitucional alterou o § 1º do art. 173 da CF, que se desdobrou em cinco incisos, assim dispondo quanto ao inciso III: " § 1º - A lei estabelecerá o estatuto jurídico da empresa pública, da sociedade de economia mista e de suas subsidiárias que explorem atividade econômica de produção ou comercialização de bens ou de prestação de serviços, dispondo sobre: (...) III - *licitação e contratação de obras, serviços, compras e alienações, observados os princípios da administração pública.*"

A modificação traz como conseqüência a eliminação daquele tratamento uniforme sobre licitações e contratações que havia anteriormente, não levando em conta, como salienta Diogo de Figueiredo Moreira Neto (1999), a natureza jurídica e as finalidades distintas das diferentes pessoas administrativas. Tem-se, agora, com a emenda constitucional, um tratamento diferenciado para as empresas públicas, as sociedades de economia mista e suas subsidiárias, que em estatuto próprio, editado por lei ordinária, passam a ter regras específicas sujeitas apenas aos princípios da administração pública.

28. Dos recursos administrativos

28.1. Cabimento e natureza

De todas as decisões e atos praticados no procedimento licitatório bem como na formalização e execução dos contratos dele decorrentes cabem recursos administrativos e medidas judiciais destinadas ao respectivo controle de legalidade e de mérito. Consiste o recurso administrativo na provocação de novo exame do ato ou decisão da Administração. É o remédio indicado em lei ou regulamento para proteção e defesa de direito ameaçado ou violado e permite a correção de atos e decisões administrativas, inclusive a sua invalidação. O direito de petição consubstanciado no recurso tanto pode ser exercido para impugnar os termos do edital quanto para atacar atos e decisões no procedimento licitatório, no registro cadastral e na formalização e execução do contrato, quaisquer que sejam.

28.2. Impugnação do edital

No art. 41, § 1º, da Lei 8.666/93, temos aquele que se constitui verdadeiramente no primeiro recurso - a impugnação do edital. Diz a regra legal que a Administração não pode descumprir as normas e condições do edital, a que se acha estritamente vinculada, e que "qualquer cidadão é parte legítima para impugnar edital de licitação por irregularidade na aplicação desta lei, devendo protocolar o pedido até 5 (cinco) dias úteis antes da data fixada para abertura dos envelopes de habilitação, devendo a Administração julgar e responder à impugnação em até 3 (três) dias úteis," sem prejuízo da faculdade de representação ao Tribunal de Contas ou aos órgãos integrantes do sistema de controle interno.

Em seguida, no § 2º, diz que "decairá do direito de impugnar os termos do edital de licitação perante a Administração o licitante que, tendo-os aceito sem objeção, venha a apontar, depois da abertura dos envelopes de habilitação, falhas ou irregularidades que o viciariam, hipótese em que tal comunicação não terá efeito de recurso".

Importante questão se coloca, aqui, diante de um preceito aparentemente inconstitucional, quando a impugnação se der extemporaneamente. Embora o interessado tenha apontado os vícios tardiamente, e a comunicação não tenha efeito de recurso, a Administração não deverá deixar de conhecê-la para verificar se se tratam de vícios de nulidade ou de anulabilidade, já que a ausência de impugnação não elimina a nulidade, que obrigatoriamente deve ser pronunciada, mesmo de ofício.

O momento válido para que a impugnação do edital seja aceita como recurso é o antecedente à abertura dos invólucros contendo os documentos de habilitação.

Dá-se, pois, a impugnação tempestiva do edital, por quem não for licitante, quando formulada até três dias úteis antes do início da fase de habilitação, ou seja, cinco dias úteis antes da abertura dos envelopes destinados ao julgamento dessa fase licitatória. Se for licitante, quando até o segundo dia útil antes das ocorrências acima.

28.3. Recurso, representação e pedido de reconsideração

A Lei 8.666/93 especifica, no art. 109, os procedimentos recursais cabíveis, na esfera administrativa, tanto na licitação quanto no registro cadastral e na formalização e execução de contratos. Assim, caberá recurso hierárquico, no prazo de cinco dias úteis a contar da intimação do ato ou da lavratura da ata, nos casos de:

a) habilitação ou inabilitação do licitante;

b) julgamento das propostas;

c) anulação ou revogação da licitação;

d) indeferimento do pedido de inscrição em registro cadastral, sua alteração ou cancelamento;

e) rescisão do contrato conforme previsto no art. 78;

f) aplicação das penas de advertência, suspensão temporária ou de multa.

Caberá representação, no prazo de cinco dias úteis da intimação da decisão relacionada com o objeto da licitação ou do contrato, de que não caiba recurso hierárquico. Também a lei prevê o pedido de reconsideração de decisão de ministro de estado, ou secretário estadual ou municipal, conforme o caso, no prazo de dez dias úteis da intimação do ato (publicação na imprensa oficial) na hipótese de declaração de inidoneidade para licitar ou contratar com a Administração.

28.4. Efeito suspensivo

O recurso relacionado com a habilitação ou inabilitação do licitante, e com o julgamento das propostas, terá efeito suspensivo, sendo possível atribuir-se, motivadamente e presentes razões de interesse público, efeito suspensivo também aos demais (art. 109, § 2°).

28.5. A quem dirigir

Estabelece o § 4° do art. 109 que o recurso será dirigido à autoridade superior, por intermédio da que praticou o ato recorrido, a qual poder reconsiderar sua decisão, no prazo de cinco dias úteis, ou, nesse mesmo prazo, fazê-lo subir, devidamente informado. Neste caso, a decisão deverá ser proferida dentro do prazo de cinco dias úteis, contado do recebimento do recurso, sob pena de responsabilidade.

Embora dirigido ao Prefeito, ao Secretário de Estado, ao Ministro, ao Presidente da Companhia, etc., o recurso deverá ser entregue à Comissão de Licitação para que esta tenha a oportunidade de reconsiderar, se for o caso, a decisão recorrida, ou fazê-lo chegar à autoridade destinatária. A Comissão, na verdade, não julga o recurso, Apenas o acolhe ou, não o fazendo, o envia ao julgamento da autoridade superior competente.

28.6. Representação

A Lei 8.666/93 também prevê, como vimos, a Representação, no prazo de cinco dias úteis da intimação da decisão relacionada com o objeto da licitação ou do contrato, de que não caiba recurso hierárquico. Representação, conforme Toshio Mukai (1988), é uma "petição dirigida a quem de direito, que expõe determinada situação e pede providências. Não obriga à decisão, necessariamente, e pode não ser conhecida". É possível a representação contra qualquer ato decisório que diga respeito à licitação ou ao contrato, desde que contra esse ato não caiba nenhum dos recursos hierárquicos previstos. Se acolhida a representação pela autoridade superior, deverão ser tomadas as providências que esta determinar. Também será possível revogar ou anular o certame como decorrência do acolhimento dessa petição.

28.7. Ciência aos interessados

Os recursos interessam a todos os licitantes, e não somente ao recorrente, daí prescrever a lei que deles deve ser dada ciência a todos. Tão logo a Comissão os receba, deve providenciar cópia dos mesmos e enviá-la a cada um dos demais licitantes, a fim de que tenham a oportunidade de impugná-los, se desejarem. Importante anotar que sendo o julgamento um ato de exclusiva competência da Comissão de Licitação, como já vimos, a autoridade que aprecia o recurso não pode, a pretexto de acolher suas ponderações, substituir esse julgamento. Na verdade, à autoridade superior competem três alternativas: considerar improcedentes as razões do recurso e confirmar o julgamento da Comissão; considerar procedentes essas razões e anular o ato atacado, ou invalidar o procedimento licitatório, pela revogação.

28.8. Dispensa de publicação de intimações

As intimações do julgamento das propostas, da anulação ou revogação da licitação, da declaração de inidoneidade e da rescisão do contrato, conforme a regra do § 1º do art. 109 da lei de licitações serão feitas mediante publicação na imprensa oficial. Nos casos de julgamento da habilitação e das propostas não será necessária a intimação através da imprensa oficial se presentes os prepostos das licitantes no ato em que foi adotada a decisão, quando poderá ser feita por comunicação direta e lavrada em ata.

28.9. Mandado de segurança e ação cautelar

Na esfera judicial utiliza-se mais comumente o mandado de segurança, para defesa de direito líquido e certo de qualquer interessado no procedimento licitatório, bem como a ação cautelar inominada, como processo preliminar de ação ordinária anulatória de ato jurídico. Outras ações existem, obviamente, passíveis de utilização com vistas a anulação de atos ilegais e o restabelecimento de direitos violados.

28.10. Início da contagem do prazo de recurso

Nenhum prazo de recurso se inicia ou corre sem que os autos do processo estejam com vista franqueada ao interessado (art. 109, § 5º). Portanto, na medida em que as coisas forem acontecendo, deverá agregar-se ao processo a documentação pertinente, sendo as páginas numeradas sequencialmente e rubricadas pelo responsável, para que prontamente possa ser examinada pelos interessados, quando for o caso. Será conveniente, por cautela, a elaboração de um "Recibo de Vistas".

29. Sanções administrativas e tutela judicial

29.1. Do servidor público

Os agentes administrativos que transgredirem a lei de licitações, praticando atos que contrariem seus preceitos, sujeitar-se-ão às sanções nela previstas, sem prejuízo das responsabilidades civil e criminal que o ato ensejar. Para os fins da Lei 8.666/93, considera-se servidor público quem exerce, embora transitoriamente ou sem remuneração, cargo, função ou emprego público, equiparando-se a servidor público os empregados de entidades paraestatais, assim consideradas fundações, empresas públicas, sociedades de economia mista e demais entidades sob controle direto ou indireto do Poder Público.

Toda punição prevista na lei de licitações por infração aos seus ordenamentos será acrescida da terça parte quando seus autores forem ocupantes de cargo em comissão ou função de confiança.

29.2. Previsão legal e pressuposto de imposição

Como sanções administrativas pela inexecução total ou parcial do contrato, temos a advertência, a multa, tal como prevista no edital ou no contrato, a suspensão temporária de participação em licitação e impedimento de contratar com a Administração por prazo não superior a 2 (dois) anos e a declaração de inidoneidade para licitar ou contratar com a Administração Pública enquanto perdurarem os motivos determinantes da punição ou até que seja promovida a reabilitação perante a autoridade que aplicou a penalidade, concedida sempre que o contratado ressarcir a Administração pelos prejuízos resultantes e após decorrido o prazo da sanção (art. 87, I, II, III e IV).

Tanto a suspensão temporária para licitar e contratar com a Administração quanto a declaração de inidoneidade poderão ser aplicadas, também, às empresas ou aos profissionais que, em razão de contratos regidos pela Lei 8.666/93, tenham sofrido condenação definitiva pela prática dolosa de fraude fiscal, tenham praticado atos ilícitos visando a frustrar os objetivos da licitação ou que, por força de atos ilícitos praticados, demonstrem não possuir idoneidade para contratar com a Administração.

A aplicação de quaisquer dessas sanções somente poderá ocorrer se garantida prévia defesa, em processo próprio, no prazo de 5 (cinco) dias úteis. A declaração de inidoneidade é da competência do Ministro de Estado, do Secretário Estadual ou Municipal (ou do Governador ou do Prefeito) conforme o caso, facultada a defesa do interessado no prazo de 10 (dez) dias da concessão de vista do processo, admitida a reabilitação após 2 (dois) anos de sua aplicação.

Constitui pressuposto para a imposição das sanções administrativas previstas na Lei 8.666/93 a descrição das condições específicas para a sua aplicação, é dizer, a tipificação da conduta que se tem por incorreta, ilícita, caracterizadora da "hipótese de incidência" do respectivo sancionamento. É preciso que o ato convocatório indique, cabalmente, a ilicitude praticada, uma vez que, sem essa explicitação, a aplicação das sanções administrativas previstas no art. 87 poderá vir a ser invalidada, por transgressão ao princípio da legalidade.

29.3. Crimes

Os crimes tipificados na Lei 8.666/93 são todos dolosos, isto é, para se configurarem, terá que haver por parte do agente uma vontade livre e consciente de praticá-los. Será preciso querer, decididamente, o resultado da ação que se pratica (lesar o erário, violar o sigilo da proposta, fraudar a competição, etc.) para que o crime se configure como tal. Para que fossem culposos, seria necessário que a lei o dissesse.

Os crimes previstos na lei de licitações, e respectivas penas, dizem respeito às licitações e aos contratos celebrados pela União, estados, Distrito Federal, municípios e respectivas autarquias, empresas públicas, sociedades de economia mista, fundações públicas ou outra entidade controlada direta ou indiretamente pelo Poder Público. São os seguintes, todos de ação penal pública incondicionada:

a) dispensa ou inexigência ilegal de licitação;
b) frustração da competição;
c) patrocínio de interesse privado;
d) concessão de vantagem indevida;
e) impedimento do ato licitatório;
f) quebra de sigilo;
g) afastamento de licitante;
h) fraude da licitação;
i) admissão de licitante inidôneo;
j) impedimento de inscrição de interessado.

29.3.1. Dispensa ou inexigência ilegal de licitação

Conforme disposto no art. 89, o ato de dispensar ou inexigir licitação fora das hipóteses previstas em lei, ou deixar de observar as formalidades pertinentes à dispensa ou à inexigibilidade, prevê pena de detenção de três a cinco anos, nela incorrendo aquele que, tendo comprovadamente concorrido para a consumação da ilegalidade, beneficiou-se da dispensa ou da inexigibilidade ilegal para contratar com o Poder Público. No caso de inexigibilidade de licitação, cumpre lembrar que as hipóteses arroladas no art. 25 da Lei 8.666/93 são exemplificativas, podendo existir outras com a mesma característica da inviabilidade de competição, não constituindo crime a inexigência que delas decorrer. Quanto à inobservância das formalidades pertinentes à dispensa ou à inexigibilidade, o que nos parece constituir elemento do tipo legal não é qualquer formalidade, mas aquela essencial à validade do procedimento administrativo, que estão descritas no art. 26 e consistem na justificação e comunicação em três dias, à autoridade superior, para ratificação e publicação na imprensa oficial, no prazo de cinco dias, da dispensa ou da inexigibilidade. Consiste, também, a incriminação, em não instruir o processo com os elementos exigidos nos incisos I, II e III do parágrafo único do art. 26, bem como no fato de concorrer para a dispensa ou inexigência ilegal, dela beneficiando-se, para celebrar contrato com a administração. Vícios sanáveis, lapsos de boa-fé, por natureza escusáveis, que não afetam a validade do procedimento ou, embora afetando, não causem prejuízo à Administração, não são puníveis criminalmente.

29.3.2. Frustração da competição

O art. 90 dispõe, para quem frustrar ou fraudar, mediante ajuste, combinação ou qualquer outro expediente, o caráter competitivo do procedimento licitatório, com o intuito de obter, para si ou para outrem, vantagem decorrente da adjudicação do objeto da licitação: Pena - detenção de 2 (dois) a 4 (quatro) anos e multa. O que se leva em conta, aqui, é a transgressão ao princípio da competitividade, cuja observância é essencial ao procedimento da licitação. O sujeito ativo desse crime é o concorrente que pratica o ato causador da frustração ou fraude do caráter competitivo da licitação. A incriminação assemelha-se à contida no art. 335 do Código Penal. Não parece necessário o prejuízo econômico, bastando a demonstração de que o ajuste, a combinação ou outro expediente exclui eventual proponente ou, como ensina Vicente Greco Filho (1993), preordenou o resultado entre os licitantes. São hipóteses incriminadoras as condutas previstas no art. 3°, § 1°, I, da lei de licitações. O servidor público também pode ser agente do crime.

29.3.3. Patrocínio de interesse privado

Estabelece o art. 91 que quem patrocinar, direta ou indiretamente, interesse privado perante a Administração dando causa à instauração de licitação ou à celebração de contrato, cuja invalidação vier a ser decretada pelo Poder Judiciário, está sujeito à pena de detenção de seis meses a dois anos e multa. É comum a ocorrência de *lobbies* e agendamentos de pressão à Administração Pública para que esta venha a realizar determinados negócios ou empreendimentos. Será crime do servidor público patrocinar esses interesses, valendo-se da qualidade de servidor público, se a Justiça vier a decretar a invalidação do contrato ou da licitação que o precedeu. Equivale ao crime do art. 321 do Código Penal.

29.3.4. Concessão de vantagem indevida

Consoante art. 92, qualquer ato tendente a admitir, possibilitar ou dar causa a qualquer modificação ou vantagem, inclusive prorrogação contratual, em favor do adjudicatário, durante a execução dos contratos celebrados com o Poder Público, sem autorização em lei, no ato convocatório da licitação ou nos respectivos instrumentos contratuais, ou, ainda, pagar fatura com preterição da ordem cronológica de sua apresentação, sujeita o autor à pena de detenção de dois a quatro anos e multa.

Pune-se aqui o favorecimento do adjudicatário, do contratado, inclusive a alteração irregular dos contatos, para favorecê-lo. Também, o pagamento de faturas com preterição da ordem cronológica da sua apresentação ao órgão pagador. Incidirá na mesma pena o contratado que, comprovadamente, houver concorrido para a consumação da ilegalidade, obtiver vantagem indevida ou se beneficiar injustamente das modificações ou prorrogações contratuais irregulares.

O tipo legal contém duas incriminações autônomas: alteração ilegal do contrato em favor do adjudicatário e pagamento com preterição da ordem. A primeira consiste em prorrogar ou alterar contratos fora dos casos previstos nos artigos 57 e 65 da Lei 8.666/93, respectivamente.

29.3.5. Impedimento do ato licitatório

O art. 93 prevê a pena de detenção de seis meses a dois anos e multa para quem impedir, perturbar ou fraudar a realização de qualquer ato de procedimento licitatório. Como a Lei 8.666/93 assegura a qualquer cidadão a faculdade de acompanhar o desenvolvimento do procedimento licitatório, desde que não interfira de modo a perturbar ou impedir a realização dos trabalhos (cf. art. 4º), será crime praticar essa interferência de modo prejudicial e qualquer ação ou omissão que resulte em impedimento ou fraude à realização de atos do procedimento licitatório, sem justa causa, obviamente. Entenda-se por "perturbar" o ato de criar dificuldades, tumultuar, embaraçar. É crime de resultado, exigindo o acontecimento.

29.3.6. Quebra do sigilo de proposta

De acordo com o art. 94, será aplicada ao agente público que devassar o sigilo de proposta apresentada em procedimento licitatório, ou proporcionar a terceiro o ensejo de devassá-lo, a pena de detenção de dois a três anos e multa. Será extremamente importante que os invólucros contendo as propostas, antes de permanecerem, ainda que por poucas horas, com a Comissão, para abertura posterior, sejam rubricados em sua presença pelos prepostos das licitantes. Este delito substituiu aquele previsto no art. 326 do Código Penal.

29.3.7. Afastamento de licitante

O art. 95 impõe, a quem afastar ou procurar afastar licitante, por meio de violência, grave ameaça, fraude ou oferecimento de vantagem de qualquer tipo, a pena de detenção de dois a quatro anos e multa, além da pena correspondente à violência, incorrendo na mesma pena aquele que se abstém ou desiste de licitar em razão da vantagem oferecida. Repercutiu nacionalmente notícia da imprensa de São Paulo sobre a embriaguez de representante de uma empresa, provocada por interessados em que a mesma não participasse da sessão de entrega de propostas em importante licitação federal. É sujeito ativo do crime qualquer pessoa.

29.3.8. Fraude da licitação

Para quem fraudar, em prejuízo da Fazenda Pública, licitação instaurada para aquisição ou venda de bens ou mercadorias, ou contrato dela decorrente, elevando arbitrariamente os preços; vendendo mercadoria falsificada ou deteriorada como verdadeira ou perfeita; entregando uma mercadoria por outra; alterando substância, qualidade ou quantidade da mercadoria fornecida ou, por qualquer modo, tornando injustamente mais onerosa a proposta ou a execução do contrato, a pena de detenção é de três a seis anos, e multa, conforme art. 96. Considere-se que a infração somente se consumará com a ocorrência do prejuízo. Se não houve o prejuízo (a licitação foi anulada), terá ocorrido tentativa, apenas. Este crime absorverá aqueles dos arts. 90, 93 e 95 da Lei 8.666/93, quando o meio utilizado for o conluio ou a fraude.

29.3.9. Admissão de licitante inidôneo

O art. 97 estabelece a pena de detenção de seis meses a dois anos para quem admitir à licitação ou celebrar contrato com empresa ou profissional declarados inidôneos. Quem tiver sido regularmente declarado inidôneo para licitar ou contratar com a Administração Pública não poderá participar de licitações nem celebrar contratos, enquanto perdurarem os motivos determinantes da punição ou até que seja promovida a reabilitação, na forma da lei. Alguém é admitido na licitação quando se dá a correspondente habilitação.

29.3.10. Impedimento de inscrição de interessado

Pelo disposto no art. 98, sujeita-se à pena de seis meses a dois anos e multa quem obstar, impedir ou dificultar, injustamente, a inscrição de qualquer interessado nos registros cadastrais ou promover indevidamente a alteração, suspensão ou cancelamento de registro do inscrito. É pelo registro cadastral que se inscrevem tantos quantos tenham interesse de contratar com a Administração. Os inscritos são classificados por categorias, conforme sua especialização, subdivididos em grupos, segundo a qualificação técnica e econômica de cada um. No registro cadastral também é anotada a atuação da licitante no cumprimento de obrigações assumidas. A importância desses registros é sem dúvida relevante, daí ser crime alterar indevidamente essas inscrições ou obstar, impedir ou dificultar a inscrição de qualquer interessado.

Todos os crimes definidos na lei de licitações são de ação penal pública incondicionada, cabendo ao Ministério Público promovê-la, podendo qualquer pessoa provocar a sua iniciativa mediante comunicação verbal, que ser reduzida a termo, ou escrita.

Em comentários ao art. 99 da lei de licitações (pena de multa), o Prof. Vicente Greco Filho (1993) assevera que a malresolvida intenção do legislador de dar à pena de multa "uma proporcionalidade em face da vantagem auferida" (....) "levou à indefinição absoluta do valor da pena", o que viola o princípio da legalidade tornando inconstitucional uma eventual imposição de multa.

Sempre que magistrados, membros dos Tribunais ou Conselhos de Contas e titulares dos órgãos de controle interno de qualquer dos Poderes verificarem a existência dos crimes definidos na lei de licitações, obrigatoriamente remeterão ao Ministério Público as cópias dos documentos necessários ao oferecimento da denúncia.

Recebida a denúncia pelo juiz, ao réu será concedido o prazo de dez dias para apresentação de defesa escrita, contado da data do seu interrogatório, podendo juntar documentos, arrolar até cinco testemunhas e indicar provas a produzir. Encerrada a instrução probatória, as partes terão cinco dias, cada uma, para alegações finais. Decorrido o prazo e conclusos os autos em vinte e quatro horas, terá o juiz dez dias para proferir a sentença da qual caberá apelação, interponível no prazo de cinco dias.

No processamento e julgamento das infrações à Lei 8.666/93 aplicar-se-ão, subsidiariamente, o Código de Processo Penal e a Lei de Execução Penal.

LICITAÇÃO - *Teoria e Prática*

30. Jurisprudência

STF. Concorrência pública. Idoneidade dos proponentes. É inoperante a cláusula do edital de concorrência pública que afasta, por inidôneo, o concorrente que haja litigado, sem atenção à natureza e ao mérito da demanda (Recurso Extraordinário nº 24.736, 12.4.54, *Revista de Direito Administrativo*, 57/306).

TJSP. Concorrência pública. Anulação. Justa causa. A Administração Pública, enquanto não aceita definitivamente a proposta, pode anular a concorrência, sem obrigação de indenizar os proponentes (Mandado de Segurança nº 68.117, 24.6.54, *Revista de Direito Administrativo*, 40/324).

TJSP. Concorrência pública. Anulação. Indenização. Anulada a concorrência sem base legal, cabe ao vencedor indenização de perdas e danos (Apelação Cível nº 131.446, 14.5.70, *Revista de Direito Administrativo*, 104/235).

TJSP. Concorrência pública. Discriminação de concorrentes. Ilegalidade. É ilegal a discriminação entre concorrentes em licitação pública, tal como a exigência de fornecimento de materiais, de forma a excluir grande número de concorrentes (Agravo de Petição nº 202.077, 18.10.71, *Revista de Direito Administrativo*, 110/249).

STF. Concorrência pública. Aprovação. Revogação. Indenização. A Administração, uma vez aprovada a concorrência pública, não pode revogá-la, salvo indenizando os direitos adquiridos do concorrente vencedor (Recurso Extraordinário nº 79.802, 18.2.75, *Revista de Direito Administrativo*, 127/455).

STF. Concorrência pública. Licitação. Adjudicação. Homologação. Ato administrativo. Revogação. A adjudicação por si só não defere o direito do licitante à homologação da concorrência. A Administração pode corrigir os próprios atos quando eivados de ilegalidade ou carentes de utilidade para o serviço público (Recurso Extraordinário nº 84.396, 31.8.76, *Revista de Direito Administrativo*, 130/248).

TJSP. Licitação. Nulidade. Trabalhos contratados concluídos e entregues. Mandado de Segurança. Exaurimento do objeto. Pedido prejudicado.

Não demonstrada a justa causa, não pode a Administração anular discricionariamente a licitação e tampouco revogar autorização para contratar quando o contrato já se consumou. Se a emenda não alterou o objeto da licitação, a não republicação do edital não constitui nulidade (Mandado de Segurança nº 35.034-1-SP - 1983).

TFR. Licitação. Edital. Invalidação requerida por interessado inabilitado. Decadência do direito de impugnar. Pretensão à sua invalidação em virtude de irregularidades no edital e na condução do procedimento administrativo. Não é legítimo para pedir a invalidação do edital de licitação a parte que, tendo-o aceito sem impugnação, só após o julgamento desfavorável, aponta falhas ou irregularidades que o desmereceriam. Não cabe mandado de segurança quando os fatos que configurariam a ilegalidade ou o abuso de poder são controvertíveis. Se a Administração demonstrar que os fatos não se passaram da forma como foram apresentados, improcede o *writ*. A exigência de capital mínimo dos licitantes objetiva a demonstração da sua idoneidade financeira. Os prazos de cumprimento do objeto da licitação são estimados globalmente ou por fases, de acordo com as peculiaridades daquele. A Administração tem o poder de escolher do modo como deve ser cumprido o objeto da licitação (Mandado de Segurança nº 89.607-DF, 1984).

STF. Representação. Argüição de inconstitucionalidade do art. 48, da Lei nº 7291/78 e do art. 2º do Dec. nº 23036/83, ambos do Estado de Minas Gerais. Critérios no julgamento de Licitações. Consideração do ICM a ser recolhido aos cofres do Estado. Constituição Federal, art. 9º. I - Não é possível distinguir, no processo de licitação, as empresas concorrentes pela origem, naturalidade ou sede. Constituição, art. 8º, XVII, letra *c*, e parágrafo único. Aplicam-se aos Estados-membros os princípios relativos à disciplina das licitações (Dec.-lei nº 200/67; Lei nº 5456/68). Critério de licitação para fornecimento de bens ou prestação de serviços, baseado no recolhimento de tributos devidos ao Estado, tem merecido censura do STF. Precedentes. Representação procedente, declarando-se a inconstitucionalidade dos dispositivos impugnados (Representação nº 1.308-MG, 1988).

STJ. Licitação. Adjudicação. Proposta. Preço. Prazo de validade. Consoante preleciona o Mestre Hely Lopes Meirelles, em caso de proposta de preço, o prazo mínimo de validade beneficia, tão-somente, o proponente vencedor, que pode recusar-se a contratar sem sofrer qualquer sanção administrativa, transcorrido o prazo de validade da proposta "por não se tratar de prazo peremptório, mas de simples termo liberatório dos compromissos assumidos pelo proponente". Assim é que prorroga-se no tempo o prazo de validade da proposta, garantido por um período mínimo, se o proponente mantém sua proposta, sustentando a oferta. II- Se o ato impugnado carece de justa causa, ferindo direito líquido e certo, impõe-se a concessão da segurança. III- Segurança concedida (Mandado de Segurança nº 86-DF, 1989).

TJM. Administrativo. Licitação. Tomada de Preços. Ausência de requisito legal. Segurança concedida. I - A ausência dos preços unitários no demonstrativo do orçamento estimado na planilha de quantitativos e preços unitários, no edital da tomada de preços, caracteriza ilegalidade, a teor do art. 40, § 2º, II, da Lei 8.666/93, reparável via mandado de segurança. II - Recurso conhecido e provido, para conceder a ordem, a fim de suspender o processo licitatório, enquanto não suprida tal irregularidade (2ª C.Cível - Tribunal de Justiça do Maranhão - Ap. Cível nº 5.914/94 - Mandado de Segurança)

TJRGS. Mandado de Segurança. Edital de Licitação. Exigência de decreto estadual. Validade. Em matéria de licitação, cabe à União dispor sobre normas gerais, entregue aos demais entes federativos disporem acerca de normas de execução. Descumprida exigência editalícia a respeito de capacidade econômico-financeira, constante de legislação estadual, jurídica a inabilitação determinada. Segurança denegada. (1º Grupo de Câmaras Cíveis, MS nº 597017482, de 7.11.97).

TJRGS. Mandado de Segurança. Licitação. Exigência de comprovação de qualificação técnica. O requisito da qualificação técnica revelada na experiência em obras do quilate do objeto da concorrência (art. 30, II, e § 1º, I, da Lei nº 8.666/93) diz com o pessoal técnico da concorrente, e não com a execução, por ela própria, de obras semelhantes. Segurança concedida. (1º Grupo de Câmaras Cíveis, MS nº 597122514, de 15.5.98).

TJRGS. Administrativo. Licitação pública. Prestação de serviços de limpeza. Concorrente cooperativa. Embora não sejam empresas, as cooperativas, que têm regime jurídico próprio, atuam como empresa e podem concorrer em certame licitatório, não estando sujeitas a requisitos exigíveis de empresas concorrentes, e que não podem observar. Mandado de segurança denegado. Apelação improvida. (2ª Câmara Cível, Apelação Cível nº 597041177, de 23.4.97).

TJRGS. Licitação. Qualificação prévia. Exigência de certidão negativa do foro judicial. Positiva a certidão, a idoneidade financeira da empresa deve ser apreciada pelo conjunto dos elementos existentes. (2ª Câmara Cível, Apelação Cível nº 500418843, de 1.12.82).

TJRGS. Processual civil. Concorrência pública. Inabilitação de licitante. Ato atacado por Mandado de Segurança. Concessão da ordem. Falta de chamamento ao processo, como litisconsortes necessárias, das participantes habilitadas no certame. Violação do direito líquido e certo das litisconsortes. Passível de afetação o direito das licitantes habilitadas no certame pela decisão no Mandado de Segurança. Devem estas, necessariamente, ser citadas, para, querendo, integrar a relação processual como litisconsortes necessárias passivas, pena de nulidade do feito.É assente a jurisprudência dos tribunais. (1ª Câmara Cível, MS nº 596050518, de 4.9.96).

TJRGS. Processual civil e administrativo. Licitação. Anulação do certame no curso da ação mandamental. A superveniência da anulação do certame no curso da ação mandamental, por irregularidade, constitui fato novo extintivo do legítimo interesse processual no prosseguimento do feito e, por isso, acarreta a sua extinção sem julgamento do mérito, com suporte no art. 267, VI, e § 3º, c/c art. 462, ambos do CPC. Apelação improvida. (1ª Câmara Cível, Apelação Cível nº 595084112, de 15.5.96).

TJRGS. Licitação. O requisito da capacitação técnica diz com o vulto de experiências anteriores em proporção à obra licitada. Verificada a construção de obras semelhantes, tem a parte direito em continuar no processo licitatório. Segurança concedida. (1º Grupo de Câmaras Cíveis, MS nº 597120575, de 15.5.98).

TJRGS. Licitação. Privatização da CRT. Impugnação. Ilegitimidade ativa para impugnar o ato. Unicamente os que atingidos pela licitação detêm legitimidade para impugná-lo judicialmente. Apelo improvido. (2ª. Câmara Cível, Apelação Cível nº 597042233, de 25.6.97).

TJRGS. Mandado de Segurança. Licitação pública. Igualdade entre licitantes. Empresa com menos de um ano de constituição e funcionamento não está vedada, pela Lei 8.666/93, de participar do concurso. Comprovação de sua capacitação econômico-financeira, por exceção, na forma da parte final do art. 31, I, da Lei de Licitações, ou em diligências complementares da competitividade, assegurado à impetrante. Sentença confirmada. (1ª Câmara Cível, MS nº 596136168, de 18.2.98).

TJRGS. Licitação. Tomada de Preços. Concorrente que apresenta ofício em que consta a certificação junto à Delegacia Regional do Ministério das Telecomunicações, subscrito pelo próprio Delegado, ao invés de certidão. Mera irregularidade, que não vicia a sua proposta. O formalismo que impregna o procedimento licitatório não pode ser levado ao extremo de invalidá-lo e impor a eliminação da melhor proposta, sem que haja um mínimo prejuízo a justificá-lo. Apelo provido. (1ª Câmara Cível, Apelação Cível nº 596232108, de 11.3.98).

TJRGS. Licitação. Qualificação técnica das licitantes. Não ofende a lei de licitações a exigência de demonstração de poderem as licitantes fornecerem equipamentos em características, quantidades e prazos compatíveis com aqueles objetivados no certame. (1ª Câmara Cível, Apelação Cível nº 596188573, de 1.4.98).

LICITAÇÃO - *Teoria e Prática*

SEGUNDA PARTE

Modelos

(nomes próprios e denominações comerciais fictícios)

1. DECRETO DE CRIAÇÃO DE COMISSÃO PERMANENTE DE LICITAÇÕES

ESTADO DO BANHADO GRANDE
Município de Butuy

DECRETO Nº 27/99

Cria Comissão Permanente de Licitações e dá outras providências.

Anátemo Pâncreas, Prefeito Municipal de Butuy, no uso de suas atribuições legais e considerando o disposto no art. 51 da Lei federal nº 8.666/93, com as alterações subseqüentes, (*ou Lei Municipal nº* _____), combinado com o art. ___ da Lei Orgânica, DECRETA:

Art. 1º - Fica criada, no Município de Butuy, a Comissão Permanente de Licitações - CPL, vinculada à Secretaria Municipal da Administração, com a finalidade de dirigir e julgar os procedimentos licitatórios do Município.

Art 2º - A Comissão Permanente de Licitações será composta de 3 (três) membros titulares e igual número de suplentes, nomeados pelo Prefeito que designará um dos titulares para Presidente.

Art. 3º - O mandato dos membros da Comissão Permanente de Licitações será de 1 (um) ano, contado do primeiro dia útil seguinte ao da nomeação, facultada a recondução de apenas 1 (um) dos nomeados.

Art 4º - Os membros da Comissão Permanente de Licitações desempenharão suas atribuições concomitantemente com as de seus respectivos cargos, empregos e funções, recebendo, os titulares e os suplentes quando no exercício do mandato, mensalmente, a importância de R$ ____ (_____), a título de gratificação.

Art. 5º - As despesas necessárias à execução deste Decreto correrão à conta de dotação orçamentária própria.

Art. 6º - Este Decreto entra em vigor na data de sua publicação, revogadas as disposições em contrário.

Butuy, 13 de março de 1999.

Anátemo Pâncreas
Prefeito Municipal

LICITAÇÃO - *Teoria e Prática*

2. PORTARIA DE DESIGNAÇÃO DE COMISSÃO DE LICITAÇÃO*

ESTADO DO ESPINILHO
Município de Guabiroba

Portaria nº 135/99

Nomeia integrantes da Comissão Permanente de licitações.

Rejovino Viçoso, Prefeito Municipal de Guabiroba, no uso de suas atribuições legais e considerando o disposto na Lei nº 8.666/93, de 21.06.93 (*ou Lei Municipal nº _____*), RESOLVE:

Art. 1º - Nomear os servidores abaixo relacionados para, sob a presidência do primeiro, integrarem, pelo prazo de um ano a contar da vigência deste ato, a Comissão Permanente de Licitações - CPL da Prefeitura de Guabiroba:

Titulares

1- _____ CI nº _____

2- _____ CI nº _____

3- _____ CI nº _____

Suplentes

1- _____ CI nº _____

2- _____ CI nº _____

3- _____ CI nº _____

Art. 2º - Esta Portaria entrará em vigor na data de sua publicação.

Guabiroba, 20 de maio de 1999.

Rejovino Viçoso
Prefeito Municipal

---

*Possível adaptar-se o modelo para designação da Comissão de Cadastramento, incumbida dos encargos previstos no art. 51 da Lei 8.666/93.

3. AVISO DE TOMADA DE PREÇOS

ESTADO DO PULADOR
Município de Barranqueio

AVISO DE LICITAÇÃO
Tomada de preços nº 234/99

A Prefeitura Municipal de Barranqueio torna público que às 10 horas do dia 18 de setembro de 1999, no Departamento de Suprimentos da Secretaria Municipal da Administração, sito à rua Pedro Cançado, nº 12, sala 8, cidade de Pulador, serão recebidas e abertas a documentação e propostas relativas à Tomada de Preços nº 234/99, que tem por objeto a aquisição de _____ _____.

Poderão participar da licitação fornecedores devidamente cadastrados na Prefeitura, que comprovem a circunstância mediante apresentação do respectivo certificado de Registro Cadastral. Cópias do Edital e informações complementares serão obtidas junto à Comissão Permanente de Licitações, no endereço acima referido, no horário das 13 às 18 horas, ou pelo fone/fax nº (099) 5678.

Barranqueio, 23 de julho de 1999.

Comissão Permanente de Licitações

4. AVISO DE CONCORRÊNCIA

ESTADO DO AREIÃO
Município de Pedregulho

AVISO DE LICITAÇÃO
Concorrência nº 278/99

A Prefeitura Municipal de Pedregulho torna público que às 9:30 horas do dia 15 de maio de 1999, no Departamento de compras, sito à rua Tico-tico, nº 20, sala 12, cidade de Pedregulho, serão recebidas e abertas a documentação e propostas relativas à Concorrência de menor preço nº 278/99, que tem por objeto a construção de _____ _____.

Cópias do Edital e informações complementares serão obtidas junto à Comissão Permanente de Licitações, no endereço acima referido, no horário das 10 às 17 horas, ou pelo fone/fax nº (077) 1234.

Pedregulho, 10 de março de 1999.

Comissão Permanente de Licitações

5. AVISO DE CONCURSO

ESTADO DAS MARESIAS
Município de Jundiá

AVISO DE LICITAÇÃO
Concurso de projeto arquitetônico para urbanização do Largo Artesiano

A Prefeitura Municipal de Jundiá torna público que, às 10 horas do dia 2 de abril de 1999, no salão nobre da Secretaria Municipal de Obras e Viação, sito à rua Cipó, n° 15, nesta cidade, serão recebidos e abertos os envelopes contendo os projetos arquitetônicos para a urbanização acima mencionada, que poderão ser propostos por arquitetos ou empresas de arquitetura, nas condições constantes do Regulamento do Concurso de Projetos n° 02/99, que se encontra à disposição dos interessados na sede da Secretaria, no endereço ora referido, no horário das 12 às 18 horas, e será fornecido pelo custo das xerocópias. Informações complementares no mencionado endereço ou pelo fone/fax n° (088) 9876.

Jundiá, 10 de fevereiro de 1999.

Comissão Permanente de Licitações

6. AVISO DE LEILÃO

ESTADO DO RIO PRETO
Município de Cristalina

AVISO DE LICITAÇÃO
Leilão nº 114/99

A Prefeitura Municipal de Cristalina torna público que às 10 horas do dia 15 de agosto de 1999, no Departamento de Compras e Alienações da Secretaria Municipal de Administração, sito na Av. Guaipeca, nº 18, sala 22, nesta cidade, serão levados a leilão, aberto à participação de qualquer interessado, os bens abaixo descritos, os quais poderão ser examinados no local do certame, a partir desta data, no horário das 10 às 16 horas.

- Uma motoniveladora marca Sombra, nº 30K7, ano 1938, sem rodas;
- Uma carreta de madeira, 150x300, duas rodas, eixo e cabeçalho de pau-ferro.

Edital e maiores informações poderão ser obtidas no local e horário indicados, ou pelo fone/fax nº (077) 5678.

Cristalina, 14 de junho de 1999.

(Responsável pelo leilão)

7. CONVITE

A modalidade licitatória do Convite permite uma convocação mais singela, sem maiores exigências para a habilitação, uma vez que nesta modalidade a habilitação das licitantes pode ser presumida. Elaboramos minuta de "Carta-Convite" que igualmente pode servir de modelo para diversas situações, desde que com ligeiras adaptações, a cada certame.

ESTADO DE COCEIRAS
Município de Micuim

CONVITE N° 34/99
Menor Preço

A Prefeitura Municipal de Micuim, Estado de Coceiras, através do seu Departamento de Licitações e Contratos, sito na rua Comichão, n° 78, nesta cidade, pela presente convida Vossa Senhoria a participar da Licitação acima identificada, cujo processo e julgamento serão realizados em conformidade com os preceitos da Lei n° 8.666, de 21.06.93, com as alterações subseqüentes, nos seguintes termos:

1. *Objeto da licitação*

Aquisição de 200 litros de tinta alvítrica para impermeabilização.

2. *Recebimento e abertura das propostas*

Data: 20.01.99 **Horário:** 10 horas **Local:** Rua Tufão, n° 35, 1° andar, sala 3

3. *Da habilitação*

A habilitação à presente licitação será feita mediante apresentação, juntamente com a proposta, porém, em envelope distinto, de certificados que, na forma da lei, comprovem regularidade fiscal para com a Fazenda Municipal, bem como relativa à Seguridade Social (INSS) e ao Fundo de Garantia do Tempo de Serviço (FGTS).

4. *Da proposta*

As propostas, obrigatoriamente entregues em envelope adequadamente fechado de modo a resguardar o sigilo do seu conteúdo, com a indicação externa de conter a PROPOSTA, deverão ser datilografadas, datadas e assinadas pelos representantes legais das licitantes, rubricadas, isentas de emendas, rasuras, ressalvas ou entrelinhas, contendo, necessariamente, o seguinte:

LICITAÇÃO - *Teoria e Prática*

a) preços, sem impostos, em valores unitários e totais, já incluídos os custos de frete considerando o local de entrega previsto adiante, com encargos fiscais, comerciais, sociais e trabalhistas;

b) identificação dos impostos incidentes e respectivas alíquotas;

5. *Condições de fornecimento/pagamento*

a) prazo para entrega do objeto licitado: 30 (trinta) dias da emissão da Ordem de Compra;
b) local de entrega/recebimento: Departamento de Materiais da Prefeitura, sito na Rua das Pulgas, n° 765, entre 13 e 18 horas, de segunda à sexta-feira.
c) pagamento: em até 15 (quinze) dias após o recebimento e aceitação dos bens, e correspondentes documentos de cobrança, sendo o preço reajustável, da data do recebimento da proposta até a do adimplemento da obrigação e atualizado financeiramente desta data até a do efetivo pagamento, segundo as fórmulas constantes em anexo.

6. *Critério de julgamento - menor preço*

O julgamento e classificação das propostas serão realizados em função do preço cotado para o fornecimento, classificando-se em primeiro lugar a proposta formulada de acordo com as especificações do item 1 e que consignar o menor preço. Ocorrendo empate, adotar-se-á o critério do § 2° do art. 45 da Lei n° 8.666/93.

7. *Condições gerais*

a) o objeto será recebido e aceito após sumária inspeção realizada pelos órgãos técnicos da Prefeitura, podendo ser rejeitado caso desatenda as especificações exigidas;
b) as propostas que não atenderem as condições desta Licitação, que oferecerem vantagens nela não previstas ou contiverem preços excessivos ou manifestamente inexequíveis, serão desclassificadas;
c) o atraso no cumprimento do prazo de entrega, implicará multa de até 30% sobre o valor do fornecimento, reajustado, calculada pela fórmula M=20/PE x D, sendo M = percentual da multa, PE = prazo de entrega, D = número de dias de atraso.
Informações complementares poderão ser obtidas no endereço indicado para recebimento das propostas, entre 13 e 18 horas, ou pelo fone/fax n° (066) 1234.

Micuim, 13 de janeiro de 1999.

Álveo Crespus
Presidente da Comissão Permanente de Licitações
(*ou servidor designado*)

8. EDITAL DE TOMADA DE PREÇOS

Apresentamos, a seguir, modelo de edital de Tomada de Preços que se destina aos mais variados tipos de fornecimento de bens e serviços, podendo servir, também, como minuta padrão, para esses casos, com poucas e simples adaptações. As condições do Anexo é que, a cada licitação, deverão adequar-se ao objeto do procedimento. A Tomada de Preços é modalidade licitatória que se realiza entre competidores cadastrados até o terceiro dia anterior à data do recebimento das propostas.

ESTADO DE PASSA QUATRO
Município de Bobagem

COMISSÃO PERMANENTE DE LICITAÇÕES

EDITAL

Tomada de preços n° 17/99

Tipo da licitação: menor preço

A Prefeitura Municipal de Bobagem torna público que fará realizar a licitação acima indicada, tendo por finalidade a contratação do objeto informado no item 01 deste Edital, cuja direção e julgamento serão realizados por sua Comissão Permanente de Licitações, em conformidade com os preceitos da Lei n° 8.666, de 21.06.93, com suas alterações subseqüentes, e as condições deste edital.

Os documentos de habilitação e as propostas serão recebidos em sessão pública a ser realizada conforme abaixo indicado:

Data: 13.5.99 *Horário*: 10 horas *Local*: Rua Carvalho, 13, sala 7, Bobagem

1. *Do objeto da licitação*

O objeto da presente licitação é o descrito no Anexo deste edital e deverá ser ofertado em conformidade com as especificações nele mencionadas.

2. *Dos prazos e condições de fornecimento*

2.1. É de 5 (cinco) dias, contados do recebimento da notificação, o prazo em que a licitante vencedora deverá contratar o objeto licitado, sob pena de perda do direito correspondente, sem prejuízo da aplicação de penalidades previstas em lei.

LICITAÇÃO - *Teoria e Prática*

2.2. O prazo para a execução do contrato e entrega do objeto licitado e demais condições de fornecimento estão descritos, também, no Anexo deste Edital.

3. *Das sanções para o inadimplemento*

3.1. Em caso de inadimplemento, a contratada estará sujeita às seguintes penalidades:

3.1.1. Advertência, por escrito, sempre que verificadas pequenas irregularidades para as quais haja concorrido;

3.1.2. Multa de 0,1% (um décimo por cento) sobre o valor do fornecimento, por dia de atraso no cumprimento do cronograma de entrega constante do Anexo deste Edital;

a) a multa moratória, quando aplicada em função de prazo para retirada de bem rejeitado, corresponderá a 0,05% (cinco centésimos por cento) do preço do bem, por dia de armazenamento excedente;

b) na hipótese de aplicação de multa, é assegurado ao Município o direito de optar pela dedução do respectivo valor sobre qualquer pagamento a ser efetuado à contratada.

3.1.3. Suspensão do direito de participar de licitações realizadas pelo Município, pelo prazo de até 2 (dois) anos, dependendo da gravidade da falta;

3.1.4. Declaração de inidoneidade para licitar e contratar com o Município, nos casos de falta grave, com comunicação aos respectivos registros cadastrais.

3.1.5. Rescisão do contrato, pelos motivos previstos no art. 78 da Lei 8.666/93, conforme o caso.

4. *Das condições de participação na licitação e da forma de apresentação das propostas*

4.1. As licitantes deverão apresentar documentação e propostas em 2 (dois) invólucros distintos, fechados e indevassáveis, contendo, obrigatoriamente, em suas partes externas, além do nome da licitante, a modalidade e o número da licitação, identificados com a palavra documentação o invólucro n° 1, e proposta, o de n° 2.

4.2. A habilitação à presente licitação será feita através da apresentação, por pessoa autorizada, do invólucro n° 1, contendo cópia autenticada do Certificado de Registro Cadastral expedido pela Prefeitura Municipal de Bobagem, em vigor e na especialização compatível com o objeto licitado.

4.2.1. Os não cadastrados deverão apresentar, até três dias antes da data prevista para o recebimento e abertura das propostas, além dos documentos exigidos neste edital, os necessários à comprovação cabal de habilitação jurídica, regularidade fiscal, qualificação técnica e econômico-financeira, a saber:

a) registro comercial, no caso de firma individual;

b) ato constitutivo, estatuto ou contrato social em vigor, e alterações subseqüentes devidamente registradas, em se tratando de sociedade comercial e, no caso de sociadede por ações, acompanhado da ata arquivada da assembléia da última eleição da diretoria;

c) decreto de autorização, devidamente arquivado, em se tratando de empresa ou sociedade estrangeira em funcionamento no País, e ato de registro ou autorização para funcionamento expedido por autoridade competente;

d) na hipótese de microempresa, certidão expedida pela entidade representativa que comprove encontrar-se regularmente inscrita no registro cadastral de micro e pequenas empresas, no ramo pertinente ao objeto ora licitado;

e) prova de inscrição no Cadastro Geral de Contribuintes - CGC;

f) prova de inscrição no cadastro de contribuintes estadual e/ou municipal, relativo à sede da licitante e pertinente ao seu ramo de atividade;

g) certidão negativa de falência e concordata, expedida pelo Distribuidor da sede da licitante.

4.3. Juntamente com o Certificado de Registro Cadastral deverão ser apresentados os seguintes documentos:

a) prova de regularidade para com a Fazenda federal, estadual e municipal da sede da licitante, relativa aos tributos que incidam sobre o objeto a ser contratado;

b) prova de regularidade relativa à Seguridade Social (INSS) e ao Fundo de Garantia do Tempo de Serviço (FGTS), mediante apresentação dos certificados correspondentes;

c) declaração assinada pelo representante legal da licitante, sob as penas da lei, de que da data de expedição do Certificado de Registro Cadastral apresentado não há superveniência de fato impeditivo da habilitação.

4.4. O invólucro n° 2 deverá conter a proposta datilografada, datada e assinada pelo representante legal da licitante, isenta de emendas, rasuras, ressalvas e/ou entrelinhas, contendo, necessariamente, além dos elementos mencionados no Anexo, o seguinte:

4.4.1. Orçamento discriminativo dos bens a serem fornecidos com os preços unitários e totais, básicos para a data do recebimento da proposta, já incluídos os custos de frete e as despesas com encargos fiscais, comerciais, sociais, trabalhistas;

4.4.2. Identificação dos impostos incidentes e respectivas alíquotas.

4.4.3. Classificação fiscal dos produtos quando industrializados pela licitante.

5. Do critério de julgamento

5.1. O julgamento das propostas será realizado em função do tipo "Menor Preço", classificando-se em primeiro lugar a licitante cuja proposta estiver de acordo com as especificações do Edital e ofertar o menor preço.

5.2. Em caso de empate entre 2 (duas) ou mais propostas, adotar-se-á, como critério de desempate, o procedimento previsto no § 2° do art. 45 da Lei 8.666/93.

6. Das condições de pagamento/reajustamento de preços e atualização financeira

6.1. O pagamento será efetuado mediante apresentação dos documentos de cobrança contratualmente definidos, que somente serão processados após liberação do órgão fiscalizador competente, nas condições estabelecidas no Anexo deste Edital.

6.2. O critério de reajustamento de preços observará a fórmula constante, também, do Anexo deste Edital.

7. Do procedimento

7.1. No local, dia e hora indicados neste Edital, serão recebidos os invólucros de n° 1 (documentação) e n° 2 (proposta), entregues por representante presumidamente autorizado à prática de todos os atos da licitação.

LICITAÇÃO - *Teoria e Prática*

7.2. Após o Presidente da Comissão declarar encerrado o prazo para entrega dos invólucros, nenhum outro documento será recebido, nem serão permitidos quaisquer adendos, acréscimos ou modificações à documentação e propostas já entregues, salvo quando requisitados pela Comissão, justificadamente, com finalidade meramente elucidativa.

7.3. Abertos os invólucros de nº 1, os documentos neles contidos serão examinados e rubricados pelas licitantes presentes e pela Comissão.

7.4. Serão consideradas inabilitadas automaticamente as participantes que não apresentarem a documentação solicitada ou apresentarem-na com vícios ou defeitos que impossibilitem seu entendimento, ou não atendam satisfatoriamente as condições deste Edital.

7.5. Promulgado o resultado final da fase de habilitação, a Comissão procederá à abertura dos invólucros de nº 2 (propostas), em sessão pública previamente designada, que poderá constituir-se na mesma prevista no item 7.1 se todas as licitantes, habilitadas ou não, desistirem da faculdade de interposição de recurso, de modo expresso, mediante o registro da circunstância em ata.

7.6. Os invólucros contendo as propostas das participantes inabilitadas serão devolvidos, ainda lacrados, diretamente ou pelo correio, após definitivamente encerrada a fase de habilitação.

7.7. Abertos os invólucros de nº 2, contendo as propostas, estas serão examinadas e rubricadas pelas licitantes presentes e pela Comissão. Serão desclassificadas as propostas que apresentarem irregularidades, vícios ou defeitos que impossibilitem seu entendimento, não atendam as especificações do Edital ou contenham preços excessivos ou manifestamente inexeqüíveis, na forma da lei.

7.8. A Comissão de Licitação reserva-se o direito de realizar, a qualquer momento, por si ou através de assessoria técnica, diligências no sentido de verificar a consistência dos dados ofertados pelas licitantes, nela compreendida a veracidade de informações e circunstâncias pertinentes.

7.9. Não constituirá causa de inabilitação ou desclassificação a irregularidade formal que não afete o conteúdo ou a idoneidade do documento.

7.10. Do julgamento da habilitação, julgamento e classificação das propostas e dos atos públicos previstos neste procedimento lavrar-se-ão atas circunstanciadas, que serão assinadas pela Comissão de Licitação e, quando for o caso, pelas licitantes presentes.

8. *Da homologação e disposições gerais*

8.1. Encerrada a fase de julgamento e uma vez homologada, pelo Prefeito Municipal, a adjudicação correspondente, convocar-se-á a adjudicatária para assinatura do instrumento contratual, dentro do prazo de 5 (cinco) dias indicado no item 2.1 deste Edital.

8.2. O não comparecimento da adjudicatária no prazo concedido para assinatura do contrato, implicará perda do seu direito à contratação, sem prejuízo das sanções previstas no art. 81 da Lei 8.666/93.

8.3. Fica assegurado ao Município o direito de, a qualquer tempo, antes da contratação, revogar a presente licitação, por interesse público decorrente de fato superveniente devidamente comprovado, suficiente para justificar o ato, sem que assista às licitantes direito à indenização.

8.4. As questões não previstas neste Edital serão resolvidas pela Comissão com base nas normas jurídicas e administrativas que forem aplicáveis e nos princípios gerais de Direito.

8.5. O resultado do julgamento da licitação será afixado no Quadro de Avisos, localizado no endereço mencionado no preâmbulo deste Edital, pelo prazo de 5 (cinco) dias úteis, independentemente da sua publicação em órgão da imprensa oficial.

8.6. Informações complementares sobre o presente Edital poderão ser obtidas através do telefone nº (099) 8000. Se referentes a condições específicas para atendimento das obrigações necessárias ao cumprimento de seu objeto, deverão ser solicitadas à Comissão, por escrito, no endereço indicado para recebimento das propostas, no máximo em até 5 (cinco) dias úteis antes da data fixada para a entrega das propostas.

9. *Dos recursos administrativos*

9.1. Os recursos contra o julgamento da habilitação ou das propostas terão efeito suspensivo e deverão ser interpostos no prazo de 5 (cinco) dias úteis a contar da intimação do ato pela imprensa oficial ou, se presentes os representantes das licitantes na sessão em que for divulgado, da data da ata correspondente, o mesmo sucedendo com os recursos interpostos contra a anulação ou revogação.

9.2. Os recursos deverão ser dirigidos à autoridade superior, por intermédio da Comissão de Licitação, a qual poderá reconsiderar sua decisão, no prazo de 5 (cinco) dias úteis ou, nesse mesmo prazo, fazê-los subir, devidamente informados, para decisão final, a ser proferida em 5 (cinco) dias úteis do seu recebimento.

9.3. Uma vez interposto, o recurso será comunicado às demais licitantes que poderão impugná-lo no prazo de 5 (cinco) dias úteis.

9.4. Os autos do processo da licitação estarão com vista franqueada aos interessados a partir da intimação/divulgação das decisões recorríveis, na repartição incumbida do procedimento.

Bobagem, 2 de março de 1999.

Pâncrito Largado
Presidente da Comissão Permanente de Licitações

ANEXO

Tomada de preços nº 17/99

1. *Objeto da licitação:*

Aquisição de 20 (vinte) condicionadores de ar, de 10000 BTUS, ciclo reverso, gabinete galvanizado, sem controle remoto

2. *Condições de fornecimento*

2.1. Cronograma de entrega: 10 unidades, em 10 dias da data da assinatura do contrato; 5 unidades em até 30 dias após aquela data; 5 unidades em até 60 dias após aquela data.

2.2. Inspeção de qualidade: Os aparelhos serão inspecionados para verificação da qualidade e aceitação, por assistente técnico da Comissão, no dia e local da entrega, devendo o fornecedor realizar as demonstrações que forem solicitadas

2.3. Local e horário de entrega: Almoxarifado Central, sito à rua das Lichiguanas, nº 515, nesta cidade, entre 9 e 12 horas, exclusivamente.

2.4. Garantia do objeto: Aos aparelhos fornecidos a licitante adjudicada deverá assegurar garantia de___ (tempo) quanto a vícios ocultos ou defeitos da coisa, ficando responsável, exclusivamente, por todos os encargos que disso decorrerem.

3. *Condições de pagamento/reajustamento de preços e atualização financeira:*

3.1.Condições de pagamento: Os pagamentos serão efetuados por cheque emitidos pelo Município contra o Banco Lavoiser, agência de Bobagem, da seguinte maneira:

40% em até 15 dias da entrega do 1º lote;
30% em até 30 dias da entrega do 2º lote;
30% em até 30 dias da entrega do 3º lote.

3.2. Condições de reajustamento de preços e atualização por atraso de pagamento:

I - Fórmula de reajustamento de preços

Os preços serão reajustados a partir de cada período de doze meses, para mais ou para menos, com eficácia no período anual subseqüente, mediante a aplicação da seguinte fórmula:

$$PR = PB \ x \ \left(\frac{I1}{Io} \right)$$

onde:

PR = preço reajustado, válido para os próximos 12 (doze) meses;
PP = preço básico a ser reajustado;
$I1$ = índice econômico correspondente ao 12º, 24º ou 36º mês contado da data-base do preço referida no instrumento contratual ou do mês da última atualização;
Io = índice econômico correspondente à data limite para apresentação da proposta ou do orçamento a que se referir.

Observações:

a) índice econômico aplicável: coluna 27 (preços por atacado de produtos industriais) da Revista Conjuntura Econômica, da FGV;

b) os preços, aumentados ou reduzidos após a aplicação do reajuste, passarão a ser praticados nos próximos 12 (doze) meses, contados do 13º, 25º ou 37º mês, contado desde a data-limite para apresentação da proposta ou do orçamento a que esta se referir e, assim, sucessivamente, conforme o prazo remanescente do contrato;

c) o fator obtido da divisão prevista na fórmula de reajuste deverá ser considerado até a terceira casa decimal, desprezando-se as demais;

d) ocorrendo atraso no cumprimento de eventos físicos por parte da Contratada prevalecerá, para fins de pagamento, o menor preço entre o calculado para a data prevista para o adimplemento da obrigação contratual e o calculado para a data em que se efetivou esse adimplemento, sem prejuízo das penalidades previstas no contrato.

II - Encargo financeiro por atraso de pagamento

Na eventualidade de ocorrerem atrasos nos pagamentos relativos a eventos contratuais, os encargos financeiros serão calculados conforme definido a seguir:

1- Para atrasos de até 30 (trinta) dias, aos valores devidos serão acrescidos juros de mora de 0,5% (meio por cento) a.m. *pro-rata-tempore*, desde o dia do vencimento até a data da liquidação;

2- Para atrasos superiores a 30 (trinta) dias e até 60 (sessenta) dias, aos valores devidos serão acrescidos juros de mora de 1% (um por cento) a.m. *pro-rata-tempore*, desde o dia do vencimento até a data da liquidação;

3- Para atrasos superiores a 60 (sessenta) dias, aos valores devidos serão acrescidos, a título de indenização, juros e encargos *pro-rata-tempore*, desde o dia do vencimento até a data da liquidação, aplicando-se, neste caso, a taxa ANBID, acrescida de 1% (um por cento) ao ano;

4- O encargo financeiro por atraso de pagamento deverá ser cobrado mediante entrega da respectiva documentação, no máximo em 15 (quinze) dias contados da data do pagamento do valor principal, não sendo atualizadas no que exceder aos 15 (quinze) dias as cobranças efetuadas fora desse prazo. A Prefeitura efetuará o pagamento 15 (quinze) dias após a entrega dos documentos de cobrança.

4. *Minuta do contrato (apenso)*

Em 2 de março de 1999.

Comissão Permanente de Licitações

LICITAÇÃO - *Teoria e Prática*

9. EDITAL DE CONCORRÊNCIA

A seguir, um modelo de edital de concorrência - a modalidade licitatória mais solene - em que foi adotado o tipo de menor preço para realização de uma obra de engenharia. O edital que elaboramos foi concebido para servir como *minuta padrão*, em que o Anexo funciona como a parte do ato convocatório que contém as condições particulares de cada certame: a descrição do objeto, suas condicionantes técnicas, as condições de pagamento, de reajuste dos valores contratados, e assim por diante. No texto básico do edital quase nada se altera a cada licitação, diversamente do que ocorre com o teor do Anexo, que foi concebido exatamente para a circunstância de registrar as peculiaridades de cada licitação. O cálculo contábil de comprovação da boa situação financeira é sugerido para hipóteses de obras/serviços de médio porte cujo limite de pontos exigido poderá oscilar, conforme o valor da contratação. Na adoção de cálculos de índices contábeis para comprovação da boa situação financeira das licitantes, de um modo geral não se deverá perder de vista que a exigência legal não pode ser observada de modo a extrapolar os limites da sua própria finalidade. Se a comprovação de qualificação econômico-financeira se destina à verificação de ter a licitante condições de suportar os encargos financeiros da pretendida contratação, que constitui o objeto da licitação, não será lícito engendrar indicadores e cálculos contábeis de rigor excessivo, que olvidem a natureza da pessoa jurídica que concorre, seu ramo de atividade empresarial, o segmento em que atua, etc. Não teria o menor sentido, por exemplo, montar cálculos contábeis que exigissem uma significativa liquidez corrente para licitação cujo objeto fosse uma simples prestação de serviços. Esta, a nosso ver, a conduta mais adequada.

Quando, por outro lado, os prazos para entrega/execução forem relevantes, poderá ser adotado, para efeito de multa, um fator de criticidade, que será definido no edital de acordo com a importância desses prazos (F=1 - baixa criticidade, F=2 - média criticidade, F=3 - alta criticidade).

ESTADO DO ALAMBIQUE
Município de Mamau

COMISSÃO PERMANENTE DE LICITAÇÕES

EDITAL

Concorrência n° 98/99

Tipo da licitação: menor preço

A Prefeitura Municipal de Mamau torna público que fará realizar a licitação acima indicada, tendo por finalidade a contratação do objeto informado no item 01 deste Edital, cuja direção e julgamento serão realizados por sua Comissão Permanente de Licitações, em conformidade com as normas gerais da Lei n° 8.666/93, de 21.06.93, e as condições deste Edital.

Os documentos de habilitação e propostas serão recebidos em sessão pública a ser realizada conforme abaixo indicado:

Data: 20.5.99 **Horário**: 10 horas **Local**: Rua das Garrafas, n° 51, sala 13

1. *Do objeto da licitação*

O objeto da presente licitação é o descrito no Anexo deste edital e deverá ser ofertado, para execução no regime de empreitada por preço global, em conformidade com as especificações do Projeto Básico nele mencionadas.

2. *Dos prazos e condições de execução contratual*

2.1. É de 5 (cinco) dias, contados do recebimento da notificação, o prazo em que a licitante vencedora deverá contratar o objeto licitado, sob pena de perda do direito correspondente, sem prejuízo da aplicação das penalidades previstas em lei.

2.2. Os prazos para execução do contrato e cumprimento das obrigações pertinentes ao seu objeto estão descritos, também, no Anexo deste Edital.

3. *Das sanções para o inadimplemento*

São as seguintes as penalidades a que estará sujeita a Contratada na hipótese de inadimplemento contratual:

3.1. Advertência, por escrito, sempre que verificadas pequenas irregularidades para as quais haja concorrido;

3.2. Multa de até 30% sobre o valor do contrato por atraso no cumprimento do prazo fixado para conclusão da obra e de suas etapas físicas, conforme cronograma, calculada pela fórmula $M= 0,1 \times A \times F$, sendo M= percentagem representativa da multa contratual, A= número de dias de atraso, não justificados, F= fator de criticidade da obra (1,2 ou 3) informado no anexo; sem prejuízo da rescisão pelos motivos previstos no art. 78 da Lei 8.666/93.

LICITAÇÃO - *Teoria e Prática*

3.3. Suspensão do direito de participar de licitações realizadas pelo Município, pelo prazo de até 2 (dois) anos, dependendo da gravidade da falta.

3.4. Declaração de inidoneidade para licitar e contratar com o Município, nos casos de falta grave, com comunicação aos respectivos registros cadastrais.

4. *Das condições de participação na licitação e da forma de apresentação das propostas*

4.1. As licitantes deverão apresentar documentação e propostas em 2 (dois) invólucros distintos, fechados e indevassáveis, contendo, obrigatoriamente, em suas partes externas, além do nome da licitante, a modalidade e o número da licitação, identificados com a palavra *documentação* o invólucro de n° 1, e *proposta*, o de n° 2.

4.1.1. Não poderá participar, direta ou indiretamente, da licitação ou da execução da obra ou serviço e do fornecimento de bens a eles necessários:

a) o autor do projeto básico ou executivo, pessoa física ou jurídica;

b) empresa, isoladamente ou em consórcio, responsável pela elaboração do projeto básico ou executivo, da qual o autor do projeto seja dirigente, gerente, acionista ou detentor de mais de 5% (cinco por cento) do capital com direito a voto ou controlador, responsável técnico ou subcontratado.

c) servidor do Município;

d) com falência decretada ou concordatária;

e) se consorciada, através de mais de um consórcio ou isoladamente;

f) quem haja sido declarado inidôneo para licitar e/ou contratar com a Administração Pública, na forma da lei.

4.2. A habilitação à presente licitação será feita mediante comprovação de habilitação jurídica, regularidade fiscal, qualificação técnica e qualificação econômico-financeira, através da apresentação, por pessoa autorizada, do invólucro n° 1, contendo, obrigatoriamente, a documentação referida a seguir:

4.2.1. Habilitação jurídica

Ato constitutivo, estatuto ou contrato social em vigor, devidamente registrado em se tratando de sociedades comerciais e, no caso de sociedades por ações, acompanhado de documentos de eleição de seus administradores.

4.2.2. Regularidade fiscal

Comprovação de regularidade fiscal mediante apresentação dos seguintes documentos:

a) prova de inscrição no Cadastro Geral de Contribuintes - CGC;

b) prova de inscrição no cadastro de contribuintes estadual ou municipal, da sede da licitante, pertinente ao seu ramo de atividade;

c) prova de regularidade para com a Fazenda federal, estadual e municipal da sede da licitante, relativa aos tributos que incidam sobre o objeto a ser contratado;

d) prova de regularidade relativa à Seguridade Social (INSS) e ao Fundo de Garantia do Tempo de Serviço (FGTS), mediante apresentação dos certificados correspondentes.

4.2.3. Qualificação técnica

Comprovação de aptidão para desempenho de atividade pertinente e compatível com o objeto da licitação, mediante apresentação dos seguintes documentos:

a) registro no Conselho Regional de Engenharia, Arquitetura e Agronomia (CREA), da empresa licitante e de seus responsáveis técnicos;

b) declaração formal, sob as penas da lei, de dispor do aparelhamento técnico adequado e necessário para a realização do objeto da licitação e de ter tomado conhecimento de todas as informações e das condições locais para o cumprimento das obrigações objeto da licitação;

c) comprovação de possuir em seu quadro permanente, na data da licitação, profissional de nível superior detentor de atestado de responsabilidade técnica por execução de obra de engenharia de características semelhantes à que constitui o objeto desta licitação.

4.2.4. Qualificação econômico-financeira

a) como documentação indispensável à avaliação da boa situação financeira, as sociedades por ações deverão apresentar a publicação das demonstrações financeiras do último exercício social, elaboradas de acordo com os dispositivos da Lei nº 6.404, de 15.12.76, e certificadas por Auditor Independente.

b) as demais empresas, se não exercerem o direito de opção de enquadramento na Lei 6404/76, deverão apresentar cópias autenticadas do último balanço patrimonial e demonstração dos resultados, certificados por contador registrado no Conselho Regional de Contabilidade, mencionando o número do livro Diário e folhas em que cada peça do balanço se acha regularmente inscrito, vedada a sua substituição por balancetes ou balanços provisórios, podendo ser atualizados por índices oficiais quando encerrado há mais de 3 (três) meses da data de apresentação da proposta;

c) para efeito de avaliação da boa situação financeira, ficam estabelecidos 3 (três) níveis de pontuação, para os indicadores liquidez corrente, liquidez geral, grau de endividamento e taxa de retorno dos capitais próprios.

d) serão considerados os dados do último exercício, realizando-se o cálculo de índices contábeis para a avaliação, pela forma e fórmulas a seguir:

indicador	liquidez corrente	liquidez geral	grau de endividamento	taxa de retorno de capitais próprios
fórmula de cálculo	$\dfrac{AC}{PC}$	$\dfrac{AC + ARLP}{PC + ELP}$	$\dfrac{PC + ELP}{PL}$	$\dfrac{LLE}{PL} \times 100$
1º nível (9 pontos)	> 1,5	> 1,5	< 1,0	> 12,0%
2º nível (6 pontos)	de 1,0 a 1,5	de 1,0 a 1,5	de 1,0 a 1,8	de 0,0 a 12,0%
3º nível (3 pontos)	< 1,0	< 1,0	> 1,8	< 0,0%

onde:

AC = Ativo Circulante; PC = Passivo Circulante; ARLP = Ativo Realizável a Longo Prazo; ELP = Exigível a Longo Prazo; PL = Patrimônio Líquido; LLE = Lucro Líquido do Exercício.

Comprovarão a boa situação financeira exigida nesta licitação as licitantes que:

I - atingirem um total de pontos igual ou superior a 21 (vinte e um);

II - atingirem um mínimo de pontos igual ou superior a 18 (dezoito), desde que tenham liquidez corrente igual ou superior a 1,00, ou grau de endividamento abaixo de 1,00.

e) certidão negativa de falência ou concordata, expedida pelo Distribuidor da sede da licitante.

4.2.5. O Certificado de Registro Cadastral expedido pela Prefeitura que a licitante queira apresentar não substituir os documentos previstos nos itens 4.2.2, *c* e *d*, 4.2.3, *b* e *c*, e 4.2.4, *e* do Edital, devendo ser obrigatoriamente acompanhado de declaração assinada por seu representante legal de que, da data da sua expedição, não há superveniência de fato impeditivo da habilitação.

4.3. O invólucro de nº 2 deverá conter a proposta, datilografada em duas vias, datada e assinada pelo representante legal da proponente, isenta de emendas, rasuras, ressalvas e/ou entrelinhas, contendo, necessariamente, além dos elementos mencionados no Anexo, as seguintes condições:

4.3.1. Orçamento discriminativo da obra em planilhas de quantitativos e custos unitários, conforme especificações do projeto básico integrante do Anexo, com preços unitários e totais, básicos para a data do recebimento da proposta prevista neste Edital, já incluídas as despesas com encargos tributários, sociais e trabalhistas e quaisquer outras que se fizerem necessárias ao cumprimento das obrigações contratuais decorrentes desta licitação.

5. *Do critério de julgamento*

5.1. O julgamento das propostas será realizado em função do tipo menor preço, classificando-se em primeiro lugar a licitante cuja proposta estiver de acordo com as especificações do Edital e ofertar o menor preço.

5.2. Em caso de empate entre 2 (duas) ou mais propostas, como critério de desempate adotar-se-á o procedimento previsto no § 2º do art. 45 da Lei nº 8.666/93.

6. *Das condições de recebimento do objeto da licitação*

O recebimento do objeto licitado, desde que atendidas as especificações deste Edital, dar-se-á:

a) provisoriamente, através do órgão responsável pelo acompanhamento e fiscalização da obra, mediante Termo de Aceitação Provisória, assinado pelas partes, dentro de 15 (quinze) dias da comunicação escrita da Contratada;

b) definitivamente, após 60 (sessenta) dias contados da data do recebimento provisório e, depois de nova vistoria, mediante Termo de Aceitação Definitiva assinado pelas partes, observado o disposto no art. 69 da Lei nº 8.666/93.

7. *Das condições de pagamento, de reajustamento de preços e atualização financeira*

7.1. O pagamento será efetuado mediante apresentação de requerimento e nota fiscal ou fatura que só serão processados após as obras terem sido recebidas, em suas etapas físicas, pelo órgão fiscalizador competente, conforme cronograma físico-financeiro constante das especificações informadas no Anexo.

7.2. O critério de reajustamento de preços e encargo financeiro por atraso no pagamento observará a fórmula e condições constantes, também, do Anexo deste Edital.

8. *Do procedimento*

8.1. No local, dia e horário indicados neste Edital serão recebidos os invólucros de nº 1 (*documentação*) e nº 2 (*proposta*), entregues por representante autorizado da licitante.

8.2. Após o Presidente da Comissão declarar encerrado o prazo para a entrega dos invólucros, nenhum outro documento será recebido, nem serão permitidos quaisquer adendos, acréscimos ou modificações à documentação e propostas já entregues, salvo quando requisitados pela Comissão, justificadamente, com finalidade meramente elucidativa.

8.3. Abertos os invólucros contendo os documentos de habilitação, estes serão rubricados pela Comissão e pelas licitantes presentes.

8.4. Serão consideradas inabilitadas automaticamente as participantes que não apresentarem a documentação solicitada ou apresentarem-na com vícios ou defeitos que impossibilitem seu entendimento ou não atendam satisfatoriamente as condições deste Edital.

8.5. Promulgado o julgamento da fase de habilitação, a Comissão procederá à abertura dos invólucros nº 2 (*proposta*), em sessão pública previamente designada, que poderá constituir-se na mesma prevista no item 8.1, se todas as licitantes, habilitadas ou não, desistirem da faculdade de interposição de recurso, de modo expresso, mediante o registro da circunstância em ata.

8.6. Os invólucros contendo as propostas das participantes declaradas inabilitadas serão devolvidos, ainda lacrados, diretamente ou pelo correio, após definitivamente encerrada a fase de habilitação.

8.7. Abertos os invólucros de nº 2 contendo as propostas, estas serão examinadas e rubricadas pelas licitantes presentes e pela Comissão. Serão desclassificadas as propostas que apresentarem irregularidades, vícios ou defeitos que impossibilitem seu entendimento, não atendam as especificações do Edital ou contenham preços excessivos ou manifestamente inexeqüíveis.

8.8. A Comissão de Licitação reserva-se o direito de realizar, a qualquer momento, diretamente ou através de assessoria técnica, diligências no sentido de verificar a consistência dos dados ofertados pelas licitantes, nela compreendida a veracidade de informações e circunstâncias pertinentes.

8.9. Não constituirá causa de inabilitação ou desclassificação a irregularidade formal que não afete o conteúdo ou a idoneidade do documento.

8.10. Do julgamento da habilitação, da classificação das propostas e dos atos públicos previstos neste procedimento lavrar-se-ão atas circunstanciadas que serão assinadas pela Comissão de Licitação e, quando for o caso, pelas licitantes presentes.

9. *Da homologação e disposições gerais*

9.1. Encerrada a fase de julgamento e classificação das propostas e uma vez homologada, pelo Prefeito Municipal, a adjudicação correspondente, convocar-se-á a adjudicatária para assinatura do instrumento contratual, dentro do prazo indicado no item 2.1 deste Edital.

9.2. Fica assegurado ao Município o direito de, a qualquer tempo antes da contratação, revogar a presente licitação, por interesse público decorrente de fato superveniente devidamente comprovado, suficiente para justificar o ato, sem que assista às licitantes direito a indenização de qualquer espécie.

9.3. O não comparecimento da adjudicatária, no prazo concedido para assinatura do contrato implicará perda do direito à contratação, sem prejuízo das sanções legais aplicáveis.

9.4. As questões não previstas neste Edital serão resolvidas pela Comissão com base nas normas jurídicas e administrativas que forem aplicáveis e nos princípios gerais de Direito.

LICITAÇÃO - *Teoria e Prática*

9.5. O resultado do julgamento da licitação será afixado no Quadro de Avisos localizado no endereço mencionado no preâmbulo deste Edital, pelo prazo de 5 (cinco) dias úteis, independentemente da sua publicação em órgão da imprensa oficial.

9.6. Informações complementares sobre o presente Edital poderão ser obtidas através do telefone n° (99) 1234. Se referentes a condições específicas para atendimento das obrigações necessárias ao cumprimento de seu objeto, deverão ser solicitadas à Comissão, por escrito, no endereço indicado para recebimento das propostas, no máximo em até 5 (cinco) dias úteis antes da data fixada para a entrega da documentação e propostas.

10. *Dos Recursos administrativos*

10.1. Os recursos contra o julgamento da habilitação ou das propostas terão efeito suspensivo e deverão ser interpostos no prazo de 5 (cinco) dias úteis a contar da intimação do ato pela imprensa oficial ou, se presentes as licitantes à sessão em que for divulgado, da data da ata correspondente, o mesmo sucedendo com os recursos interpostos contra a anulação ou revogação.

10.2. Os recursos deverão ser dirigidos à autoridade superior por intermédio da Comissão de Licitação, a qual poderá reconsiderar sua decisão, no prazo de 5 (cinco) dias úteis ou, nesse mesmo prazo, fazê-los subir, devidamente informados, para decisão final, a ser proferida em 5 (cinco) dias úteis do recebimento.

10.3. Uma vez interposto o recurso será comunicado às demais licitantes que poderão impugná-lo no prazo de 5 (cinco) dias úteis.

10.4. Os autos do processo da licitação estarão com vista franqueada aos interessados a partir da intimação/divulgação das decisões recorríveis, na repartição incumbida do procedimento.

Mamau, 20 de março de 1999.

Lélio Cachaço
Presidente da Comissão Permanente de Licitações

ANEXO

Concorrência nº 98/99

1. *Objeto da licitação (criticidade 2)*

Construção de _____ conforme especificações constantes do Projeto Básico integrante deste Anexo.

2. *Condições de pagamento/reajustamento de preços e atualização financeira*

2.1. Os pagamentos serão efetuados a cada 30 (trinta) dias após a data de aferição, conforme o seguinte cronograma:

_____

_____

2.2. Os preços serão reajustados a partir de cada período de um ano, para mais ou para menos, com eficácia no período anual subseqüente, mediante aplicação da seguinte fórmula:

I - Fórmula de reajustamento de preços

$$PR = PB \; x \; \left(\frac{I1}{Io} \right)$$

onde:

PR = novo preço reajustado, válido para os próximos 12 (doze) meses;
PB = preço básico a ser reajustado;
$I1$ = índice econômico correspondente ao 12º, 24º ou 36º mês da data-base do preço ou da data da última atualização.
Io = índice econômico correspondente à data-base do preço ou da data da última atualização.

II - Encargo financeiro por atraso de pagamento

$$EF = V \; x \; \left[\left(1,005 \right)^{n/30} - 1 \right]$$

onde:

EF = valor do encargo financeiro;
V = valor sobre o qual será aplicado o encargo financeiro;
n = número de dias contemplados com encargos financeiros.

3. *Projeto básico (apenso)*

4. *Minuta de contrato (apenso)*

Comissão Permanente de Licitações

10. PLANILHA DE PREÇOS

Esta planilha de preços pode constituir anexo de edital de licitação, servindo de modelo a ser usado pelos licitantes na especificação dos preços em suas propostas no caso de ser previsto fracionamento, conforme exposto no item 4.1.3 da Primeira Parte.

Licitação nº 73/99
Empresa: AÇOMETAIS Ltda.
Data-base do preço: 20.03.99.

Item	Descrição	Preço unitário sem impostos - R$	impostos			preço total com impostos
			ICMS (%)	IPI (%)	ISS (%)	
1						
2						
3						
4						
5						
6						
7						
8						
9						
10						
11						
12						
13						
14						
15						
16						
17						
18						
19						
20						
21						
22						
23						
	Total geral em R$	0,00	0,00	0,00	0,00	0,00

11. CONTRATO DE FORNECIMENTO
(Conteúdo básico)

CONTRATO Nº Jag.23-37/99

O Município de Jaguatirica, Estado dos Matagais, pessoa jurídica de direito público inscrita no CGC/MF sob nº 33445566, por seu representante legal abaixo assinado, a seguir denominado, simplesmente, MUNICÍPIO, e, de outra parte, Sarnalina, Comércio, Exportações e Importações Ltda., inscrita no CGC/MF sob nº 111222333, com sede na Av. Baterrabus, 230, Estado do Agrião, doravante denominada CONTRATADA, pelo presente instrumento particular têm justo e contratado o fornecimento do objeto descrito na Cláusula Primeira, nos seguintes termos:

Do objeto
Cláusula primeira. Constitui objeto do presente contrato o fornecimento ao MUNICÍPIO, pela CONTRATADA, de 1.400 (um mil e quatrocentas) unidades de sarnalina, do tipo ZY40 não-aquoso, espessura 25b2, mediante entregas programadas conforme cronograma indicado neste instrumento.

Dos documentos aplicáveis
Cláusula segunda. Para efeitos obrigacionais, tanto o Edital de Concorrência nº 37/99 quanto a Proposta nela adjudicada integram o presente contrato, valendo seus termos e condições em tudo quanto com ele não conflitarem.

Do preço, condições de pagamento e reajustamento
Cláusula terceira. O preço total dos bens objeto da presente aquisição, básico para o dia 10 de outubro de 1999, é R$ 42.000,00 (quarenta e dois mil reais), sendo o preço unitário R$ 30,00 (trinta reais), e será reajustado desde essa data-base até a data da entrega/aceitação do objeto do contrato conforme cronograma ora estabelecido, acrescido de encargos na hipótese de atraso de pagamento, com base nas fórmulas a seguir:

I - Fórmula de reajustamento de preços

$$PR = PB \ x \ \left(\frac{I1}{Io} \right)$$

sendo:
PR = novo preço reajustado, válido para os próximos 12 (doze) meses;
PB = preço básico a ser reajustado;
Io = índice econômico correspondente à data-base do preço ou da data da última atualização;
$I1$ = índice econômico correspondente ao 12º, 24º ou 36º mês da data-base do preço ou da data da última atualização.

II - Fórmula do encargo financeiro por atraso de pagamento

$$EF = V \ x \ \left[\left(1,005 \right)^{n/30} - 1 \right]$$

sendo:
EF = valor do encargo financeiro;
V = valor sobre o qual será aplicado o encargo financeiro;
n = número de dias contemplados com encargos financeiros.

LICITAÇÃO - *Teoria e Prática*

Cláusula quarta. O pagamento do preço mencionado na cláusula anterior será efetuado através do Banco Novak S/A, 30 (trinta) dias após o recebimento e aceitação dos bens pela Comissão designada, mediante apresentação dos documentos de cobrança junto ao Setor de Pagamentos do Departamento de Finanças, os quais deverão ser emitidos separadamente para as parcelas básicas e para as parcelas de reajustamento, devendo conter, quando referente a estas últimas, a respectiva memória de cálculo. Os quocientes e resultados que pela fórmula de reajuste forem apurados deverão ser calculados até a 4ª (quarta) casa decimal, desprezando-se as demais.

Cláusula quinta. O pagamento dos valores correspondentes ao reajuste deverá ocorrer simultaneamente com o referente às respectivas parcelas básicas.

Cláusula Sexta. Os pagamentos ocorrerão por lotes de fornecimento, levando em conta os preços unitários correspondentes à quantidade de cada lote.

Do cronograma de entregas

Cláusula sétima. Os bens objeto deste contrato serão entregues ao MUNICÍPIO, no Departamento de Materiais, sito à Av. Dr. Rynos Heront, nº 1115, Fone (099)11111, entre 13h 30m e 18h, de segunda à sexta-feira, de acordo com o seguinte cronograma:

Lote 1 - 100 unidades - a 10 dias da assinatura do contrato;
Lote 2 - 300 unidades - a 30 dias da data da primeira entrega;
Lote 3 - 500 unidades - a 45 dias da data da segunda entrega;
Lote 4 - 500 unidades - a 45 dias da data da terceira entrega.

Do recebimento

Cláusula oitava. O objeto do presente contrato, uma vez de acordo com as especificações do edital, será recebido, provisoriamente, para efeito de verificação posterior da conformidade do material com as especificações desejadas e, definitivamente, mediante Termo de Aceitação expedido após a verificação da qualidade e quantidade do fornecimento.

Dos direitos, obrigações e penalidades

Cláusula nona. É direito do MUNICÍPIO receber o objeto do contrato nas condições avençadas e, da CONTRATADA, receber o valor ajustado, na forma e prazo convencionados.

Cláusula décima. Constituem obrigações do MUNICÍPIO efetuar o pagamento ajustado, dando à CONTRATADA as condições necessárias à regular execução do contrato.

Cláusula décima primeira. Constituem obrigações da CONTRATADA, entregar o material conforme as especificações do edital de licitação; manter, durante a execução do contrato, compativelmente com as obrigações ora assumidas, todas as condições de habilitação e qualificação exigidas na licitação; apresentar, quando solicitada, durante a execução do contrato, os comprovantes de estar cumprindo a legislação vigente, especialmente referente aos encargos sociais, trabalhistas, previdenciários, tributários, fiscais e comerciais; assumir inteira responsabilidade pelas obrigações fiscais decorrentes do presente fornecimento.

Cláusula décima segunda. O descumprimento, pela CONTRATADA, do cronograma de entregas ora estabelecido, sem prejuízo de outras sanções legais, implicará multa de 0,5% (cinco décimos por cento) por dia de atraso, sobre o valor do lote não entregue no prazo previsto. Implicará, também, as seguintes multas, calculadas sobre o valor total atualizado do contrato: a) de 10%, pelo descumprimento de cláusula contratual ou norma de legislação pertinente; de 20%, nos casos da entrega do objeto ocorrer com qualquer irregularidade.

Cláusula décima terceira. Havendo rejeição dos bens, pela Comissão de Recebimento, na hipótese de estarem em desacordo com as especificações e condições com que foram licitados, a contratada dever retirá-los do local onde se encontrem armazenados, no prazo de 72 (setenta e duas) horas da comunicação para assim proceder, sob pena de multa moratória correspondente a 0,05% (cinco centésimos por cento) sobre o preço reajustado dos bens rejeitados, por dia de armazenamento excedente, facultado ao MUNICÍPIO devolvê-los ao local de origem mediante remessa, com frete a pagar, para cuja providência desde já fica expressamente autorizado.

Cláusula décima quarta. É assegurado ao MUNICÍPIO o direito de optar pela dedução do valor da multa de qualquer pagamento que deva ser efetuado à CONTRATADA.

Do crédito orçamentário
Cláusula décima quinta. A despesa decorrente do presente contrato correrá à conta da seguinte dotação orçamentária: _____.

Da rescisão
Cláusula décima-sexta. Este contrato será rescindido na hipótese de atraso injustificado superior a 15 (quinze) dias no cumprimento dos prazos de entrega nele previstos, constituindo, igualmente, motivos para a sua unilateral rescisão quaisquer das circunstâncias arroladas no art. 78 da Lei n° 8.666/93, quando pertinentes.

Cláusula décima-sétima. O presente instrumento foi lavrado em decorrência da licitação por Concorrência n° 37/99, regendo-se pelas normas da Lei n° 8.666, de 21 de julho de 1993, com as alterações subseqüentes, às quais também se sujeitam as partes que o celebram, elegendo-se o Foro de Jaguatirica para as questões dele resultantes, com expressa renúncia de qualquer outro.

E por assim estarem justas e acordadas, firmam as partes o presente contrato de fornecimento, em 2 (duas) vias de igual teor e forma, com 2 (duas) testemunhas instrumentárias, para que produza jurídicos e legais efeitos.

Jaguatirica, 25 de novembro de 1999.

Contratada　　　　　　　*Município*

Testemunhas:

_____

_____

12. INSTRUMENTO PARTICULAR DE CONSTITUIÇÃO DE CONSÓRCIO

Por este instrumento particular, as partes, Kacaca Empreendimentos Rodoviários Ltda., inscrita no CGC/MF sob n° 334455, com sede em Passa Quatro, cidade de Bobagem, na Av. Baiquaras, n° 315, e Boiolas Truk Engenharia Ltda., inscrita no CGC/MF sob n° 242424, com sede em Freskuras, cidade de Shirley, na rua Pão-de-ló, n° 24, por seus representantes legais abaixo assinados, têm entre si justo e contratado o que segue:

Do objeto do contrato e natureza jurídica

Cláusula primeira. Constitui objeto deste contrato a formação, pelas partes, de Consórcio, para o fim de participar da licitação correspondente ao Edital de Concorrência n° 55/99, da Prefeitura Municipal de Rio Azul, que tem por objeto o ensaibramento, com rocha decomposta, da estrada municipal RA-12, na extensão de 30 km, concordando em manter entre si uma exclusiva cooperação para realizarem os serviços pretendidos pelo Município, cujo projeto básico constante do Edital constitui, para todos os efeitos, parte integrante deste instrumento.

Cláusula segunda. O Consórcio não possui personalidade jurídica.

Da duração do consórcio e seu endereço

Cláusula terceira. O presente instrumento vigerá, a partir da data de sua assinatura, pelo tempo necessário ao cumprimento do contrato a ser eventualmente firmado com o Município de Rio Azul, e liquidação das obrigações das ora consorciadas. Não lhe sendo adjudicada a contratação, o Consórcio permanecerá até o resultado final da licitação, acrescido do tempo necessário à liquidação das obrigações que por força deste contrato tenham assumido.

Cláusula quarta. O Consórcio funcionará na sede da Boiolas Truk Engenharia Ltda., na rua Pão-de-ló n° 24, Shirley, Estado de Freskuras, a qual manterá, no Município de Rio Azul, escritório de representação habilitado ao atendimento dos encargos contratuais decorrentes do empreendimento, na Av. das Roseiras, n° 15, 2° andar, Fone (088) 1515.

Da participação das partes

Cláusula quinta. Os serviços especificados no Edital serão prestados sob a coordenação da líder, na forma abaixo discriminada:

À empresa Kacaca Empreendimentos Rodoviários Ltda. caberá realizar:
a) ...
b) ...

À empresa Boiolas Truk Engenharia Ltda. caberá realizar:
a) ...
b) ...

Cláusula sexta. Para a consecução dos objetivos consorciados, as partes se prestarão recíproca colaboração profissional e técnica, com integração e harmonia de procedimento, visando ao cumprimento das obrigações previstas no Edital.

Cláusula sétima. Pela prestação dos serviços que executar, cada uma das partes receberá a importância correspondente ao preço orçado, sendo a exclusiva responsável pelo cálculo de seu preço final e pelos eventuais prejuízos que em razão dele vier a sofrer, fazendo jus aos seguintes percentuais de participação na remuneração a ser paga pelo Município: Kacaca Empreendimentos Rodoviários Ltda., 70% (setenta por cento); Boiolas Truk Engenharia Ltda., 30% (trinta por cento).

Das despesas

Cláusula oitava. Cada consorciada arcará individualmente com as despesas necessárias à realização dos serviços que lhe couberem, inclusive com o pagamento de taxas, impostos, contribuições compulsórias e outros, incidentes sobre a porção de remuneração que lhe for destinada.

Da líder

Cláusula nona. A empresa Kacaca Empreendimentos Rodoviários Ltda. é designada líder do Consórcio, sendo-lhe conferidos amplos poderes para representar sua consorciada no procedimento licitatório e no contrato, inclusive para receber o preço, dar quitação, receber citação e responder administrativa e judicialmente pelo Consórcio.

Cláusula décima. À líder cabe conduzir as operações conjuntas do Consórcio de maneira correta e diligente, comprometendo-se a permitir aos representantes da outra parte acesso a quanto for necessário para observar o fiel cumprimento deste contrato, e a manter livros, contas e registros de suas atividades de operação, nos termos deste acordo, fornecendo à outra parte cópias de relatórios pertinentes.

Cláusula décima primeira. A líder, nessa qualidade, não deverá obter lucros nem realizar prejuízos; todas as perdas e lucros decorrentes das operações conjuntas serão distribuídos entre as partes, na proporção da remuneração dos serviços, salvo no caso de dolo, quando os prejuízos serão suportados pela parte que lhes deu causa.

Das responsabilidades das partes

Cláusula décima segunda. Cada parte consorciada será, em relação ao Consórcio, individualmente responsável pelas obrigações a ela atribuídas, respondendo individualmente pela qualidade e adequação técnica dos serviços que prestar, até a aceitação final de todos os serviços que lhe forem confiados. Perante o Município de Rio Azul e com relação ao empreendimento que constitui o objeto da licitação, porém, as consorciadas serão solidariamente responsáveis pelo inadimplemento ou cumprimento irregular de quaisquer das obrigações a elas atribuídas individualmente, bem como pelos atos praticados sob o Consórcio, tanto no pertinente à licitação quanto ao eventual contrato.

Cláusula décima terceira. A líder executará o contrato na qualidade de representante legal das partes, exercendo suas funções perante órgãos governamentais e quaisquer pessoas naturais e jurídicas, nos termos e limites previstos no Edital da licitação e neste contrato.

LICITAÇÃO - *Teoria e Prática*

Cláusula décima quarta. Para os fins da representação de que trata a cláusula anterior, Boiolas Truk Engenharia Ltda. confere à Kacaca Empreendimentos Rodoviários Ltda. todos os poderes de gestão necessários à condução das operações de que trata o presente contrato, podendo a outorgada apresentar petições, defesas, recursos, pleitear em juízo, nomear advogado com os poderes da cláusula *ad judicia*, receber citação ou qualquer correspondência que diga respeito ao Consórcio, propor ações, recorrer perante quaisquer instâncias e tribunais, pagar, receber ou dar quitação, acordar, discordar, transigir, renunciar, enfim, praticar todos os atos necessários e indispensáveis ao fiel desempenho das atribuições ora estabelecidas, bem como à preservação dos direitos e interesses das partes. No caso de recebimento de qualquer correspondência que diga respeito aos serviços do Consórcio, inclusive citação, notificação ou interpelação, a Líder terá prazo de 24 (vinte e quatro) horas, a partir da data do recebimento daquela, para comunicar a ocorrência à outra consorciada.

Cláusula décima quinta. Os assuntos de interesse do presente Consórcio serão resolvidos de comum acordo entre os representantes das consorciadas, para cuja finalidade são indicados o Sr. Sustenido Moura (qualificar), como representante da Kacaca Empreendimentos Rodoviários Ltda., e o Sr. Clecy Molle (qualificar), como representante da Boiolas Truk Ltda.

Cláusula décima sexta. As partes se comprometem a não alterar a composição do Consórcio sem prévia e expressa anuência do Município de Rio Azul.

Cláusula décima sétima. Para o fim de solucionar eventuais conflitos resultantes deste contrato ou de sua execução, as partes elegem o foro da cidade de Rio Azul, desistindo de qualquer outro, por mais privilegiado que seja ou venha a ser.

E, por assim estarem justas e acordadas, firmam o presente contrato, em 2 (duas) vias de igual teor e forma, para todos os fins de Direito, na presença das testemunhas abaixo.

Passa Quatro, 30 de agosto de 1999.

Kacaca Empreendimentos Rodoviários Ltda.   *Boiolas Truk Engenharia Ltda.*

Testemunhas:
_____

_____

13. PEDIDO DE INFORMAÇÕES SOBRE O EDITAL

Agrião, 25 de abril de 1999.

Ref.: Edital de Concorrência nº 27/99.

Senhor Presidente da CPL:

Joka Indústria e Comércio Ltda., CGC/MF n° 383838, por seu representante legal abaixo assinado, interessada em participar da Concorrência n° 27/99, vem, pela presente, solicitar se digne esclarecer as dúvidas que possui sobre o seguinte item do Edital, referente às condições de fornecimento:

1- Edital, item n° 4.2.1

Pergunta: O Edital, no item mencionado, diz que as placas superiores do arcabouço poderão ser "metálicas ou de outro material". É certo o nosso entendimento de que poderão ser de plástico?

Solicita-se que a resposta seja enviada, com a necessária brevidade, para o seguinte endereço: Rua das Guanxumas, 257, 3° andar, conj. 138, Korcóvia, CEP 987654.

Pede Deferimento.

Joka Indústria e Comércio Ltda.

Ao Ilmo.
Sr. Claro de Nada
M.D. Presidente da Comissão Permanente de Licitações
AGRIÃO

LICITAÇÃO - *Teoria e Prática*

14. RESPOSTA AO PEDIDO DE INFORMAÇÕES SOBRE O EDITAL

PREFEITURA MUNICIPAL DE AGRIÃO
Comissão Permanente de Licitações

Agrião, 28 de abril de 1999.

Ref.: Concorrência nº 27/99.

Prezados Senhores

Em atenção à correspondência de 25 de abril do ano em curso, em que Vossas Senhorias manifestam dúvidas sobre o correto entendimento do contido no item 4.2.1 do Edital de Concorrência nº 27/99, solicitando esclarecimentos, cumpre-nos informar:

Pergunta: O Edital, no item mencionado, diz que as placas superiores do arcabouço poderão ser "metálicas ou de outro material". É certo o nosso entendimento de que poderão ser de plástico? (conveniente reproduzir a pergunta formulada)

Resposta: Não, porque no item 4.2.4 do Anexo I – Projeto Básico, está explicitado que não será aceito material plástico nas placas superiores do arcabouço.

Acreditando ter prestado, satisfatoriamente, os esclarecimentos solicitados, dos quais também estamos dando ciência às demais licitantes, subscrevemo-nos

Atenciosamente,

Claro de Nada
Presidente da Comissão Permanente de Licitações

À
Joka Indústria e Comércio Ltda.
Rua das Guanxumas, 257, 3º andar, conj. 138
Korcóvia - CEP 987654

Muitas vezes formulam-se questionamentos sobre o Edital e suas especificações com o fito de alterá-las, para uma interpretação mais conveniente e favorável. É preciso muito cuidado, pois, ao responder essas indagações. Deve-se dizer o necessário, exclusivamente. Uma cópia dos esclarecimentos prestados deve ser enviada a cada uma das demais licitantes.

15. ATA DE SESSÃO DE RECEBIMENTO DE DOCUMENTAÇÃO E PROPOSTAS

O modelo que apresentamos inclui o julgamento da habilitação e a abertura das propostas.

Aos vinte e oito dias do mês de junho do ano de 1999, no Departamento de Compras da Secretaria Municipal da Administração, do Município de Chapéu Torto, sito à rua Noventa e Três, n° 15, reuniram-se, a partir das 10 horas, em sessão pública, Paulo Pancada, Celso Ferroso e Santa Perdida, abaixo assinados, todos integrantes da Comissão incumbida de dirigir e julgar o procedimento licitatório da Concorrência n° 23/99, a fim de receberem os invólucros contendo a documentação e propostas relativas ao certame, como previsto no Edital correspondente. Abertos os trabalhos, verificou-se a participação das seguintes empresas: VIDROLEVE LTDA., representada por Victor Régio de Assunção (CIC n° _____); CASA DOS PARAFUSOS LTDA., representada por Terência Soberba (CIC n° _____); CORREIAS S/A, representada por Pedro Enroscado da Silva (CIC n° _____); e BEST QUALITY LATAS S/A, representada por Anastácio Porqueira (CIC n° _____). Os invólucros contendo as propostas foram rubricados por seus apresentantes e pelos integrantes da Comissão. Em seguida, abriram-se os invólucros contendo os documentos de habilitação, os quais foram rubricados e examinados pelos presentes e integrados ao processo da licitação. Colocada a palavra à disposição dos participantes, todos declinaram de usá-la. A seguir, tendo a Comissão considerado possível examinar a documentação apresentada com vistas ao julgamento, desde já, da fase de habilitação, a sessão foi suspensa, por 15 minutos, a fim de que, reunida em separado, elaborasse o seu julgamento. Reabertos os trabalhos, o presidente da Comissão deu conhecimento aos presentes de que as empresas Vidroleve Ltda., Correias S/A e Best Quality Latas S/A estavam habilitadas ao certame, enquanto a empresa Casa dos Parafusos Ltda., inabilitada, por não ter apresentado a documentação comprobatória de qualificação econômico-financeira, mais precisamente a cópia da publicação das demonstrações financeiras do último exercício social, conforme solicitado no item 5.2.1. do Edital. Indagou-se, em seguida, dos presentes, se nada tinham a objetar quanto ao julgamento da fase de habilitação e se abririam mão da faculdade de interposição de recurso, com a desistência do respectivo prazo, para que a circunstância fosse consignada em ata a fim de possibilitar a subseqüente abertura das propostas, conforme previsto no Edital. Através de seus prepostos, todas as participantes, inclusive a inabilitada, manifestaram renúncia ao exercício da faculdade de interposição de recurso e concordaram que as propostas fossem abertas, à exceção daquela a ser devolvida à participante inabilitada, mediante recibo, ao término da sessão. Abertas as propostas, foram todas rubricadas, folha a folha, pelos membros da Comissão e seus respectivos apresentantes, e após agrupadas e numeradas seqüencialmente, foram integradas aos autos do processo mediante anexação da 1ª via. Durante 30 minutos foram examinadas pelos presentes. Colocada a palavra

LICITAÇÃO - *Teoria e Prática*

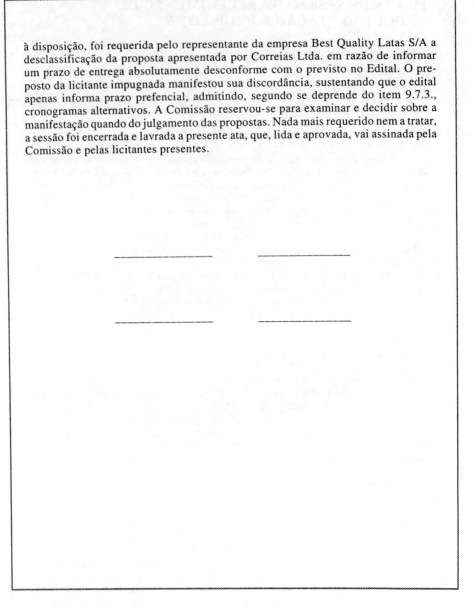

à disposição, foi requerida pelo representante da empresa Best Quality Latas S/A a desclassificação da proposta apresentada por Correias Ltda. em razão de informar um prazo de entrega absolutamente desconforme com o previsto no Edital. O preposto da licitante impugnada manifestou sua discordância, sustentando que o edital apenas informa prazo prefencial, admitindo, segundo se deprende do item 9.7.3., cronogramas alternativos. A Comissão reservou-se para examinar e decidir sobre a manifestação quando do julgamento das propostas. Nada mais requerido nem a tratar, a sessão foi encerrada e lavrada a presente ata, que, lida e aprovada, vai assinada pela Comissão e pelas licitantes presentes.

Há na hipótese um pedido de desclassificação de proposta formulado à própria Comissão, que poderá ser desatendido sem necessidade de exame pela instância administrativa superior, uma vez que pedido assim formulado pode ser renovado, como recurso, no prazo legal.

16. ATA DE SESSÃO DE ABERTURA DE PROPOSTAS

O modelo a seguir trata de caso de abertura de propostas entregues anteriormente.

Aos dezesseis dias do mês de janeiro do ano de 1999, no Departamento de Compras da Secretaria Municipal da Administração da Prefeitura Municipal de Boiolandra, sito à rua Florida, n° 1551, reuniram-se, a partir das 10 horas, em sessão pública, Brigestone Arruda, Cleusa Melado e Amarildo Sodré, abaixo assinados, todos integrantes da Comissão incumbida de dirigir e julgar o procedimento licitatório da Concorrência n° 134/99, a fim de procederem à abertura dos invólucros contendo as propostas das licitantes habilitadas, recebidos na sessão pública de 3 de janeiro do ano corrente. Presentes à sessão as licitantes Panquecazul Ltda., representada por Isidro Pó (CIC n° _____); Food Feio S/A, representada por Dorália Sena (CIC n° _____); e Come-Quieta ME, representada por Famélico de Araújo (CIC n° _____). Abertos os trabalhos e após verificado por todos que as propostas permaneceram indevassadas, nos mesmos invólucros lacrados e rubricados em que foram entregues, o presidente da Comissão passou a abri-los, agrupando e numerando, seqüencialmente, cada uma das folhas integrantes da 1ª via da proposta, as quais, devidamente rubricadas pelos representantes das proponentes, e pelos membros da Comissão, passaram a fazer parte dos autos do processo. Em seguida, a 2ª via das propostas foi examinada pelos interessados e do seu conteúdo feitas anotações. Encerrado esse exame e colocada a palavra à disposição, pelo representante da concorrente Come-Quieta ME foi requerido o registro em ata da sua desconformidade com a proposta apresentada pela concorrente Food Feio S/A, que não cotou preços unitários para os fornecimentos que especificou, não podendo ser classificada, portanto, ante a essencialidade do vício. Informou o Presidente da Comissão que esta somente decidiria sobre o incidente quando do julgamento das ofertas. Nada mais havendo a tratar, a sessão foi encerrada e lavrada a presente ata que, após lida e aprovada, vai assinada pela Comissão e pelos licitantes presentes.

LICITAÇÃO - *Teoria e Prática*

17. ATA DE JULGAMENTO, CLASSIFICAÇÃO DAS PROPOSTAS E ADJUDICAÇÃO

O modelo prevê a apreciação de impugnação consignada em ata de sessão de abertura das propostas

Aos dez dias do mês de outubro do ano de 1999, no Departamento de Compras da Secretaria Municipal da Administração, Município de Trançudo, sito à rua Maranguense, nº 34, reuniram-se, a partir das 10 horas, em sessão pública, Huly Back Venturini, Bibiano Quadros, e Sarda Malan, abaixo assinados, todos integrantes da Comissão incumbida do procedimento licitatório da Concorrência nº 246/99, a fim de realizarem o julgamento e classificação das propostas apresentadas na referida licitação. Inicialmente, examinou-se o pedido de desclassificação da proposta da licitante CIMEQUEIRAS LTDA., formulado pelo representante da concorrente CUPIM S/A MÓVEIS E MADEIRAS, quando da realização da sessão de abertura realizada em 14 de setembro do ano em curso, conforme registro em ata. A Comissão decidiu pelo não acolhimento do pedido, considerando-o, pois, improcedente, uma vez que os motivos apontados para a desclassificação não configuram transgressão à lei nem aos preceitos do ato convocatório. Consideradas, em conseqüência, para fins de classificação, todas as ofertas apresentadas ao certame, passou-se ao seu julgamento. Estabeleceu o Edital, no item _____, que por dividir-se o objeto da licitação em itens, seria possível a formulação de propostas para cada um deles, isoladamente, tendo-se como critério de julgamento para classificação, a conformidade da proposta com as especificações do Edital e o menor preço. Assim, levando em conta os dados constantes de cada proposta, a Comissão elaborou o seguinte quadro comparativo, considerando os itens em que se desdobrou o objeto licitado e a não obrigatoriedade de serem ofertados, simultaneamente, todos eles.

Quadro Comparativo

Licitantes	Preços por item (fatores de julgamento)					Total
	a	b	c	d	e	
A	30,00	50,00			90,00	
B	27,00		15,00	70,00	20,00	
C	25,00	40,00	30,00	80,00	30,00	
D		28,00	38,00	30,00		

Considerando as cotações de cada concorrente constantes do Quadro Comparativo acima, e levando em conta o critério de julgamento adotado para a licitação, chegou-se ao seguinte resultado classificatório: No item a: 1º lugar, C; 2º lugar, B; 3º lugar, A. No item b: 1º lugar, C; 2º lugar, A. No item c: 1º lugar, B; 2º lugar, C. No item d: 1º lugar, B; 2º lugar, C; 3º lugar, A. No item e: 1º lugar, B; 2º lugar, C. A Comissão de Licitação, com efeito, tendo por base o resultado classificatório antes apresentado, decidiu por adjudicar o objeto do certame às licitantes classificadas em

1º lugar. Concluídos os trabalhos, o presidente da Comissão determinou a publicação, na imprensa oficial, da classificação das propostas e adjudicação correspondente, para efeito de intimação e ciência dos interessados. Encerrado o prazo de recurso o processo será enviado à autoridade superior, para homologação. Nada mais havendo a tratar, a sessão foi encerrada e lavrada a presente Ata que, lida e aprovada, vai assinada pela Comissão.

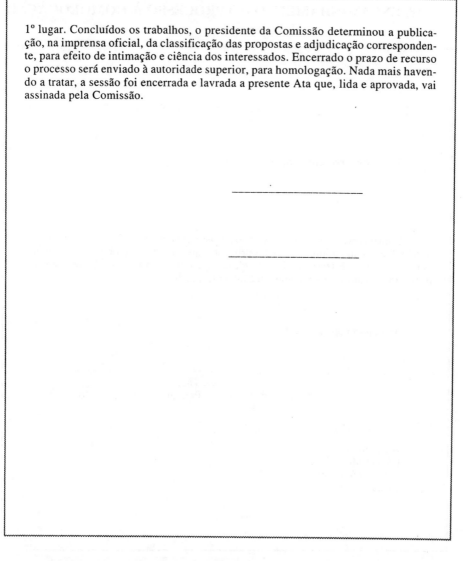

O modelo é singelo, sem dúvida, mas serve para exemplificar o registro de um julgamento, classificação de propostas e adjudicação, quando o objeto é subdividido em itens por economia processual e para facilitar, pelo incremento da competitividade, a obtenção de menor preço. O Quadro Comparativo e/ou Classificatório será montado em função do critério de julgamento adotado. Caso seja muito complexo, poderá constituir-se em um anexo da ata.

18. ENCAMINHAMENTO DO PROCESSO À HOMOLOGAÇÃO

Levedo,13 de setembro de 1999.

Ref.: Concorrência nº 67/99.

Senhor Prefeito Municipal

Com o presente, estamos enviando a Vossa Excelência o Processo da Licitação nº 67/99, contendo o julgamento das propostas que adjudicou o objeto do certame à licitante Krupps, Fitzerd & Gansos, classificada em primeiro lugar, devidamente instruído e concluso, para homologação, na forma da lei.

Atenciosamente,

Mara Thorta
Presidente da Comissão Permanente de Licitação

Ao Ilmo. Sr.
Câncio Molle
D.D. Prefeito Municipal de Levedo
Nesta Cidade

Em despacho sucinto - como veremos a seguir - a autoridade administrativa declara que homologa o julgamento, classificação das propostas e adjudicação à licitante que menciona; ou devolve o processo à Comissão para corrigir erros ou, em despacho fundamentado, anula a licitação por vício insanável no procedimento ou a revoga, por razões de conveniência e oportunidade, justificando a decisão. Não pode haver modificação do julgamento, apenas acolhimento ou rejeição.

19. DESPACHO DE DEVOLUÇÃO À COMISSÃO

ESTADO DE GUARÁ-VELHO
Município de Levedo

Ref.: Licitação nº 67/99.

Devolvo o Processo da Licitação nº 67/99 à Comissão Julgadora, para que, em 48 horas, informe, com mais clareza, os fundamentos da sua decisão classificatória, uma vez que o item 4.3.5 do Projeto Básico, Anexo I do Edital, prevê esquadrias de alumínio anodizado e não de madeira, como ofertado por algumas concorrentes. Após, retorne.

Levedo, 10 de junho de 1999.

Câncio Molle
Prefeito Municipal

Pelas mais variadas razões, o processo pode ser devolvido a fim de que sejam prestadas informações complementares, esclarecidas dúvidas, corrigidos, por exemplo, erros de cálculo, etc.

LICITAÇÃO - *Teoria e Prática*

20. DESPACHO DE HOMOLOGAÇÃO

Ref.: Licitação nº 456/99.

Homologo o procedimento da Licitação nº 456/99 para que a adjudicação nele procedida produza seus jurídicos e legais efeitos.

Ciência aos interessados, observadas as prescrições legais pertinentes.

Galynhas, 17 de outubro de 1999.

Antão Rhodes
Prefeito Municipal

21. ENCAMINHAMENTO DE PROCESSO EM QUE HOUVE INTERPOSIÇÃO DE RECURSO

Ref.:Licitação nº 22/99.

Senhor Prefeito Municipal

Com o presente, estamos encaminhando a Vossa Excelência o Processo da Licitação nº 22/99, contendo o recurso interposto pela concorrente Trappo Confecções Ltda., com o qual postula a invalidação do julgamento desta Comissão que adjudicou o objeto do certame à licitante Smooking Roupas S/A.

O recurso foi comunicado às demais concorrentes que sobre ele se pronunciaram, conforme consta dos autos. Sobre as alegações que o embasam cumpre ressaltar a total improcedência, uma vez que às fls. 9 da proposta apresentada pela concorrente Smooking Roupas S/A, consta, em algarismos e por extenso, ao pé da página, os preços unitários que o edital reputou de indicação obrigatória. Foi levando-os em consideração, aliás, que a Comissão conferiu o cálculo do preço global indicado na página 35, que compôs o Quadro Classificatório, chegando ao preço mais vantajoso da licitação. Não ocorreu, pois, na proposta adjudicada, o vício insanável que a Recorrente diz existir.

Assim sendo, Senhor Prefeito, por entender que não existem razões pelas quais se deva reconsiderar o ato recorrido, esta Comissão houve por bem mantê-lo, encaminhando o processo à superior consideração de Vossa Excelência, para julgamento do recurso.

Atenciosamente,

Pedregulho, 14 de março de 1999.

Ético Nobre
Presidente da Comissão Permanente de Licitações

Na hipótese de a Comissão não aceitar as razões do recurso, deverá encaminhá-lo, devidamente informado, ao exame superior. Neste caso, terá que se manifestar sobre ele, justificando seu posicionamento, podendo anexar laudos, pareceres técnicos, a documentação que julgar conveniente, sendo obrigatório anexar as manifestações das outras licitantes sobre o recurso, se houver. Este modelo de encaminhamento deve conter as assinaturas de todos os integrantes da Comissão de Licitação por representar seu juízo diante do recurso não provido.

22. JULGAMENTO DE RECURSO PELA AUTORIDADE SUPERIOR

ESTADO DE CALLAVERA
Município de Guelinha

Ref.: Licitação nº 29/99.

Vem à deliberação superior, devidamente informado, Recurso interposto por Moirões, Indústria e Comércio Ltda., CGC/MF nº 223344, contra o julgamento da Comissão que desclassificou sua proposta sob o fundamento de terem sido ofertados preços excessivos, comparados com aqueles da última licitação de objeto semelhante, reajustados pelo mesmo critério do edital.

Diz a Recorrente ser viciado o julgamento por não levar em conta as condições diversas do certame anterior, que previa condições de pagamento mais vantajosas para os fornecedores, com liquidação total em 15 dias após o fornecimento, enquanto neste há previsão de pagamentos parciais correspondentes a entregas escalonadas em 14 meses. Sustenta que a comparação de preços para verificação da excessividade deve considerar circunstâncias idênticas, tendo-se por ilegítima a comparação em circunstâncias diferentes.

Refletindo sobre o embasamento da decisão recorrida, constante à fls. 97 do processo, e as alegações da Recorrente, convenço-me de que a esta assiste razão. Com efeito, o julgamento está viciado e deve ser invalidado. Não é correto estabelecer a excessividade, para fins de desclassificação da proposta, comparando preços com base em licitação anterior realizada sob condições de fornecimento e de pagamento diferentes. Não parece legítimo, sem dúvida, igualar o que de per si é desigual. Segundo o magistério do Prof. Marçal Justen Filho, "*se as circunstâncias do mercado forem distintas daquelas previstas no ato convocatório, a disparidade não caracterizará preço excessivo. Existirá excessividade quando, em situação idêntica à prevista no ato convocatório, a Administração puder obter preço melhor do que o da proposta*" (*in* Comentários à Lei de Licitações e Contratos Administrativos, Belo Horizonte, Aide Editora, 1993, pág.284).

Ora, se a disparidade de preços resulta de uma comparação equivocada, que não considera, nos valores cotejados, idênticas condições de fornecimento e de pagamento, mas tem por base circunstâncias absolutamente desiguais, é forçoso concluir que a Comissão errou. A oferta da Recorrente, a nosso juízo, não poderia ter sido desclassificada por excessividade, tornando-se imperativo, pois, o acolhimento do seu recurso, que bem demonstrou a ilegitimidade dessa decisão.

ANULO, pois, por ilegalidade, com base no art. 49 da Lei nº 8.666/93, o ato desclassificatório recorrido, para permitir que a proposta da Recorrente seja cotejada com as demais, passando a integrar o quadro classificatório do certame, no lugar que lhe couber, observadas as condições do edital. Cumpra-se. Ciência aos interessados.

Guelinha 20 de maio de 1999.

Nascituro Lympo
Prefeito Municipal

23. DESPACHO DE ANULAÇÃO

MINISTÉRIO DO DESENVOLVIMENTO SETORIAL
COMPANHIA NACIONAL DE FOMENTO
Gabinete da Presidência

Ref.:Licitação nº 12/99.

Examinados os atos e termos do procedimento da Tomada de Preços nº 12/99, e tendo verificado:

- Que os três servidores que estão a dirigir e julgar o certame, como membros da Comissão Permanente de Licitações, estão a integrá-la, todos eles, há dezesseis meses, contados da data em que, devidamente designados, passaram a atuar;
- Que o fato, uma vez comprovado nos autos, como se vê da Portaria Nº 36/99 juntada às fls.3, configura infração do art. 51, § 4º, da Lei nº 8.666, de 21.6.93, que, objetivando implementar princípio de moralidade pública, fixa em um ano a investidura dos membros das comissões permanentes, suficiente para invalidar o procedimento licitatório, se assim tiver prosseguimento,

Anulo, *ab initio*, por ilegalidade, o processo licitatório nº 12/99, com fundamento no art. 49 da Lei nº 8.666/93, determinando a imediata instauração de novo procedimento após renovada a Comissão Permanente de Licitações, na forma da lei. Publique-se, para ciência dos interessados, observadas as prescrições legais pertinentes.

Várzea, 8 de abril de 1999.

Ínclito Santo
Diretor-Presidente

Oportuno lembrar que a anulação pode ser parcial, como, por exemplo, quando somente do julgamento da habilitação. Será arbitrário e nulo o despacho que não indicar os fundamentos da decisão.

LICITAÇÃO - *Teoria e Prática*

24. DESPACHO DE REVOGAÇÃO

ESTADO DE ARRUMAÇÃO
Município de Benteví

Ref.: Licitação nº 09/99.

Examinados os atos e termos do procedimento da Concorrência nº 09/99, e tendo verificado que o objeto do certame é a aquisição de uma motoniveladora, tipo estradeira, e que o Município acaba de ser aquinhoado, por benemerência do sr. Emérito Bondade, em testamento ontem apresentado e conhecido, com máquina idêntica, o que por si só torna desnecessária a aquisição de outra, REVOGO, com fundamento no art. 49 da Lei 8.666/93, a Concorrência nº 09/99, por razões de interesse público que decorrem do fato.

Publique-se, para ciência dos interessados, observadas as prescrições legais pertinentes.

Benteví, 23 de junho de 1999.

Áureo de Sorthe
Prefeito Municipal

Será arbitrário e nulo o despacho que não indicar os fundamentos da revogação. Não há revogação parcial. Revoga-se todo o procedimento, salvo se o objeto for dividido em itens distintos. Nessa hipótese, será possível a revogação da licitação em relação a determinado item. Convém lembrar que somente se poderá revogar a licitação por razões de interesse público decorrente de fato superveniente devidamente comprovado, pertinente e suficiente para justificar a revogação, conforme art. 49 da Lei nº 8.666/93.

25. PUBLICAÇÃO RESUMIDA DO JULGAMENTO DA HABILITAÇÃO

ESTADO DE FANFA
Município de Traíra

Concorrência 07/99 - HABILITAÇÃO

A Prefeitura Municipal de Traíra torna público o **Julgamento da habilitação** à Concorrência nº 07/99, que teve o seguinte resultado: **Habilitadas:** Axé Perfurações Ltda., Buracos Artesianos Ltda. e Perfurações Furo Quente Ltda.. **Inabilitadas:** Vale-Tudo Estaqueamento S/A e Poços Semsol Ltda.

Traíra, 2 de outubro de 1999.

Servilio Puz
Presidente da Comissão Permanente de Licitações

---

26. PUBLICAÇÃO RESUMIDA DO JULGAMENTO E CLASSIFICAÇÃO DAS PROPOSTAS

ESTADO DE FANFA
Município de Bagre

RESULTADO DE LICITAÇÃO
Concorrência 13/99

A Prefeitura Municipal de Bagre torna público o resultado do Julgamento, classificação das propostas e adjudicação referentes à Concorrência nº 13/99 (aquisição de retroescavadeiras): 1º lugar: RECO - Comércio e Recondicionamento de Máquinas Ltda.; 2º lugar: Importadora De Porkarias S/A; 3º lugar: Comércio de Máquinas Sukatta Ltda.

Bagre, 12 de outubro de 1999.

Karla Musgo
Presidente da Comissão Permanente de Licitações

LICITAÇÃO - *Teoria e Prática*

27. PUBLICAÇÃO DE SÚMULA DE INEXIGIBILIDADE DE LICITAÇÃO

Modelo adaptável para hipóteses de dispensa de licitação. Publicação determinada pelo Art. 26 da Lei nº 8.666/93.

ESTADO DE ABANDONO
Município de Solidão

INEXIGIBILIDADE DE LICITAÇÃO

A Prefeitura Municipal de Solidão torna pública a Inexigibilidade de Licitação para fornecimento, ao Município, de 50 Kg de luva-débil, pela empresa Carysma Indústria e Comércio Ltda., no valor de R$ 43.800,00, com base no art. 25, I, da Lei nº 8.666/93, conforme consta do Processo nº PMS/IL-04/99.

Solidão, 2 de dezembro de 1999.

Solyto de Moura
Secretário Municipal da Administração

---

28. PUBLICAÇÃO RESUMIDA DE CONTRATO

Essas publicações devem conter apenas o essencial para identificar a contratação.

Município de Guará
Contrato nº GU-512-48/99 - Data: 08.03.99
Contratada: Oficina Raposinha Ltda.
Objeto: Manutenção de equipamento rodoviário
Prazo: 12 meses - Valor: R$ 6.000,00
Licitação: TP nº GU-48/99

Município de Cremália
Contrato nº AG-07/99 - Data: 10.05.99
Contratada: Construtora Cecura Ltda.
Objeto: construção de açude
Prazo: 120 dias - Valor: R$ 24.000,00
Licitação: Inexigibilidade nº C/IL-07/99

---

29. IMPUGNAÇÃO DO EDITAL

O fundamento jurídico do pedido é o art. 5º, I, da Constituição Federal e o art. 41 da Lei nº 8.666/93.

O prazo é de até cinco dias úteis antes da data fixada para abertura dos invólucros de habilitação.

Excelentíssimo Senhor Prefeito Municipal de Tocaia

Construções Rodoviárias Fhalyda Ltda., sociedade inscrita no CGC/MF sob nº 12345, com sede na rua Casa Branca, nº 20, em Alegria, Estado de Paraíso, por seu representante legal abaixo assinado, vem perante Vossa Excelência, respeitosamente, com fundamento no § 1º do art. 41, da Lei nº 8.666, de 21.6.93, com as alterações subseqüentes, impugnar o edital de Licitação nº 15/99, pelas razões de fato e de direito seguintes:

1. O Edital de Licitação nº 15/99, ao fixar as condições de participação no certame, mediante comprovação de capacidade técnica, está a exigir, no item 6.3, que a licitante apresente atestado comprobatório de já ter realizado, no Estado, obra de engenharia semelhante à do objeto licitado. A condição do ato convocatório, tal como formulada, impede a ora impugnante de participar da concorrência, pela simples razão de ainda não ter realizado obras no Estado de Trombadas, embora possua capacitação técnica e econômica para enfrentar os encargos da contratação licitada. Trata-se de uma exigência discriminatória, absolutamente ilegal, que afronta princípios básicos do instituto da licitação.

Com efeito, o § 1º, inciso I do art. 3º da Lei nº 8.666/93, estabelece que

"É vedado aos agentes públicos admitir, prever, incluir ou tolerar, nos atos de convocação, cláusulas ou condições que comprometam, restrinjam ou frustrem o seu caráter competitivo, ou estabeleçam preferências ou distinções em razão da naturalidade, da sede ou do domicílio dos licitantes ou de qualquer outra circunstância impertinente ou irrelevante para o específico objeto do contrato".

Ora, a exigência contida no item 6.3 do edital atacado restringe a participação na concorrência àquelas licitantes que já tenham realizado obras no Estado de Trombadas, transgredindo o princípio básico da isonomia consagrado no art. 5º, I, da Constituição Federal, que a Lei 8.666/93, por sua vez, proclama no art. 3º, *caput*, ao determinar que o procedimento licitatório seja processado e julgado em estrita conformidade com o princípio da igualdade, dentre outros.

2. A preferência contida no Edital, por restringir o universo dos proponentes de maneira ilegal e sem qualquer base técnica, constitui causa de nulidade, não somente da condição preceituada no indigitado item 6.3 mas, sem dúvida, de todo o ato convocatório, posto que, nos seus efeitos, a ilegalidade o contamina por completo. Adilson Abreu Dallari, dentre outros, doutrina, em *Aspectos Jurídicos da Licitação*, 2ª ed., São Paulo, Editora Saraiva, 1980, p. 63, que o edital,

> *"como ato administrativo que é, está subordinado a todas as normas que condicionam os atos administrativos em geral. Assim sendo, seus dispositivos não podem contrariar as normas legais e regulamentares que lhe sejam aplicáveis"*

Raul Armando Mendes, por seu turno, em *Comentários ao Estatuto das Licitações e Contratos Administrativos*, São Paulo, Editora Revista dos Tribunais, 1988, p. 90, assevera que

> *"o edital não pode conter privilegiamentos, nem cláusulas que restrinjam a participação de qualquer interessado, como num jogo de cartas marcadas",*

e informa que o STF, examinando caso da espécie (*in* RTJ 103/933), assentou que

> *"o critério de distinguir pela origem, naturalidade ou sede, não tem legitimidade para justificar a desigualação de empresas que concorram com outras em igualdade de categoria, condições e preços".*

O sempre acatado Hely Lopes Meirelles, na obra *Licitação e Contrato Administrativo*, 7ª ed.,São Paulo, Editora Revista dos Tribunais, 1987, p. 89), é definitivo:

> *"É nulo o edital omisso ou errôneo em pontos essenciais, ou que contenha condições discriminatórias ou preferenciais, que afastem determinados interessados e favoreçam outros".*

3. Preceitua o art. 49 da Lei nº 8.666/93, que

> *"A autoridade competente para a aprovação do procedimento somente poderá revogar a licitação por razões de interesse público decorrente de fato superveniente devidamente comprovado, pertinente e suficiente para justificar tal conduta, devendo anulá-la por ilegalidade, de ofício ou por provocação de terceiros, mediante parecer escrito e devidamente fundamentado".*

Diante do exposto, em face da natureza e abrangência da irregularidade apontada, a sociedade comercial signatária, interessada em participar do certame, com fundamento no art. 49 da Lei 8.666/93, de 21.6.93, e art. 5º, I, da Constituição Federal, vem, perante Vossa Excelência, formular a presente impugnação do edital de Licitação nº 15/99, que tem por objeto a construção da estrada do Tico-tico, por vício de ilegalidade, requerendo que Vossa Excelência, de pronto, o anule e, tempestivamente, determine a publicação de outro, escoimado do vício que lhe motiva a invalidação.

N. Termos
P. Deferimento.

Tocaia, 24 de julho de 1999.

Construções Rodoviárias Fhalyda Ltda.

A impugnação do Edital por irregularidade na aplicação da lei pode ser promovida por qualquer cidadão. Quando feita por licitante, não o impede de participar da licitação até o seu trâmite final.

30. RECURSO DA HABILITAÇÃO/INABILITAÇÃO

O fundamento jurídico do pedido é o art. 109, I, *a*, da Lei 8.666/93. O prazo é de cinco dias úteis contados da intimação do ato ou, se presente, da lavratura da ata correspondente. Tem efeito suspensivo.

Excelentíssimo Senhor Prefeito Municipal de Entrevero

Zaino Engenharia Ltda., sociedade inscrita no CGC/MF sob nº 3456, com sede na Rua Tostada, nº 894, em Colhereiros, Estado de Orvalho, por seu representante legal abaixo assinado, vem perante Vossa Excelência, respeitosamente, nos autos da Licitação nº 44/99, da qual participa, recorrer do julgamento que a considerou inabilitada para participar do certame, com fundamento no art. 109, I, *a*, da Lei nº 8.666/93, de 21.6.93, com as alterações subseqüentes, o que faz nos seguintes termos:

1. A ora recorrente foi considerada inabilitada para participar do certame sob a alegação de que, ao realizar sua comprovação de capacidade técnica, apresentou prova de estarem seus engenheiros registrados no Conselho Regional de Engenharia, Arquitetura e Agronomia - CREA de outro Estado que não o da região onde se localiza o Município de Entrevero, desatendendo, portanto, o item 6.3, *a*, do Edital de concorrência.

A recorrente não se conforma com o resultado desse julgamento, vez que, ao apresentar comprovante de estarem seus engenheiros registrados no CREA da região de sua sede, entendeu ter cumprido com o requisito técnico para a sua habilitação na concorrência, tendo deixado de considerar a exigência contida no item 6.3, *a*, do Edital, na suposição de que consubstanciasse um mero equívoco de redação.

2. É ilegal a exigência de que as licitantes devam possuir engenheiros registrados no CREA da região do órgão licitador, como condição de participação no certame. As empresas de engenharia, para operarem no País, bem como seus engenheiros, devem registrar-se no CREA, e em razão desse registro tornam-se iguais, para fins licitatórios.

Não é legítimo discriminar empresas registradas no CREA de outros Estados. A maneira como a Comissão interpreta a condição do ato convocatório que ora se ataca provoca uma desigualdade absolutamente inconstitucional, pelo que o julgamento da habilitação nela estribado não pode produzir, validamente, efeitos jurídicos.

Tanto o art. 37, inciso XXI, da Constituição Federal, quanto o inciso I do § 1º do art. 3º da Lei 8.666/93, proíbem inserir nos editais cláusulas ou condições que restrinjam ou frustrem o caráter competitivo do procedimento licitatório. Do mesmo modo, dar-lhes interpretação com esse sentido.

LICITAÇÃO - *Teoria e Prática*

3. Por conter o julgamento da habilitação uma exigência ilegal, deve ser anulado. Em conseqüência, a ora recorrente deve ser admitida a participar do certame, habilitada como as demais concorrentes, caso não se entenda por anular todo o procedimento.

Diante do exposto, requer a Vossa Excelência, na hipótese de a Comissão de Licitação não reconsiderar sua decisão, no prazo de 5 (cinco) dias úteis como lhe faculta o § 4º do art. 109 da Lei 8.666/93, que acolha as razões ora apresentadas, julgando procedente o presente Recurso, como imperativo de Justiça.

N. Termos
P. Deferimento.

Entrevero, 22 de março de 1999.

Zaino Engenharia Ltda.

A Comissão poderá, examinando o recurso e acolhendo suas razões, modificar sua decisão e divulgar nova lista de habilitados, depois que dele tiver enviado cópia às demais licitantes para eventuais impugnações, em 5 dias úteis. Após o prazo e se não prover o recurso, informar o processo, fazendo-o subir à autoridade superior. É possível recorrer tanto da própria inabilitação quanto da habilitação de outrem, inclusive cumulando as situações num mesmo recurso. Na hipótese enfocada, a decisão correta será anular o julgamento da habilitação para que outro seja proferido, sem a ilegalidade.

31. RECURSO DO JULGAMENTO DAS PROPOSTAS

O fundamento jurídico do pedido é o art. 109, I, *b*, da Lei 8.666/93. O prazo é de cinco dias úteis da intimação do ato ou, se presente, da lavratura da ata correspondente. Tem efeito suspensivo.

Excelentíssimo Senhor Prefeito Municipal de Rabanetes

PROENG - Projetos de Engenharia Ltda., sociedade inscrita no CGC/MF sob nº 112233, com sede na Rua Zero, nº 100, em Fiado, Estado de Devedores, por seu representante legal abaixo assinado, vem mui respeitosamente perante Vossa Excelência, nos autos do processo da Licitação nº 10/99, da qual participa, interpor o presente recurso do julgamento das propostas (Julgamento da Licitação), com amparo no art. 109, I, *b*, da Lei 8.666/93, de 21.6.93, com as alterações subseqüentes, o que faz nos seguintes termos:

1- A Prefeitura Municipal de Rabanetes fez publicar, através de sua Comissão Permanente de Licitações, edital de concorrência para contratação de projeto básico de obra de engenharia, conforme especificado, adotando a técnica e preço como tipo para o certame.

A douta Comissão de Licitação julgou as propostas e classificou em primeiro lugar a concorrente Sandra & Risco Projetos Ltda., a quem se adjudicou o objeto licitado, por considerar sua proposta a mais vantajosa para a Municipalidade, vez que o respectivo preço, com os descontos oferecidos, situou-se abaixo daqueles ofertados pelas demais concorrentes.

Inconformada com esse julgamento, vem a Suplicante dele recorrer, por considerá-lo viciado de ilegalidade. Com efeito, na licitação de técnica e preço a avaliação e classificação das propostas se faz com base nos critérios constantes do ato convocatório, levando-se em conta, além do preço, a qualidade técnica da proposta. Diz a Lei 8.666/93, no inciso II do § 2º do art. 46, que

"A classificação dos proponentes far-se-á de acordo com a média ponderada das valorizações das propostas técnicas e de preços, de acordo com os pesos preestabelecidos no instrumento convocatório".

Ora, muito embora o edital previsse, no item 8.1, que "A classificação das propostas far-se-ia na forma preconizada em lei", não foi efetuada pela Comissão Julgadora a média ponderada entre os pesos atribuídos à proposta técnica e à proposta de preços. Simplesmente considerou aceitável a técnica proposta pelas concorrentes e decidiu pelo menor preço, exclusivamente.

LICITAÇÃO - *Teoria e Prática*

2. Diz o art. 3º da Lei nº 8.666/93, que

"A licitação destina-se a garantir a observância do princípio constitucional da isonomia e a selecionar a proposta mais vantajosa para a Administração e será processada e julgada em estrita conformidade com os tipos de licitação, os princípios básicos da legalidade, da impessoalidade, da moralidade, da igualdade, da publicidade, da probidade administrativa, da vinculação ao instrumento convocatório, do julgamento objetivo e dos que lhe são correlatos".

A vinculação ao edital constitui um princípio básico, proclamado na lei, segundo o qual autoridades licitantes, em todas as fases do procedimento, devem submeter-se aos termos do ato convocatório. Não ser legítimo fixar no edital a forma de participação dos licitantes, as condições em que devam formular suas propostas e, depois, desconsiderá-las, aceitando documentos e propostas desconformes com as condições preestabelecidas.

"O edital - ensinava Hely Lopes Meirelles - é a lei interna da licitação, e, como tal, vincula aos seus termos tanto os licitantes quanto a Administração que o expediu. É impositivo para ambas as partes e para todos os interessados na licitação (Estatuto, art. 33). O mesmo ocorre com o convite, que é um edital restrito. Se o edital se revelar falho ou inadequado aos propósitos da Administração, poderá ser corrigido a tempo, através de alteração de itens, aditamento ou novo edital, sempre com republicação e reabertura do prazo, desde que afete a elaboração das propostas" (*in Licitação e Contrato Administrativo*, São Paulo, Ed. Revista dos Tribunais, 1983, p. 27).

No caso da Licitação nº 44/99, não foi correto o julgamento que levou em conta o preço, exclusivamente, sem com ele ponderar os fatores de qualidade técnica da proposta, conforme o edital previa, em consonância com a lei. Não houve julgamento vinculado ao critério do edital, desconsiderando-se a regra do art. 44 da Lei nº 8.666/93, segundo a qual a Comissão, ao julgar, não pode descumprir as normas e condições do ato convocatório.

É de Celso Antônio Bandeira de Mello, também a propósito da vinculação ao edital, a seguinte lição:

"A Administração não poder ser mais benevolente ou mais estrita, na apreciação da idoneidade dos licitantes do que lhe permitam os critérios fixados no edital. Assim, também, ao julgar as propostas, em nada poderá se afastar dos termos ali prescritos, de tal sorte que qualquer vantagem, porventura constante de alguma oferta mas não prevista como admissível pelo teor do edital, obrigatoriamente ser desconsiderada".

3. Houve, Senhor Prefeito, no julgamento ora recorrido, desobediência ao preceito do art. 45 da Lei de licitações, segundo o qual

"O julgamento das propostas ser objetivo, devendo a Comissão de Licitação ou responsável pelo convite realizá-lo em conformidade com os tipos de licitação, os critérios previamente estabelecidos no ato convocatório e de acordo com os fatores exclusivamente nele referidos, de maneira a possibilitar sua aferição pelos licitantes e pelos órgãos de controle".

Ora, se o edital previu que "a classificação das propostas far-se-ia na forma preconizada na lei", e para isso estabeleceu pontuação classificatória às condições técnicas da proposta, não poderia afastar-se desse critério e julgar as ofertas técnicas como simplesmente "aceitáveis", decidindo o certame pelo preço. Tivesse a Comissão considerado os valores atribuídos às ofertas e efetuado a média ponderada prevista no edital e na lei, o resultado da licitação seria outro, com a classificação em 1º lugar de outra concorrente que não a ilegalmente proclamada vencedora.

O art. 49 da Lei nº 8.666/93, preceitua que

"A autoridade competente para a aprovação do procedimento deverá anular a licitação, por ilegalidade, de ofício ou por provocação de terceiros, mediante parecer escrito e devidamente fundamentado".

Constituiu-se a ilegalidade na desobediência aos incisos I e II do § 1º do art. 46 da lei, devendo a fase de julgamento e classificação das propostas, e subseqüente adjudicação serem anuladas, para efeito de se repeti-la, mediante cálculos corretos, que resultem na adjudicação verdadeira.

Diante do exposto e com fundamento no art. 49 da Lei de licitações, a licitante signatária requer a anulação do julgamento da Licitação nº 44/99, pela ocorrência de descumprimento de requisito essencial para a sua validade, procedendo-se a nova decisão que leve em conta o critério de julgamento previsto no edital e na lei, como imperativo de Justiça.

N. Termos
P. Deferimento.

Rabanetes, 30 de setembro de 1999.

PROENG - Projetos de Engenharia Ltda.

32. REPRESENTAÇÃO

O fundamento jurídico do pedido é o art. 5º, XXXIV, *a*, da Constituição Federal e os arts. 109, II, e 113, § 1º, da Lei nº 8.666/93.

O prazo é de cinco dias úteis da intimação de decisão relacionada com o objeto da licitação ou do contrato, de que não caiba recurso hierárquico.

Excelentíssimo Sr. Presidente do Tribunal de Contas da União

Cornéllio Secco & Cia. Ltda., sociedade comercial inscrita no CGC/MF sob nº 131313, com sede na Av. Escura, nº 567, em Vila Alegre, Estado de Bombachudos, por seu representante legal abaixo assinado, vem mui respeitosamente perante Vossa Excelência, com amparo no art. 5º, XXXIV, *a*, da Constituição Federal, e art. 109, II, da Lei nº 8.666/93, com as alterações subseqüentes, representar contra o Sr. Presidente da Companhia Nacional de Serviços Gráficos, entidade paraestatal federal prestadora do serviço público de Mineração, pelas razões de fato e de direito a seguir expostas:

1. A Companhia Nacional de Mineração, em 19 de janeiro de 1999, promoveu a licitação nº 17/99, na modalidade de concorrência, tendo por objeto o fornecimento de brocas metálicas, conforme edital, em anexo.

Julgado o certame, foi a suplicante classificada em primeiro lugar, como consta da "Ata de Julgamento e Classificação das Propostas" datada de 12 de março de 1999, cópia em anexo.

Ocorre que, decorridos mais de quatro meses que o processo licitatório foi enviado pela Comissão Julgadora ao Sr. Presidente da Companhia, para homologação, como estabelecido no ato convocatório, até esta data aquela autoridade não praticou o ato de controle previsto no art. 43, VI, da Lei nº 8.666/93, confirmando a classificação das propostas e conseqüente adjudicação do contrato à licitante vencedora.

2. A omissão injustificada da autoridade superior em decidir pela homologação do certame - que se comenta estribada em mera discriminação político-partidária - vem acarretando irreparáveis prejuízos à suplicante, que na expectativa de vir a firmar a contratação correspondente, tem deixado de participar de outras licitações para evitar que novos compromissos possam, eventualmente, prejudicar a execução contratual do que lhe for adjudicado.

Não houve recurso, nem há motivos legais que possam justificar essa atitude, que só prejudica a suplicante, sabedora de que, após a homologação do procedimento, estará vinculada a todos os encargos estabelecidos no edital e aos prometidos na sua proposta (Hely Lopes Meirelles, *in Licitação e Contrato Administrativo*, São Paulo, Ed. RT, 1983, p. 154).

3. Ora, começado o procedimento licitatório, deve ele, obrigatoriamente, ser encerrado, concluído, pela homologação, salvo hipóteses de invalidação ou revogação justificadas. Constitui-se a homologação no

"ato pelo qual a autoridade superior reconhece ou não a validade do julgamento da Comissão" (Raul Armando Mendes, *in Comentários ao Estatuto das Licitações e Contratos Administrativos*, São Paulo, Ed. Saraiva, 1988, p. 119).

Imprescindível, portanto, pela natureza jurídica do instituto da licitação, a integração do procedimento através da sua prontificação, do seu encerramento, o que se dá pelo ato homologatório, quando não se decide pela anulação ou revogação justificadas.

Considerando que esse Egrégio Tribunal de Contas, no exercício de sua competência de controle das despesas decorrentes dos contratos regidos pela lei de licitações, com base no § 1º, do art. 113 da Lei nº 8.666/93, poderá expedir instruções complementares reguladoras dos procedimentos licitatórios, que propiciem solução para a irregularidade ora comunicada, requer a suplicante a instauração do competente procedimento, com essa finalidade, apurando-se responsabilidades, se for o caso.

N. Termos
P. Acolhimento.

Vila Alegre, 15 de dezembro de 1999.

Cornélio Secco & Cia. Ltda.

LICITAÇÃO - *Teoria e Prática*

TERCEIRA PARTE

Legislação

Licitações e Contratos

LEI N° 8.666, DE 21 DE JUNHO DE 1993
Atualizada pelas Leis 8.883/94, 9.032/95 e 9.648/98

Regulamenta o art. 37, inciso XXI, da Constituição Federal, institui normas para licitações e contratos da Administração Pública e dá outras providências.

O Presidente da República
Faço saber que o Congresso Nacional decreta e eu sanciono a seguinte Lei:

Capítulo I - Das disposições gerais

Seção I - Dos princípios

Art. 1° - Esta Lei estabelece normas gerais sobre licitações e contratos administrativos pertinentes a obras, serviços, inclusive de publicidade, compras, alienações e locações no âmbito dos Poderes da União, dos Estados, do Distrito Federal e dos Municípios.

Parágrafo único - Subordinam-se ao regime desta Lei, além dos órgãos da administração direta, os fundos especiais, as autarquias, as fundações públicas, as empresas públicas, as sociedades de economia mista e demais entidades controladas direta ou indiretamente pela União, Estados, Distrito Federal e Municípios.

Art. 2° - As obras, serviços, inclusive de publicidade, compras, alienações, concessões, permissões e locações da Administração Pública, quando contratadas com terceiros, serão necessariamente precedidas de licitação, ressalvadas as hipóteses previstas nesta Lei.

Parágrafo único - Para os fins desta Lei, considera-se contrato todo e qualquer ajuste entre órgãos ou entidades da Administração Pública e particulares, em que haja um acordo de vontade para a formação de vínculo e a estipulação de obrigações recíprocas, seja qual for a denominação utilizada.

Art. 3° - A licitação destina-se a garantir a observância do princípio constitucional da isonomia e a selecionar a proposta mais vantajosa para a Administração e será processada e julgada em estrita conformidade com os princípios básicos da legalidade, da impessoalidade, da moralidade, da igualdade, da publicidade, da probidade administrativa, da vinculação ao instrumento convocatório, do julgamento objetivo e dos que lhe são correlatos.

§ 1° - É vedado aos agentes públicos:

I - admitir, prever, incluir ou tolerar, nos atos de convocação, cláusulas ou condições que comprometam, restrinjam ou frustrem o seu caráter competitivo e estabeleçam preferências ou distinções em razão da naturalidade, da sede ou domicílio dos licitantes ou de

LICITAÇÃO - *Teoria e Prática*

183

qualquer outra circunstância impertinente ou irrelevante para o específico objeto do contrato;

II - estabelecer tratamento diferenciado de natureza comercial, legal, trabalhista, previdenciária ou qualquer outra, entre empresas brasileiras e estrangeiras, inclusive no que se refere a moeda, modalidade e local de pagamentos, mesmo quando envolvidos financiamentos de agências internacionais, ressalvado o disposto no parágrafo seguinte e no art. 3º da Lei nº 8.248, de 23 de outubro de 1991.

§ 2º - Em igualdade de condições, como critério de desempate, será assegurada preferência, sucessivamente, aos bens e serviços:

I - produzidos ou prestados por empresas brasileiras de capital nacional;

II - produzidos no País;

III - produzidos ou prestados por empresas brasileiras.

§ 3º - A licitação não será sigilosa, sendo públicos e acessíveis ao público os atos de seu procedimento, salvo quanto ao conteúdo das propostas, até a respectiva abertura.

§ 4º - (vetado)

Art. 4º - Todos quantos participem de licitação promovida pelos órgãos ou entidades a que se refere o art. 1º têm direito público subjetivo à fiel observância do pertinente procedimento estabelecido nesta Lei, podendo qualquer cidadão acompanhar o seu desenvolvimento, desde que não interfira de modo a perturbar ou impedir a realização dos trabalhos.

Parágrafo único - O procedimento licitatório previsto nesta Lei caracteriza ato administrativo formal, seja ele praticado em qualquer esfera da Administração Pública.

Art. 5º - Todos os valores, preços e custos utilizados nas licitações terão como expressão monetária a moeda corrente nacional, ressalvado o disposto no art. 42 desta Lei, devendo cada unidade da Administração, no pagamento das obrigações relativas ao fornecimento de bens, locações, realização de obras e prestação de serviços, obedecer, para cada fonte diferenciada de recursos, à estrita ordem cronológica das datas de suas exigibilidades, salvo quando presentes relevantes razões de interesse público e mediante prévia justificativa da autoridade competente, devidamente publicada.

§ 1º - Os créditos a que se referem este artigo terão seus valores corrigidos por critérios previstos no ato convocatório e que lhes preservem o valor.

§ 2º - A correção de que trata o parágrafo anterior, cujo pagamento será feito junto com o principal, correrá à conta das mesmas dotações orçamentárias que atenderam aos créditos a que se referem.

§ 3º - Observado o disposto no *caput*, os pagamentos decorrentes de despesas cujos valores não ultrapassem o limite de que trata o inciso II do art. 24, sem prejuízo de que dispõe seu parágrafo único, deverão ser efetuados no prazo de até 5 (cinco) dias úteis, contados da apresentação da fatura.

• *Alterado pela Lei nº 9.648/98.*

Seção II - Das definições

Art. 6º - Para os fins desta Lei, considera-se:

I - Obra - toda construção, reforma, fabricação, recuperação ou ampliação, realizada por execução direta ou indireta;

II - Serviço - toda atividade destinada a obter determinada utilidade de interesse para a Administração, tais como: demolição, conserto, instalação, montagem, operação, conservação, reparação, adaptação, manutenção, transporte, locação de bens, publicidade, seguro ou trabalhos técnico-profissionais;

III - Compra - toda aquisição remunerada de bens para fornecimento de uma só vez ou parceladamente;

IV - Alienação - toda transferência de domínio de bens a terceiros;

V - Obras, serviços e compras de grande vulto - aquelas cujo valor estimado seja superior a 25 (vinte e cinco) vezes o limite estabelecido na alínea c do inciso I do art. 23 desta Lei;

VI - Seguro-Garantia - o seguro que garante o fiel cumprimento das obrigações assumidas por empresas em licitações e contratos;

VII - Execução direta - a que é feita pelos órgãos e entidades da Administração, pelos próprios meios;

VIII - Execução indireta - a que o órgão ou entidade contrata com terceiros, sob qualquer dos seguintes regimes:

a) empreitada por preço global - quando se contrata a execução da obra ou do serviço por preço certo e total;

b) empreitada por preço unitário - quando se contrata a execução da obra ou do serviço por preço certo de unidades determinadas;

c) (vetado)

d) tarefa - quando se ajusta mão-de-obra para pequenos trabalhos por preço certo, com ou sem fornecimento de materiais;

e) empreitada integral - quando se contrata um empreendimento em sua integralidade, compreendendo todas as etapas das obras, serviços e instalações necessárias, sob inteira responsabilidade da contratada até sua entrega ao contratante em condições de entrada em operação, atendidos os requisitos técnicos e legais para sua utilização em condições de segurança estrutural e operacional e com as características adequadas às finalidades para que foi contratada;

IX - Projeto Básico - conjunto de elementos necessários e suficientes, com nível de precisão adequado, para caracterizar a obra ou serviço, ou complexo de obras ou serviços objeto da licitação, elaborado com base nas indicações dos estudos técnicos preliminares, que assegurem a viabilidade técnica e o adequado tratamento do impacto ambiental do empreendimento, e que possibilite a avaliação do custo da obra e a definição dos métodos e do prazo de execução, devendo conter os seguintes elementos:

a) desenvolvimento da solução escolhida de forma a fornecer visão global da obra e identificar todos os seus elementos constitutivos com clareza;

b) soluções técnicas globais e localizadas, suficientemente detalhadas, de forma a minimizar a necessidade de reformulação ou de variantes durante as fases de elaboração do projeto executivo e de realização das obras e montagem;

c) identificação dos tipos de serviços a executar e de materiais e equipamentos a incorporar à obra, bem como suas especificações que assegurem os melhores resultados para o empreendimento, sem frustrar o caráter competitivo para a sua execução;

d) informações que possibilitem o estudo e a dedução de métodos construtivos, instalações provisórias e condições organizacionais para a obra, sem frustrar o caráter competitivo para a sua execução;

e) subsídios para montagem do plano de licitação e gestão da obra, compreendendo a sua programação, a estratégia de suprimentos, as normas de fiscalização e outros dados necessários em cada caso;

f) orçamento detalhado do custo global da obra, fundamentado em quantitativos de serviços e fornecimentos propriamente avaliados;

X - Projeto Executivo - o conjunto dos elementos necessários e suficientes à execução completa da obra, de acordo com as normas pertinentes da Associação Brasileira de Normas Técnicas - ABNT;

XI - Administração Pública - a administração direta e indireta da União, dos Estados, do Distrito Federal e dos Municípios, abrangendo inclusive as entidades com personalidade jurídica de direito privado sob controle do poder público e das fundações por ele instruídas ou mantidas;

XII - Administração - órgão, entidade ou unidade administrativa pela qual a Administração Pública opera e atua concretamente;

XIII - Imprensa oficial - veículo oficial de divulgação da Administração Pública, sendo para a União o Diário Oficial da União, e, para os Estados, o Distrito Federal e os Municípios, o que for definido nas respectivas leis;

XIV - Contratante - é o órgão ou entidade signatária do instrumento contratual;

XV - Contratado - a pessoa física ou jurídica signatária de contrato com a Administração Pública;

XVI - Comissão - comissão, permanente ou especial, criada pela Administração com a função de receber, examinar e julgar todos os documentos e procedimentos relativos às licitações e ao cadastramento de licitantes.

Seção III - Das obras e serviços

Art. 7º - As licitações para a execução de obras e para a prestação de serviços obedecerão ao disposto neste artigo e, em particular, à seguinte seqüência:

I - projeto básico;

II - projeto executivo;

III - execução das obras e serviços.

§ 1º - A execução de cada etapa será obrigatoriamente precedida da conclusão e aprovação, pela autoridade competente, dos trabalhos relativos às etapas anteriores, à exceção do projeto executivo, o qual poderá ser desenvolvido concomitantemente com a execução das obras e serviços, desde que também autorizado pela Administração.

§ 2º - As obras e os serviços somente poderão ser licitados quando:

I - houver projeto básico aprovado pela autoridade competente e disponível para exame dos interessados em participar do processo licitatório;

II - existir orçamento detalhado em planilhas que expressem a composição de todos os seus custos unitários;

III - houver previsão de recursos orçamentários que assegurem o pagamento das obrigações decorrentes de obras ou serviços a serem executadas no exercício financeiro em curso, de acordo com o respectivo cronograma;

IV - o produto dela esperado estiver contemplado nas metas estabelecidas no Plano Plurianual de que trata o art. 165 da Constituição Federal, quando for o caso.

§ 3º - É vedado incluir no objeto da licitação a obtenção de recursos financeiros para sua execução, qualquer que seja a sua origem, exceto nos casos de empreendimentos executados e explorados sob o regime de concessão, nos termos da legislação específica.

§ 4º - É vedada, ainda, a inclusão, no objeto da licitação, de fornecimento de materiais e serviços sem previsão de quantidades ou cujos quantitativos não correspondam às previsões reais do projeto básico ou executivo.

§ 5º - É vedada a realização de licitação cujo objeto inclua bens e serviços sem similaridade ou de marcas, características e especificações exclusivas, salvo nos casos em que for tecnicamente justificável ou ainda quando o fornecimento de tais materiais e serviços for feito sob o regime de administração contratada, previsto e discriminado no ato convocatório.

§ 6º - A infringência do disposto neste artigo implica a nulidade dos atos ou contratos realizados e a responsabilidade de quem lhes tenha dado causa.

§ 7º - Não será ainda computado como valor da obra ou serviço, para fins de julgamento das propostas de preços, a atualização monetária das obrigações de pagamento, desde a data final de cada período de aferição até a do respectivo pagamento, que será calculada pelos mesmos critérios estabelecidos obrigatoriamente no ato convocatório.

§ 8º - Qualquer cidadão poderá requerer à Administração Pública os quantitativos das obras e preços unitários de determinada obra executada.

§ 9º - O disposto neste artigo aplica-se também, no que couber, aos casos de dispensa e de inexigibilidade de licitação.

Art. 8º - A execução das obras e dos serviços deve programar-se, sempre, em sua totalidade, previstos seus custos atual e final e considerados os prazos de sua execução.

Parágrafo único - É proibido o retardamento imotivado da execução de obra ou serviço, ou de suas parcelas, se existente previsão orçamentária para sua execução total, salvo insuficiência financeira ou comprovado motivo de ordem técnica, justificados em despacho circunstanciado da autoridade a que se refere o artigo 26 desta Lei.

Art. 9º - Não poderá participar, direta ou indiretamente, da licitação ou da execução de obra ou serviço e do fornecimento de bens a eles necessários:

I - o autor do projeto, básico ou executivo, pessoa física ou jurídica;

II - empresa, isoladamente ou em consórcio, responsável pela elaboração do projeto básico ou executivo ou da qual o autor do projeto seja dirigente, gerente, acionista ou detentor de mais de 5% (cinco por cento) do capital com direito a voto ou controlador, responsável técnico ou subcontratado;

III - servidor ou dirigente de órgão ou entidade contratante ou responsável pela licitação.

§ 1º - É permitida a participação do autor do projeto ou da empresa a que se refere o inciso II deste artigo, na licitação de obra ou serviço, ou na execução, como consultor técnico, nas funções de fiscalização, supervisão ou gerenciamento, exclusivamente a serviço da Administração interessada.

§ 2º - O disposto neste artigo não impede a licitação ou contratação de obra ou serviço que inclua a elaboração de projeto executivo como encargo do contratado ou pelo preço previamente fixado pela Administração.

§ 3º - Considera-se participação indireta, para fins do disposto neste artigo, a existência de qualquer vínculo de natureza técnica, comercial, econômica, financeira ou trabalhista entre o autor do projeto, pessoa física ou jurídica, e o licitante ou responsável pelos serviços, fornecimentos e obras, incluindo-se os fornecimentos de bens e serviços a estes necessários.

§ 4º - O disposto no parágrafo anterior aplica-se aos membros da comissão de licitação.

Art. 10 - As obras e serviços poderão ser executados nas seguintes formas:

I - execução direta;

II - execução indireta, nos seguintes regimes:

a) empreitada por preço global;

b) empreitada por preço unitário;

c) (vetado)

d) tarefa;

e) empreitada integral.

Parágrafo único - (vetado)

Art. 11 - As obras e serviços destinados aos mesmos fins terão projetos padronizados por tipos, categorias ou classes, exceto quando o projeto-padrão não atender às condições peculiares do local ou às exigências específicas do empreendimento.

Art. 12 - Nos projetos básicos e projetos executivos de obras e serviços serão considerados principalmente os seguintes requisitos:

I - segurança;

II - funcionalidade e adequação ao interesse público;

III - economia na execução, conservação e operação;

IV - possibilidade de emprego de mão-de-obra, materiais, tecnologia e matérias-primas existentes no local para execução, conservação e operação;

V - facilidade na execução, conservação e operação, sem prejuízo de durabilidade da obra ou do serviço;

VI - adoção das normas técnicas, de saúde e de segurança do trabalho adequadas;

VII - impacto ambiental.

LICITAÇÃO - *Teoria e Prática*

Seção IV - Dos serviços técnicos profissionais especializados

Art. 13 - Para os fins desta Lei, consideram-se serviços técnicos profissionais especializados os trabalhos relativos a:

I - estudos técnicos, planejamentos e projetos básicos ou executivos;

II - pareceres, perícias e avaliações em geral;

III - assessorias ou consultorias técnicas e auditorias financeiras ou tributárias;

IV - fiscalização, supervisão ou gerenciamento de obras ou serviços;

V - patrocínio ou defesa de causas judiciais ou administrativas;

VI - treinamento e aperfeiçoamento de pessoal;

VII - restauração de obras de arte e bens de valor histórico.

VIII - (vetado)

§ 1º - Ressalvados os casos de inexigibilidade de licitação, os contratos para a prestação de serviços técnicos profissionais especializados deverão, preferencialmente, ser celebrados mediante a realização de concurso, com estipulação prévia de prêmio ou remuneração.

§ 2º - Aos serviços técnicos previstos neste artigo aplica-se, no que couber, o disposto no art. 111 desta Lei.

§ 3º - A empresa de prestação de serviços técnicos especializados que apresente relação de integrantes de seu corpo técnico em procedimento licitatório ou como elemento de justificação de dispensa ou inexigibilidade de licitação, ficará obrigada a garantir que os referidos integrantes realizem pessoal e diretamente os serviços objeto do contrato.

Seção V - Das compras

Art. 14 - Nenhuma compra será feita sem a adequada caracterização de seu objeto e indicação dos recursos orçamentários para seu pagamento, sob pena de nulidade do ato e responsabilidade de quem lhe tiver dado causa.

Art. 15 - As compras, sempre que possível deverão:

I - atender ao princípio da padronização, que imponha compatibilidade das especificações técnicas e de desempenho, observadas, quando for o caso, as condições de manutenção, assistência técnica e garantia oferecidas;

II - ser processadas através de sistema de registro de preços;

III - submeter-se às condições e pagamento semelhantes às do setor privado;

IV - ser subdivididas em tantas parcelas quantas necessárias para aproveitar as peculiaridades do mercado, visando à economicidade;

V - balizar-se pelos preços praticados no âmbito dos órgãos e entidades da Administração Pública.

§ 1º - O registro de preços será precedido de ampla pesquisa de mercado.

§ 2º - Os preços registrados serão publicados trimestralmente para orientação da Administração, na imprensa oficial.

§ 3º - O sistema de registro de preços será regulamentado por decreto, atendidas as peculiaridades regionais, observadas as seguintes condições:

I - seleção feita mediante concorrência;

II estipulação prévia do sistema de controle e atualização dos preços registrados;

III - validade do registro não superior a um ano.

§ 4º - A existência de preços registrados não obriga a Administração a firmar as contratações que deles poderão advir, ficando-lhe facultada a utilização de outros meios, respeitada a legislação relativa às licitações, sendo assegurado ao beneficiário do registro preferência em igualdade de condições.

§ 5º - O sistema de controle originado no quadro geral de preços, quando possível, deverá ser informatizado.

§ 6º - Qualquer cidadão é parte legítima para impugnar preço constante do quadro geral em razão de incompatibilidade desse com o preço vigente no mercado.

§ 7º - Nas compras deverão ser observadas, ainda:

I - a especificação completa do bem a ser adquirido sem indicação de marca;

II - a definição das unidades e das quantidades a serem adquiridas em função do consumo e utilização prováveis, cuja estimativa será obtida, sempre que possível, mediante adequadas técnicas quantitativas de estimação;

III - as condições de guarda e armazenamento que não permitam a deterioração do material.

§ 8º - O recebimento de material de valor superior ao limite estabelecido no art. 23 desta Lei, para a modalidade de convite, deverá ser confiado a uma comissão de, no mínimo, 3 (três) membros.

• *Vide Decreto 2.743/98.*

Art. 16 - Será dada publicidade, mensalmente, em órgão de divulgação oficial ou em quadro de avisos de amplo acesso público, à relação de todas as compras feita pela Administração direta ou indireta, de maneira a clarificar a identificação do bem comprado, seu preço unitário, a quantidade adquirida, o nome do vendedor e o valor total da operação, podendo ser aglutinadas por itens as compras feitas com dispensa e inexigibilidade de licitação.

Parágrafo único. O disposto neste artigo não se aplica aos casos de dispensa de licitação previstos no inciso IX do art. 24.

Seção VI - Das alienações

Art. 17 - A alienação de bens da Administração Pública, subordinada à existência de interesse público devidamente justificado, será precedida de avaliação e obedecerá às seguintes normas:

I - quando imóveis, dependerá de autorização legislativa para órgão da administração direta e entidades autárquicas e fundacionais e, para todos, inclusive as entidades paraestatais, dependerá de avaliação prévia e de licitação na modalidade de concorrência, dispensada esta nos seguintes casos:

a) dação em pagamento;

b) doação, permitida exclusivamente para outro órgão ou entidade da Administração Pública, de qualquer esfera de governo;

c) permuta, por outro imóvel que atenda aos requisitos constantes do inciso X do art. 24 desta Lei;

d) investidura;

e) venda a outro órgão ou entidade da administração pública, de qualquer esfera de governo;

f) alienação, concessão de direito real de uso, locação ou permissão de uso de bens imóveis construídos e destinados ou efetivamente utilizados no âmbito de programas habitacionais de interesse social, por órgãos ou entidades da administração pública especificamente criados para esse fim;

II - quando móveis, dependerá de avaliação prévia e de licitação, dispensada esta nos seguintes casos:

a) doação, permitida exclusivamente para fins e uso de interesse social, após avaliação de sua oportunidade e conveniência socioeconômica, relativamente à escolha de outra forma de alienação;

b) permuta, permitida exclusivamente entre órgãos ou entidades da Administração Pública;

c) venda de ações, que poderão ser negociadas em bolsa, observada a legislação específica;

LICITAÇÃO - *Teoria e Prática*

189

d) venda de títulos, na forma da legislação pertinente;

e) venda de bens produzidos ou comercializados por órgãos ou entidades da Administração Pública, em virtude de suas finalidades;

f) venda de materiais e equipamentos para outros órgãos ou entidades da Administração Pública, sem utilização previsível por quem deles dispõe.

§ 1º - Os imóveis doados com base na alínea *b* do inciso I deste artigo, cessadas as razões que justificaram a sua doação, reverterão ao patrimônio da pessoa jurídica doadora, vedada a sua alienação pelo beneficiário.

§ 2º - A Administração poderá conceder direito real de uso de bens imóveis, dispensada licitação, quando o uso se destina a outro órgão ou entidade da Administração Pública.

§ 3º - Entende-se por investidura, para os fins desta Lei:

I - a alienação aos proprietários de imóveis lindeiros de área remanescente ou resultante de obra pública, área esta que se tornar inaproveitável isoladamente, por preço nunca inferior ao da avaliação e desde que esse não ultrapasse a 50% (cinqüenta por cento) do valor constante da alínea *a* do inciso II do art. 23 desta Lei;

II - a alienação, aos legítimos possuidores diretos ou, na falta destes, ao Poder Público, de imóveis para fins residenciais construídos em núcleos urbanos anexos a usinas hidrelétricas, desde que considerados dispensáveis na fase de operação dessas unidades e não integrem a categoria de bens reversíveis ao final da concessão.

• *Incisos acrescentados pela Lei 9.648/98.*

§ 4º - A doação com encargo será licitada e de seu instrumento constarão obrigatoriamente os encargos, o prazo de seu cumprimento e cláusula de reversão, sob pena de nulidade do ato, sendo dispensada a licitação no caso de interesse público devidamente justificado.

§ 5º - Na hipótese do parágrafo anterior, caso o donatário necessite oferecer o imóvel em garantia de financiamento, a cláusula de reversão e demais obrigações serão garantidas por hipoteca em 2º grau em favor do doador.

§ 6º - Para a venda de bens móveis avaliados, isolada ou globalmente, em quantia não superior ao limite previsto no art. 23, inciso II, alínea *b,* desta Lei, a Administração poderá permitir o leilão.

Art. 18 - Na concorrência para a venda de bens imóveis, a fase de habilitação limitar-se-á à comprovação do recolhimento de quantia correspondente a 5% (cinco por cento) da avaliação.

Art. 19 - Os bens imóveis da Administração Pública, cuja aquisição haja derivado de procedimentos judiciais ou de dação em pagamento, poderão ser alienados por ato da autoridade competente, observadas as seguintes regras:

I - avaliação dos bens alienáveis;

II - comprovação da necessidade ou utilidade da alienação;

III - adoção do procedimento licitatório, sob a modalidade de concorrência ou leilão.

Capítulo II - Da licitação

Seção I - Das modalidades, limites e dispensa

Art. 20 - As licitações serão efetuadas no local onde se situar a repartição interessada, salvo por motivo de interesse público, devidamente justificado.

Parágrafo único. O disposto neste artigo não impedirá a habilitação de interessados residentes ou sediados em outros locais.

Art. 21 - Os avisos contendo os resumos dos editais das concorrências e das tomadas de preços, dos concursos e dos leilões embora realizadas no local da repartição interessada, deverão ser publicados com antecedência, no mínimo, por uma vez:

I - no Diário Oficial da União, quando se tratar de licitação feita por órgão ou entidade da Administração Pública Federal e, ainda, quando se tratar de obras financiadas parcial ou totalmente com recursos federais ou garantidas por instituições federais;

II - no Diário Oficial do Estado, ou do Distrito Federal, quando se tratar respectivamente, de licitação feita por órgão ou entidade da Administração Pública Estadual ou Municipal, ou do Distrito Federal;

III - em jornal diário de grande circulação no Estado e também, se houver, em jornal de circulação no Município ou na região onde será realizada a obra, prestado o serviço, fornecido, alienado ou alugado o bem, podendo, ainda, a Administração, conforme o vulto da licitação, utilizar-se de outros meios de divulgação para ampliar a área de competição.

§ 1º - O aviso publicado conterá a indicação do local em que os interessados poderão ler e obter o texto integral do edital e todas as informações sobre a licitação.

§ 2º - O prazo mínimo até o recebimento das propostas ou da realização do evento será:

I - quarenta e cinco dias para:

a) concurso;

b) concorrência, quando o contrato a ser celebrado contemplar o regime de empreitada integral ou quando a licitação for do tipo *melhor técnica* ou *técnica e preço*;

II - trinta dias para:

a) concorrência, nos casos não especificados na alínea *b* do inciso anterior;

b) tomada de preços, quando a licitação for do tipo *melhor técnica* ou *técnica e preço*;

III - quinze dias para tomada de preços, nos casos não especificados na alínea *b* do inciso anterior, ou leilão;

IV - cinco dias úteis para convite.

§ 3º - Os prazos estabelecidos no parágrafo anterior serão contados a partir da última publicação do edital resumido ou da expedição do convite, ou ainda da efetiva disponibilidade do edital ou do convite e respectivos anexos, prevalecendo a data que ocorrer mais tarde.

§ 4º - Qualquer modificação no edital exige divulgação pela mesma forma que se deu o texto original, reabrindo-se o prazo inicialmente estabelecido, exceto quando, inquestionavelmente, a alteração não afetar a formulação das propostas.

Art. 22 - São modalidades de licitação:

I - concorrência;

II - tomada de preços;

III - convite;

IV - concurso;

V - leilão.

§ 1º - Concorrência é a modalidade de licitação entre quaisquer interessados que, na fase inicial de habilitação preliminar, comprovem possuir os requisitos mínimos de qualificação exigidos no edital para execução de seu objeto.

§ 2º - Tomada de preços é a modalidade de licitação entre interessados devidamente cadastrados ou que atenderem a todas as condições exigidas para cadastramento até o terceiro dia anterior à data do recebimento das propostas, observada a necessária qualificação.

§ 3º - Convite é a modalidade de licitação entre interessados do ramo pertinente ao seu objeto, cadastrados ou não, escolhidos e convidados em número mínimo de 3 (três) pela unidade administrativa, a qual afixará em local apropriado, cópia do instrumento convocatório e o estenderá aos demais cadastrados na correspondente especialidade que manifestarem seu interesse com antecedência de até 24 (vinte e quatro) horas da apresentação das propostas.

§ 4º - Concurso é a modalidade de licitação entre quaisquer interessados para escolha de trabalho técnico, científico ou artístico, mediante a instituição de prêmios ou remuneração

LICITAÇÃO - *Teoria e Prática*

aos vencedores, conforme critérios constantes de edital publicado na imprensa oficial com antecedência mínima de 45 (quarenta e cinco) dias.

§ 5º - Leilão é a modalidade de licitação entre quaisquer interessados para a venda de bens móveis inservíveis para a Administração ou de produtos legalmente apreendidos ou penhorados, ou para a alienação de bens imóveis prevista no art. 19, a quem oferecer o maior lance igual ou superior ao valor da avaliação.

§ 6º - Na hipótese do § 3º deste artigo, existindo na praça mais de três possíveis interessados a cada novo convite, realizado para objeto idêntico ou assemelhado, é obrigatório o convite a, no mínimo, mais um interessado, enquanto existirem cadastrados não convidados nas últimas licitações.

§ 7º - Quando, por limitações, do mercado ou manifesto desinteresse dos convidados, for impossível a obtenção do número mínimo de licitantes exigidos no § 3º deste artigo, essas circunstâncias deverão ser devidamente justificadas no processo, sob pena de repetição do convite.

§ 8º - É vedada a criação de outras modalidades de licitação ou a combinação das referidas neste artigo.

§ 9º - Na hipótese do § 2º deste artigo, a Administração somente poderá exigir do licitante não cadastrado os documentos previstos nos arts. 27 a 31, que comprovem habilitação compatível com o objeto da licitação nos termos do edital.

Art. 23 - As modalidades de licitação a que se referem os incisos I a III do artigo anterior serão determinadas em função dos seguintes limites, tendo em vista o valor estimado da contratação:

I - Para obras e serviços de engenharia:

a) convite - até R$ 150.000,00 (cento e cinqüenta mil reais);

b) tomada de preços - até R$ 1.500.000,00 (um milhão e quinhentos mil reais);

c) concorrência - acima de R$ 1.500.000,00 (um milhão e quinhentos mil reais);

II - para compras e serviços não referidos no inciso anterior:

a) convite - até R$ 80.000,00 (oitenta mil reais);

b) tomada de preços - até R$ 650.000,00 (seiscentos e cinqüenta mil reais);

c) concorrência - acima de R$ 650.000,00 (seiscentos e cinqüenta mil reais).

• *Incisos e alíneas alterados pela Lei 9.648, 27.05.98.*

§ 1º - As obras, serviços e compras efetuadas pela Administração serão divididas em tantas parcelas quantas se comprovarem técnica e economicamente viáveis, procedendo-se à licitação com vistas ao melhor aproveitamento dos recursos disponíveis no mercado e à ampliação da competitividade sem perda da economia de escala.

§ 2º - Na execução de obras e serviços e nas compras de bens, parceladas nos termos do parágrafo anterior, a cada etapa ou conjunto de etapas da obra, serviço ou compra há de corresponder licitação distinta, preservada a modalidade pertinente para a execução do objeto em licitação.

§ 3º - A concorrência é a modalidade de licitação cabível, qualquer que seja o valor de seu objeto tanto na compra ou alienação de bens imóveis, ressalvado o disposto no art. 19, como nas concessões de direito real de uso e nas licitações internacionais, admitindo-se neste último caso, observados os limites deste artigo, a tomada de preços, quando o órgão ou entidade dispuser de cadastro internacional de fornecedores ou o convite, quando não houver fornecedor do bem ou serviço no País.

§ 4º - Nos casos que couber convite, a Administração poderá utilizar a tomada de preços e, em qualquer caso, a concorrência.

§ 5º - É vedada a utilização da modalidade convite ou tomada de preços, conforme o caso, para parcelas de uma mesma obra ou serviço ou ainda para obras e serviços da mesma natureza e no mesmo local que possam ser realizadas conjunta e concomitantemente, sempre que o somatório de seus valores caracterizar o caso de tomada de preços ou concorrência, respectivamente, nos termos deste artigo, exceto para as parcelas de natureza específica que possam ser executadas por pessoas ou empresas de especialidade diversa daquele do executor da obra ou serviço.

§ 6º - As organizações industriais da Administração Federal direta, em face de suas peculiaridades, obedecerão aos limites estabelecidos no inciso I deste artigo também para suas compras e serviços em geral, desde que para aquisição de materiais aplicados exclusivamente na manutenção, reparo ou fabricação de meios operacionais bélicos pertencentes à União.

§ 7º - Na compra de bens de natureza divisível e desde que não haja prejuízo para o conjunto ou complexo, é permitida a cotação de quantidade inferior à demandada na licitação, com vistas a ampliação da competitividade, podendo o edital fixar quantitativo mínimo para preservar a economia de escala.

- *Parágrafo acrescentado pela Lei 9.648, de 27.05.98.*

Art. 24 - É dispensável a licitação:

I - para obras e serviços de engenharia de valor até 10% (dez por cento) do limite previsto na alínea *a* do inciso I do artigo anterior, desde que não se refiram a parcelas de uma mesma obra ou serviço ou ainda para obras e serviços da mesma natureza e no mesmo local que possam ser realizadas conjunta e concomitantemente;

II - para outros serviços e compras de valor até 10% (dez por cento) do limite previsto na alínea *a* no inciso II do artigo anterior, e para alienações, nos casos previstos nesta Lei, desde que não se refiram a parcelas de um mesmo serviço, compra ou alienação de maior vulto que possa ser realizada de uma só vez;

- *Incisos I e II alterados pela Lei 9.648, de 27.05.98.*

III - nos casos de guerra ou grave perturbação da ordem;

IV - nos casos de emergência ou de calamidade pública, quando caracterizada urgência de atendimento de situação que possa ocasionar prejuízo ou comprometer a segurança de pessoas, obras, serviços, equipamentos e outros bens, públicos ou particulares, e somente para os bens necessários ao atendimento da situação emergencial ou calamitosa e para as parcelas de obras e serviços que possam ser concluídas no prazo máximo de 180 (cento e oitenta) dias consecutivos e ininterruptos, contados da ocorrência da emergência ou calamidade, vedada a prorrogação dos respectivos contratos;

V - quando não acudirem interessados à licitação anterior e esta, justificadamente, não puder ser repetida sem prejuízo para a Administração, mantidas, neste caso, todas as condições preestabelecidas;

VI - quando a União tiver que intervir no domínio econômico para regular preços ou normalizar o abastecimento;

VII - quando as propostas apresentadas consignarem preços manifestamente superiores aos praticados no mercado nacional, ou forem incompatíveis com os fixados pelos órgãos oficiais competentes, casos em que, observado o parágrafo único do art. 48 desta Lei e, persistindo a situação, será admitida a adjudicação direta dos bens ou serviços por valor não superior ao constante do registro de preços, ou dos serviços;

VIII - para a aquisição, por pessoa jurídica de direito público interno, de bens produzidos ou serviços prestados por órgão ou entidade que integre a Administração Pública e que tenha sido criado para esse fim específico em data anterior à vigência desta Lei, desde que o preço contratado seja compatível com o praticado no mercado;

IX - quando houver possibilidade de comprometimento da segurança nacional, nos casos estabelecidos em decreto do Presidente da República, ouvido o Conselho de Defesa Nacional;

X - para compra ou locação de imóvel destinado ao atendimento das finalidades precípuas da Administração, cujas necessidades de instalação e localização condicionem a

---

LICITAÇÃO - *Teoria e Prática*

sua escolha, desde que o preço seja compatível com o valor de mercado, segundo avaliação prévia;

XI - na contratação de remanescente de obra, serviço ou fornecimento, em conseqüência de rescisão contratual, desde que atendida a ordem de classificação da licitação anterior e aceitas as mesmas condições oferecidas pelo licitante vencedor, inclusive quanto ao preço, devidamente corrigido;

XII - nas compras de hortifrutigranjeiros, pão e outros gêneros perecíveis, no tempo necessário para a realização dos processos licitatórios correspondentes, realizadas diretamente com base no preço do dia;

XIII - na contratação de instituição brasileira incumbida regimental ou estatutariamente da pesquisa, do ensino ou do desenvolvimento institucional, ou de instituição dedicada à recuperação social do preso, desde que a contratada detenha inquestionável reputação ético-profissional e não tenha fins lucrativos;

XIV - para a aquisição de bens ou serviços nos termos de acordo internacional específico aprovado pelo Congresso Nacional, quando as condições ofertadas forem manifestamente vantajosas para o Poder Público;

XV - para a aquisição ou restauração de obras de arte e objetos históricos, de autenticidade certificada, desde que compatíveis ou inerentes às finalidades do órgão ou entidade;

XVI - para a impressão dos diários oficiais, de formulários padronizados de uso da Administração, e de edições técnicas oficiais, bem como para a prestação de serviços de informática a pessoa jurídica de direito público interno, por órgãos ou entidades que integrem a Administração Pública, criados para esse fim específico;

XVII - para a aquisição de componentes ou peças de origem nacional ou estrangeira, necessários à manutenção de equipamentos durante o período de garantia técnica, junto ao fornecedor original desses equipamentos, quando tal condição de exclusividade for indispensável para a vigência da garantia;

XVIII - nas compras ou contratações de serviços para o abastecimento de navios, embarcações, unidades aéreas ou tropas e seus meios de deslocamento, quando em estada eventual de curta duração em portos, aeroportos ou localidades diferentes de suas sedes, por motivo de movimentação operacional ou de adestramento, quando a exigüidade dos prazos legais puder comprometer a normalidade e os propósitos das operações e desde que seu valor não exceda ao limite previsto na alínea *a* do inciso II do art. 23 desta lei;

XIX - para as compras de materiais de uso pelas Forças Armadas, com exceção de materiais de uso pessoal e administrativo, quando houver necessidade de manter a padronização requerida pela estrutura de apoio logístico dos meios navais, aéreos e terrestres, mediante parecer de comissão instituída por decreto;

XX - na contratação de associação de portadores de deficiência física, sem fins lucrativos e de comprovada idoneidade, por órgãos ou entidades da Administração Pública, para a prestação de serviços ou fornecimento de mão-de-obra, desde que o preço contratado seja compatível com o praticado no mercado;

XXI - para a aquisição de bens destinados exclusivamente a pesquisa científica e tecnológica com recursos concedidos pela CAPES, FINEP, CNPq ou outras instituições de fomento a pesquisa credenciadas pelo CNPq para esse fim específico;

XXII - na contratação do fornecimento ou suprimento de energia elétrica, com concessionário, permissionário ou autorizado, segundo as normas da legislação específica;

XXIII - na contratação realizada por empresa pública ou sociedade de economia mista com suas subsidiárias e controladas, para a aquisição ou alienação de bens, prestação ou obtenção de serviços, desde que o preço contratado seja compatível com o praticado no mercado;

• *Incisos XXI a XXIII alterados pela Lei 9.648, de 27.05.98.*

XXIV - para a celebração de contratos de prestação de serviços com as organizações sociais, qualificadas no âmbito das respectivas esferas do governo, para atividades contempladas no contrato de gestão.

Parágrafo único. Os percentuais referidos nos incisos I e II deste artigo, serão 20% (vinte por cento) para compras, obras e serviços contratados por sociedade de economia mista e empresa pública, bem assim por autarquia e fundação qualificadas, na forma da lei, como Agências Executivas.

• *Inciso XXIV e Par. único acrescentados pela Lei 9.648/98*

Art. 25 - É inexigível a licitação quando houver inviabilidade de competição, em especial:

I - para aquisição de materiais, equipamentos, ou gêneros que só possam ser fornecidos por produtor, empresa ou representante comercial exclusivo, vedada a preferência de marca, devendo a comprovação de exclusividade ser feita através de atestado fornecido pelo órgão de registro do comércio do local em que se realizaria a licitação ou a obra ou o serviço, pelo sindicato, Federação ou Confederação Patronal, ou, ainda, pelas entidades equivalentes;

II - para a contratação de serviços técnicos enumerados no art. 13 desta Lei, de natureza singular, com profissionais ou empresas de notória especialização, vedada a inexigibilidade para serviços de publicidade e divulgação;

III - para contratação de profissional de qualquer setor artístico, diretamente ou através de empresário exclusivo, desde que consagrado pela crítica especializada ou pela opinião pública.

§ 1º - Considera-se de notória especialização o profissional ou empresa cujo conceito no campo de sua especialidade, decorrente de desempenho anterior, estudos, experiências, publicações, organização, aparelhamento, equipe técnica, ou de outros requisitos relacionados com suas atividades, permita inferir que o seu trabalho é essencial e indiscutivelmente o mais adequado à plena satisfação do objeto do contrato.

§ 2º - Na hipótese deste artigo e em qualquer dos casos de dispensa, se comprovado superfaturamento, respondem solidariamente pelo dano causado à Fazenda Pública o fornecedor ou o prestador de serviços e o agente público responsável, sem prejuízo de outras sanções legais cabíveis.

Art. 26 - As dispensas previstas nos §§ 2º e 4º do art. 17 e nos incisos III a XXIV do art. 24, as situações de inexigibilidade referidas no art. 25, necessariamente justificadas, e o retardamento previsto no final do parágrafo único do art. 8º, deverão ser comunicados dentro de três dias a autoridade superior, para ratificação e publicação na imprensa oficial, no prazo de cinco dias, como condição para eficácia dos atos.

• *Nova redação dada pela Lei 9.648/98.*

Parágrafo único - O processo de dispensa, de inexigibilidade ou de retardamento, previsto neste artigo, será instruído, no que couber, com os seguintes elementos:

I - caracterização da situação emergencial ou calamitosa que justifique a dispensa, quando for o caso;

II - razão da escolha do fornecedor ou executante;

III - justificativa do preço.

IV - documento de aprovação dos projetos de pesquisa aos quais os bens serão alocados.

• *Acrescentado pela Lei 9.648, de 27.05.98.*

Seção II - Da habilitação

Art. 27 - Para a habilitação nas licitações exigir-se-á dos interessados, exclusivamente, documentação relativa a:

I - habilitação jurídica;

II - qualificação técnica;

LICITAÇÃO - *Teoria e Prática*

III - qualificação econômico-financeira;

IV - regularidade fiscal;

Art. 28 - A documentação relativa à habilitação jurídica, conforme o caso, constituirá em:

I - cédula de identidade;

II - registro comercial, no caso de empresa individual;

III - ato constitutivo, estatuto ou contrato social em vigor, devidamente registrado, em se tratando de sociedades comerciais, e, no caso de sociedades por ações, acompanhado de documentos de eleição de seus administradores;

IV - inscrição do ato constitutivo, no caso de sociedades civis, acompanhada de prova de diretoria em exercício;

V - decreto de autorização, em se tratando de empresa ou sociedade estrangeira em funcionamento no País, e ato de registro ou autorização para funcionamento expedido pelo órgão competente, quando a atividade assim o exigir.

Art. 29 - A documentação relativa à regularidade fiscal, conforme o caso, consistirá em:

I - prova de inscrição no Cadastro de Pessoas Físicas (CPF) ou no Cadastro Geral de Contribuintes (CGC);

II - prova de inscrição no cadastro de contribuintes estadual ou municipal, se houver, relativo ao domicílio ou sede do licitante, pertinente ao seu ramo de atividade compatível com o objeto contratual;

III - prova de regularidade para com as Fazendas Federal, Estadual e Municipal do domicílio ou sede do licitante, ou outra equivalente, na forma da lei;

IV - prova de regularidade relativa à Seguridade Social e ao Fundo de Garantia por Tempo de Serviço (FGTS), demonstrando situação regular no cumprimento dos encargos sociais instituídos por lei.

Art. 30 - A documentação relativa à qualificação técnica limitar-se-á a:

I - registro ou inscrição na entidade profissional competente;

II - comprovação de aptidão para desempenho de atividade pertinente e compatível em características, quantidades e prazos com o objeto da licitação, e indicação das instalações e do aparelhamento e do pessoal técnico adequados e disponíveis para a realização do objeto da licitação, bem como da qualificação de cada um dos membros da equipe técnica que se responsabilizará pelos trabalhos;

III - comprovação, fornecida pelo órgão licitante, de que recebeu os documentos, e, quando exigido, de que tomou conhecimento de todas as informações e das condições locais para o cumprimento das obrigações objeto da licitação;

IV - prova de atendimento de requisitos previstos em lei especial, quando for o caso.

§ 1º - A comprovação de aptidão referida no inciso II do *caput* deste artigo, no caso das licitações pertinentes a obras e serviços, será feita por atestados fornecidos por pessoas jurídicas de direito público ou privado, devidamente registrados nas entidades profissionais competentes, limitadas as exigências a:

I - capacitação técnico-profissional: comprovação do licitante de possuir em seu quadro permanente, na data prevista para entrega da proposta, profissional de nível superior ou outro devidamente reconhecido pela entidade competente, detentor de atestado de responsabilidade técnica por execução de obra ou serviço de características semelhantes, limitadas estas exclusivamente às parcelas de maior relevância e valor significativo do objeto da licitação, vedadas as exigências de quantidades mínimas ou prazos máximos;

II - (vetado)

a) (vetado)

b) (vetado)

§ 2º - As parcelas de maior relevância técnica e de valor significativo, mencionadas no parágrafo anterior, serão definidas no instrumento convocatório.

§ 3º - Será sempre admitida a comprovação de aptidão através de certidões ou atestados de obras ou serviços similares de complexidade tecnológica e operacional equivalente ou superior.

§ 4º - Nas licitações para fornecimento de bens, a comprovação de aptidão, quando for o caso, será feita através de atestados fornecidos por pessoa jurídica de direito público ou privado.

§ 5º - É vedada a exigência de comprovação de atividade ou de aptidão com limitações de tempo ou de época ou ainda em locais específicos, ou quaisquer outras não previstas nesta Lei, que inibam a participação na licitação.

§ 6º - As exigências mínimas relativas a instalações de canteiros, máquinas, equipamentos e pessoal técnico especializado, considerados essenciais para o cumprimento do objeto da licitação, serão atendidas mediante a apresentação de relação explícita e da declaração formal da sua disponibilidade, sob as penas cabíveis, vedadas as exigências de propriedade e de localização prévia.

§ 7º - (vetado)

I - (vetado)

II - (vetado)

§ 8º - No caso de obras, serviços e compras de grande vulto, de alta complexidade técnica, poderá a Administração exigir dos licitantes a metodologia de execução, cuja avaliação, para efeito de sua aceitação ou não, antecederá sempre à análise dos preços e será efetuada exclusivamente por critérios objetivos.

§ 9º - Entende-se por licitação de alta complexidade técnica aquela que envolva alta especialização, como fator de extrema relevância para garantir a execução do objeto a ser contratado, ou que possa comprometer a continuidade da prestação de serviços públicos essenciais.

§ 10 - Os profissionais indicados pelo licitante para fins de comprovação da capacitação técnico-operacional de que trata o inciso I do § 1º deste artigo deverão participar da obra ou serviço objeto da licitação, admitindo-se a substituição por profissionais de experiência equivalente ou superior, desde que aprovada pela Administração.

§ 11 - (vetado)

§ 12 - (vetado)

Art. 31 - A documentação relativa à qualificação econômico-financeira limitar-se-á a:

I - balanço patrimonial e demonstrações contábeis do último exercício social, já exigíveis e apresentados na forma da lei, que comprovem a boa situação financeira da empresa, vedada a sua substituição por balancetes ou balanços provisórios, podendo ser atualizados por índices oficiais quando encerrados a mais de 3 (três) meses da data de apresentação da proposta;

II - certidão negativa de falência ou concordata expedida pelo distribuidor da sede da pessoa jurídica, ou de execução patrimonial, expedida no domicílio da pessoa física;

III - garantia, nas mesmas modalidades e critérios previstos no *caput* e § 1º do art. 56 desta Lei, limitada a 1% (um por cento) do valor estimado do objeto da contratação.

§ 1º - A exigência de índices limitar-se-á à demonstração da capacidade financeira do licitante com vistas aos compromissos que terá que assumir caso lhe seja adjudicado o contrato, vedada a exigência de valores mínimos de faturamento anterior, índices de rentabilidade ou lucratividade.

§ 2º - Administração, nas compras para entrega futura e na execução de obras e serviços, poderá estabelecer, no instrumento convocatório da licitação, a exigência de capital mínimo ou de patrimônio líquido mínimo, ou ainda as garantias previstas no § 1º do art. 56 desta Lei, como dado objetivo de comprovação da qualificação econômico-financeira dos licitantes e para efeito de garantia ao adimplemento do contrato a ser ulteriormente celebrado.

§ 3º - O capital mínimo ou o valor do patrimônio líquido a que se refere o parágrafo anterior, não poderá exceder a 10% (dez por cento) do valor estimado da contratação, devendo a comprovação ser feita relativamente à data da apresentação da proposta, na forma da lei, admitida a atualização para esta data através de índices oficiais.

§ 4º - Poderá ser exigida, ainda, a relação dos compromissos assumidos pelo licitante que importem diminuição da capacidade operativa ou absorção de disponibilidade financeira, calculada esta em função do patrimônio líquido atualizado e sua capacidade de rotação.

§ 5º - A comprovação da boa situação financeira da empresa será feita de forma objetiva, através do cálculo de índices contábeis previstos no edital e devidamente justificados no processo administrativo da licitação que tenha dado início ao certame licitatório, vedada a exigência de índices e valores não usualmente adotados para a correta avaliação de situação financeira suficiente ao cumprimento das obrigações decorrentes da licitação.

§ 6º - (vetado)

Art. 32 - Os documentos necessários à habilitação poderão ser apresentados em original, por qualquer processo de cópia autenticada por cartório competente ou por servidor da Administração ou publicação em órgão da imprensa oficial.

§ 1º - A documentação de que tratam os arts. 28 a 31 desta Lei poderá ser dispensada, no todo ou em parte, nos casos de convite, concurso, fornecimento de bens para pronta entrega e leilão.

§ 2º - O certificado de registro cadastral a que se refere o § 1º do art. 36, substitui os documentos enumerados nos arts. 28 a 31, quando às informações disponibilizadas em sistema informatizado de consulta direta indicado no edital, obrigando-se a parte a declarar, sob as penalidades legais, a superveniência de fato impeditivo da habilitação.

• *Nova redação dada pela Lei 9.648, de 27.05.98.*

§ 3º - A documentação referida neste artigo poderá ser substituída por registro cadastral emitido por órgão ou entidade pública, desde que previsto no edital e o registro tenha sido feito em obediência ao disposto nesta Lei.

§ 4º - As empresas estrangeiras que não funcionem no País, tanto quanto possível, atenderão, nas licitações internacionais, às exigências dos parágrafos anteriores mediante documentos equivalentes, autenticados pelos respectivos consulados e traduzidos por tradutor juramentado, devendo ter representação legal no Brasil com poderes expressos para receber citação e responder administrativa ou judicialmente.

§ 5º - Não se exigirá, para a habilitação de que trata este artigo, prévio recolhimento de taxas ou emolumentos, salvo os referentes a fornecimento do edital, quando solicitado, com os seus elementos constitutivos, limitados ao valor do custo efetivo de reprodução gráfica da documentação fornecida.

§ 6º - O disposto no § 4º deste artigo, no § 1º do art. 33 e no § 2º do art. 55 não se aplica às licitações internacionais para aquisição de bens e serviços cujo pagamento seja feito com o produto de financiamento concedido por organismo financeiro internacional de que o Brasil faça parte, ou por agência estrangeira de cooperação, nem nos casos de contratação com empresa estrangeira, para a compra de equipamentos fabricados e entregues no exterior, desde que para este caso tenha havido prévia autorização do Chefe do Poder Executivo, nem nos casos de aquisição de bens e serviços realizada por unidades administrativas com sede no exterior.

Art. 33 - Quando permitida na licitação a participação de empresas em consórcio, observar-se-ão as seguintes normas:

I - comprovação do compromisso público ou particular de constituição de consórcio, subscrito pelos consorciados;

II - indicação da empresa responsável pelo consórcio que deverá atender às condições de liderança, obrigatoriamente fixadas no edital;

III - apresentação dos documentos exigidos nos arts. 28 a 31 desta Lei por parte de cada consorciado, admitindo-se, para efeito de qualificação técnica, o somatório dos quantitativos de cada consorciado, e, para efeito, de qualificação econômico-financeira, o somatório dos valores de cada consorciado, na proporção de sua respectiva participação, podendo a Administração estabelecer, para o consórcio, um acréscimo de até 30% (trinta por cento) dos valores exigidos para licitante individual inexigível este acréscimo para os consórcios compostos, em sua totalidade, por micro e pequenas empresas assim definidas em lei;

IV - impedimento de participação de empresa consorciada, na mesma licitação, através de mais de um consórcio ou isoladamente;

V - responsabilidade solidária dos integrantes pelos atos praticados em consórcio, tanto na fase de licitação quanto na de execução do contrato.

§ 1º - No consórcio de empresas brasileiras e estrangeiras a liderança caberá, obrigatoriamente, à empresa brasileira, observado o disposto no inciso II deste artigo.

§ 2º - O licitante vencedor fica obrigado a promover, antes da celebração do contrato, a constituição e o registro do consórcio, nos termos do compromisso referido no inciso I deste artigo.

Seção III - Dos registros cadastrais

Art. 34 - Para os fins desta Lei, os órgãos e entidades da Administração Pública que realizem freqüentemente licitações, manterão registros cadastrais para efeito de habilitação, na forma regulamentar, válidos por, no máximo, um ano.

§ 1º - O registro cadastral deverá ser amplamente divulgado e deverá estar permanentemente aberto aos interessados, obrigando-se a unidade por ele responsável a proceder, no mínimo anualmente, através da imprensa oficial e de jornal diário, a chamamento público para a atualização dos registros existentes e para o ingresso de novos interessados.

§ 2º - É facultado às unidades administrativas utilizarem-se de registros cadastrais de outros órgãos ou entidades da Administração Pública.

Art. 35 - Ao requerer inscrição no cadastro, ou atualização deste, a qualquer tempo, o interessado fornecerá os elementos necessários à satisfação das exigências do art. 27 desta Lei.

Art. 36 - Os inscritos serão classificados por categorias, tendo-se em vista sua especialização, subdivididas em grupos, segundo a qualificação técnica e econômica avaliada pelos elementos constantes da documentação relacionada nos arts. 30 e 31 desta Lei.

§ 1º - Aos inscritos será fornecido certificado, renovável sempre que atualizarem o registro.

§ 2º - A atuação do licitante no cumprimento de obrigações assumidas será anotada no respectivo registro cadastral.

Art. 37 - A qualquer tempo poderá ser alterado, suspenso ou cancelado o registro do inscrito que deixar de satisfazer as exigências do art. 27 desta Lei, ou as estabelecidas para classificação cadastral.

Seção IV - Do procedimento e julgamento

Art. 38 - O procedimento da licitação será iniciado com a abertura de processo administrativo, devidamente autuado, protocolado e numerado, contendo a autorização respectiva, a indicação sucinta de seu objeto e do recurso próprio para a despesa, e ao qual serão juntados oportunamente:

I - edital ou convite e respectivos anexos, quando for o caso;

LICITAÇÃO - *Teoria e Prática*

II - comprovante das publicações do edital resumido, na forma do art. 21 desta Lei, ou da entrega do convite;

III - ato de designação da comissão de licitação, do leiloeiro administrativo ou oficial, ou do responsável pelo convite;

IV - original das propostas e dos documentos que as instruírem;

V - atas, relatórios e deliberações da Comissão Julgadora;

VI - pareceres técnicos ou jurídicos emitidos sobre a licitação, dispensa ou inexigibilidade;

VII - atos de adjudicação do objeto da licitação e da sua homologação;

VIII - recursos eventualmente apresentados pelos licitantes e respectivas manifestações e decisões;

IX - despacho de anulação ou de revogação da licitação, quando for o caso, fundamentado circunstanciadamente;

X - termo do contrato ou instrumento equivalente, conforme o caso;

XI - outros comprovantes de publicações;

XII - demais documentos relativos à licitação.

Parágrafo único - As minutas de editais de licitação, bem como as dos contratos, acordos, convênios ou ajustes devem ser previamente examinadas e aprovadas por assessoria jurídica da Administração.

Art. 39 - Sempre que o valor estimado para uma licitação ou para um conjunto de licitações simultâneas ou sucessivas for superior a 100 (cem) vezes o limite previsto no art. 23, inciso I, alínea *c*, desta Lei, o processo licitatório será iniciado, obrigatoriamente, com uma audiência pública concedida pela autoridade responsável com antecedência mínima de 15 (quinze) dias úteis da data prevista para a publicação do edital, e divulgada, com a antecedência mínima de 10 (dez) dias úteis de sua realização, pelos mesmos meios previstos para a publicidade da licitação à qual terão acesso e direito a todas as informações pertinentes e a se manifestar todos os interessados.

Parágrafo único - Para os fins deste artigo, consideram-se licitações simultâneas aquelas com objetos similares e com realização prevista para intervalos não superiores a trinta dias, e licitações sucessivas aquelas em que, também com objetos similares, o edital subseqüente tenha uma data anterior a cento e vinte dias após o término do contrato resultante da licitação antecedente.

Art. 40 - O edital conterá no preâmbulo o número de ordem em série anual, o nome da repartição interessada e de seu setor, a modalidade, o regime de execução e o tipo da licitação, a menção de que será regida por esta Lei, o local, dia e hora para recebimento da documentação e proposta, bem como para início da abertura dos envelopes, e indicará, obrigatoriamente, o seguinte:

I - objeto da licitação, em descrição sucinta e clara;

II - prazo e condições para assinatura do contrato ou retirada dos instrumentos, como previsto no art. 64 desta Lei, para execução do contrato e para entrega do objeto da licitação;

III - sanções para o caso de inadimplemento;

IV - local onde poderá ser examinado e adquirido o projeto básico;

V - se há projeto executivo disponível na data da publicação do edital de licitação e o local onde possa ser examinado e adquirido;

VI - condições para participação na licitação, em conformidade com os arts. 27 a 31 desta Lei, e forma de apresentação das propostas;

VII - critério para julgamento, com disposições claras e parâmetros objetivos;

VIII - locais, horários e códigos de acesso dos meios de comunicação à distância em que serão fornecidos elementos, informações e esclarecimentos relativos à licitação e às condições para atendimento das obrigações necessárias ao cumprimento de seu objeto;

J. C. Mariense Escobar

IX - condições equivalentes de pagamento entre empresas brasileiras e estrangeiras, no caso de licitações internacionais;

X - o critério de aceitabilidade dos preços unitário e global, conforme o caso, permitida a fixação de preços máximos e vedados a fixação de preços mínimos, critérios estatísticos ou faixas de variação em relação a preços de referência, ressalvado o disposto nos parágrafos 1º e 2º do art. 48.

• *Nova redação dada pela Lei 9.648/98.*

XI - critério de reajuste, que deverá retratar a variação efetiva do custo de produção, admitida a adoção de índices específicos ou setoriais, desde a data prevista para apresentação da proposta, ou do orçamento a que essa proposta se referir, até a data do adimplemento de cada parcela;

XII - (vetado)

XIII - limites para pagamento de instalação e mobilização para execução de obras ou serviços que serão obrigatoriamente previstos em separado das demais parcelas, etapas ou tarefas;

XIV - condições de pagamento, prevendo:

a) prazo de pagamento não superior a trinta dias, contado a partir da data final do período de adimplemento de cada parcela;

b) cronograma de desembolso máximo por período, em conformidade com a disponibilidade de recursos financeiros;

c) critério de atualização financeira dos valores a serem pagos, desde a data final do período de adimplemento de cada parcela até a data do efetivo pagamento;

d) compensações financeiras e penalizações, por eventuais atrasos, e descontos, por eventuais antecipações de pagamentos;

e) exigência de seguros, quando for o caso;

XV - instruções e normas para os recursos previstos nesta Lei;

XVI - condições de recebimento do objeto da licitação;

XVII - outras indicações específicas ou peculiares da licitação.

§ 1º - O original do edital deverá ser datado, rubricado em todas as folhas e assinado pela autoridade que o expedir, permanecendo no processo de licitação, e dele extraindo-se cópias integrais ou resumidas, para sua divulgação e fornecimento aos interessados.

§ 2º - Constituem anexos do edital, dele fazendo parte integrante:

I - o projeto básico e/ou executivo, com todas as suas partes, desenhos, especificações e outros complementos;

II - orçamento estimado em planilhas de quantitativos e preços unitários;

III - a minuta do contrato a ser firmado entre a Administração e o licitante vencedor;

IV - as especificações complementares e as normas de execução pertinentes à licitação.

§ 3º - Para efeito do disposto nesta Lei, considera-se como adimplemento da obrigação contratual a prestação do serviço, a realização da obra, a entrega do bem ou de parcela destes, bem como qualquer outro evento contratual a cuja ocorrência esteja vinculada a emissão de documento de cobrança.

§ 4º - Nas compras para entrega imediata, assim entendidas aquelas com prazo de entrega até trinta dias da data prevista para apresentação da proposta, poderão ser dispensados:

I - o disposto no inciso XI deste artigo;

II - a atualização financeira a que se refere a alínea *c* do inciso XIV deste artigo, correspondente ao período compreendido entre as datas do adimplemento e a prevista para o pagamento, desde que não superior a quinze dias.

Art. 41 - A Administração não pode descumprir as normas e condições do edital, ao qual se acha estritamente vinculada.

LICITAÇÃO - *Teoria e Prática*

§ 1º - Qualquer cidadão é parte legítima para impugnar edital de licitação por irregularidade na aplicação desta Lei, devendo protocolar o pedido até 5 (cinco) dias úteis antes da data fixada para a abertura dos envelopes de habilitação, devendo a Administração julgar e responder à impugnação em até 3 (três) dias úteis, sem prejuízo da faculdade prevista no § 1º do art. 113.

§ 2º - Decairá do direito de impugnar os termos do edital de licitação perante a Administração o licitante que não o fizer até o segundo dia útil que anteceder a abertura dos envelopes de habilitação em concorrência, a abertura dos envelopes com as propostas em convite, tomada de preços ou concurso, ou a realização de leilão, as falhas ou irregularidades que viciariam esse edital, hipótese em que tal comunicação não terá efeito de recurso.

§ 3º - A impugnação feita tempestivamente pelo licitante não o impedirá de participar do processo licitatório até o trânsito em julgado da decisão a ela pertinente.

§ 4º - A inabilitação do licitante importa preclusão do seu direito de participar das fases subseqüentes.

Art. 42 - Nas concorrências de âmbito internacional o edital deverá ajustar-se às diretrizes da política monetária e do comércio exterior e atender às exigências dos órgãos competentes.

§ 1º - Quando for permitido ao licitante estrangeiro cotar preço em moeda estrangeira, igualmente o poderá fazer o licitante brasileiro.

§ 2º - O pagamento feito ao licitante brasileiro eventualmente contratado em virtude da licitação de que trata o parágrafo anterior será efetuado em moeda brasileira, à taxa de câmbio vigente no dia útil imediatamente anterior à data do efetivo pagamento.

§ 3º - As garantias de pagamento ao licitante brasileiro serão equivalentes àquelas oferecidas ao licitante estrangeiro.

§ 4º - Para fins de julgamento da licitação, as propostas apresentadas por licitantes estrangeiros serão acrescidas dos gravames conseqüentes dos mesmo tributos que oneram exclusivamente os licitantes brasileiros quanto à operação final de venda.

§ 5º - Para realização de obras, prestação de serviços ou aquisição de bens com recursos provenientes de financiamento ou doação oriundos de agência oficial de cooperação estrangeira ou organismo financeiro multilateral de que o Brasil seja parte, poderão ser admitidas, na respectiva licitação, as condições decorrentes de acordos, protocolos, convenções ou tratados internacionais, aprovados pelo Congresso Nacional, bem como as normas e procedimentos daquelas entidades, inclusive quanto ao critério de seleção da proposta mais vantajosa para a administração, o qual poderá contemplar, além do preço, outros fatores de avaliação desde que por elas exigidos para a obtenção do financiamento ou da doação, e que também não conflitem com o princípio do julgamento objetivo e sejam objeto de despacho motivado do órgão executor do contrato, despacho esse ratificado pela autoridade imediatamente superior.

§ 6º - As cotações de todos os licitantes serão para entrega no mesmo local de destino.

Art. 43 - A licitação será processada e julgada com observância dos seguintes procedimentos:

I - abertura dos envelopes contendo a documentação relativa à habilitação dos concorrentes, e sua apreciação;

II - devolução dos envelopes fechados aos concorrentes inabilitados, contendo as respectivas propostas, desde que não tenha havido recurso ou após sua denegação;

III - abertura dos envelopes contendo as propostas dos concorrentes habilitados, desde que transcorrido o prazo sem interposição de recurso, ou tenha havido desistência expressa, ou após o julgamento dos recursos interpostos;

IV - verificação da conformidade de cada proposta com os requisitos do edital e, conforme o caso, com os preços correntes no mercado ou fixados por órgão oficial competente, ou ainda com os constantes do sistema de registro de preços, os quais deverão ser devidamente registrados na ata de julgamento, promovendo-se a desclassificação das propostas desconformes ou incompatíveis;

V - julgamento e classificação das propostas de acordo com os critérios de avaliação constantes do edital;

VI - deliberação da autoridade competente quanto à homologação e adjudicação do objeto da licitação.

§ 1º - A abertura dos envelopes contendo a documentação para habilitação e as propostas será realizada sempre em ato público previamente designado, do qual se lavrará ata circunstanciada, assinada pelos licitantes presentes e pela Comissão.

§ 2º - Todos os documentos e propostas serão rubricados pelos licitantes presentes e pela Comissão.

§ 3º - É facultada à comissão ou autoridade superior, em qualquer fase da licitação, a promoção de diligência destinada a esclarecer ou a complementar a instrução do processo, vedada a inclusão posterior de documento ou informação que deveria constar originariamente da proposta.

§ 4º - O disposto neste artigo aplica-se à concorrência e, no que couber, ao concurso, ao leilão, à tomada de preços e ao convite.

§ 5º - Ultrapassada a fase de habilitação dos concorrentes (incisos I e II) e abertas as propostas (inciso III), não cabe desclassificá-los por motivo relacionado com a habilitação, salvo em razão de fatos supervenientes ou só conhecidos após o julgamento.

§ 6º - Após a fase de habilitação, não cabe desistência de proposta, salvo por motivo justo decorrente de fato superveniente e aceito pela Comissão.

Art. 44 - No julgamento das propostas, a comissão levará em consideração os critérios objetivos definidos no edital ou convite, os quais não devem contrariar as normas e princípios estabelecidos por esta Lei.

§ 1º - É vedada a utilização de qualquer elemento, critério ou fator sigiloso, secreto, subjetivo ou reservado que possa ainda que indiretamente elidir o princípio da igualdade entre os licitantes.

§ 2º - Não se considerará qualquer oferta de vantagem não prevista no edital ou no convite, inclusive financiamentos subsidiados ou a fundo perdido, nem preço ou vantagem baseada nas ofertas dos demais licitantes.

§ 3º - Não se admitirá proposta que apresente preços global ou unitários simbólicos, irrisórios ou de valor zero, incompatíveis com os preços dos insumos e salários de mercado, acrescidos dos respectivos encargos, ainda que o ato convocatório da licitação não tenha estabelecido limites mínimos, exceto quando se referirem a materiais e instalações de propriedade do próprio licitante, para os quais ele renuncie à parcela ou à totalidade da remuneração.

§ 4º - O disposto no parágrafo anterior se aplica também às propostas que incluam mão-de-obra estrangeira ou importações de qualquer natureza.

Art. 45 - O julgamento das propostas será objetivo, devendo a Comissão de licitação ou o responsável pelo convite realizá-lo em conformidade com os tipos de licitação, os critérios previamente estabelecidos no ato convocatório e de acordo com os fatores exclusivamente nele referidos, de maneira a possibilitar sua aferição pelos licitantes e pelos órgãos de controle.

§ 1º - Para os efeitos deste artigo, constituem tipos de licitação, exceto na modalidade concurso:

I - a de menor preço - quando o critério de seleção da proposta mais vantajosa para a Administração determinar que será vencedor o licitante que apresentar a proposta de acordo com as especificações do edital ou convite e ofertar o menor preço;

II - a de melhor técnica;

III - a de técnica e preço;

LICITAÇÃO - *Teoria e Prática*

IV - a de maior lance ou oferta - nos casos de alienação de bens ou concessão de direito real de uso.

§ 2º - No caso de empate entre duas ou mais propostas, e após obedecido o disposto no § 2º do art. 3º desta Lei, a classificação se fará, obrigatoriamente, por sorteio, em ato público, para o qual todos os licitantes serão convocados, vedado qualquer outro processo.

§ 3º - No caso da licitação do tipo menor preço entre os licitantes considerados qualificados, a classificação se dará pela ordem crescente dos preços propostos, prevalecendo, no caso de empate, exclusivamente o critério previsto no parágrafo anterior.

§ 4º - Para a contratação de bens e serviços de informática, a Administração observará o disposto no art. 3º da Lei nº 8.248, de 23 de outubro de 1991, levando em conta os fatores especificados em seu § 2º e adotando obrigatoriamente o tipo de licitação técnica e preço, permitido o emprego de outro tipo de licitação nos casos indicados em decreto do Poder Executivo.

§ 5º - É vedada a utilização de outros tipos de licitação não previstos neste artigo.

§ 6º - Na hipótese prevista no art. 23, § 7º, serão selecionadas tantas propostas quantas necessárias até que se atinja a quantidade demandada na licitação.

• *Parágrafo acrescentado pela Lei 9.648/98.*

Art. 46 - Os tipos de licitação *melhor técnica* ou *técnica e preços* serão utilizados exclusivamente para serviços de natureza predominantemente intelectual em especial na elaboração de projetos, cálculos, fiscalização, supervisão e gerenciamento e de engenharia consultiva em geral, e, em particular, para a elaboração de estudos técnicos preliminares e projetos básicos e executivos, ressalvado o disposto no § 4º do artigo anterior.

§ 1º - Nas licitações do tipo *melhor técnica* será adotado o seguinte procedimento claramente explicitado no instrumento convocatório, o qual fixará o preço máximo que a Administração se propõe a pagar:

I - serão abertos os envelopes contendo as propostas técnicas exclusivamente dos licitantes previamente qualificados e feita então a avaliação e classificação destas propostas de acordo com os critérios pertinentes e adequados ao objeto licitado, definidos com clareza e objetividade no instrumento convocatório e que considerem a capacitação e a experiência do proponente, a qualidade técnica da proposta, compreendendo metodologia, organização, tecnologias e recursos materiais a serem utilizados nos trabalhos, e a qualificação das equipes técnicas a serem mobilizadas para a sua execução;

II - uma vez classificadas as propostas técnicas, proceder-se-á à abertura das propostas de preço dos licitantes que tenham atingido a valorização mínima estabelecida no instrumento convocatório e à negociação das condições propostas, com a proponente melhor classificada, com base nos orçamentos detalhados apresentados e respectivos preços unitários e tendo como referência o limite representado pela proposta de menor preço entre os licitantes que obtiveram a valorização mínima;

III - no caso de impasse na negociação anterior, procedimento idêntico será adotado, sucessivamente, com os demais proponentes, pela ordem de classificação, até a consecução de acordo para a contratação;

IV - as propostas de preços serão devolvidas intactas aos licitantes que não forem preliminarmente habilitados ou que não obtiverem valorização mínima estabelecida para a proposta técnica.

§ 2º - Nas licitações do tipo *técnica e preço* será adotado, adicionalmente ao inciso I do parágrafo anterior, o seguinte procedimento claramente explicitado no instrumento convocatório:

I - será feita a avaliação e a valorização das propostas de preços, de acordo com critérios objetivos preestabelecidos no instrumento convocatório;

II - a classificação dos proponentes far-se-á de acordo com a média ponderada das valorizações das propostas técnicas e de preço, de acordo com os pesos preestabelecidos no instrumento convocatório.

§ 3º - Excepcionalmente, os tipos de licitação previstos neste artigo poderão ser adotados, por autorização expressa e mediante justificativa circunstanciada da maior autoridade da Administração promotora constante do ato convocatório, para fornecimento de bens e execução de obras ou prestação de serviços de grande vulto majoritariamente dependentes de tecnologia nitidamente sofisticada e de domínio restrito, atestado por autoridades técnicas de reconhecida qualificação, nos casos em que o objeto pretendido admitir soluções alternativas e variações de execução, com repercussões significativas sobre sua qualidade, produtividade, rendimento e durabilidade concretamente mensuráveis, e estas puderem ser adotadas à livre escolha dos licitantes, na conformidade dos critérios objetivamente fixados no ato convocatório.

§ 4º - (vetado)

Art. 47 - Nas licitações para a execução de obras e serviços, quando for adotada a modalidade de execução de empreitada por preço global, a Administração deverá fornecer obrigatoriamente, junto com o edital, todos os elementos e informações necessárias para que os licitantes possam elaborar suas propostas de preços com total e completo conhecimento do objeto da licitação.

Art. 48 - Serão desclassificadas:

I - as propostas que não atendam às exigências do ato convocatório da licitação;

II - propostas com valor global superior ao limite estabelecido ou com preços manifestamente inexeqüíveis, assim considerados aqueles que não venham a ter demonstrada sua viabilidade através de documentação que comprove que os custos dos insumos são coerentes com os de mercado e que os coeficientes de produtividade são compatíveis com a execução do objeto do contrato, condições estas necessariamente especificadas no ato convocatório da licitação.

§ 1º - Para os efeitos do disposto no inciso II deste artigo, consideram-se manifestamente inexeqüíveis, no caso de licitações de menor preço para obras e serviços de engenharia, as propostas cujos valores sejam inferiores a 70% (setenta por cento) do menor dos seguintes valores:

a) média aritmética dos valores das propostas superiores a 50% (cinqüenta por cento) do valor orçado pela Administração, ou

b) valor orçado pela Administração.

§ 2º - Dos licitantes classificados na forma do parágrafo anterior cujo valor global da proposta for inferior a 80% (oitenta por cento) do menor valor a que se referem as alíneas *a* e *b*, será exigida, para a assinatura do contrato, prestação de garantia adicional, dentre as modalidades previstas no § 1º do art. 56, igual a diferença entre o valor resultante do parágrado anterior e o valor da correspondente proposta.

§ 3º - Quando todos os licitantes forem inabilitados ou todas as propostas forem desclassificadas, a Administração poderá fixar aos licitantes o prazo de oito dias úteis para a apresentação de nova documentação ou de outras propostas escoimadas das causas referidas neste artigo, facultada, no caso de convite, a redução deste prazo para três dias úteis.

• *Parágrafos acrescentados pela Lei. 9.648, de 27.05.98.*

Art. 49 - A autoridade competente para a aprovação do procedimento somente poderá revogar a licitação por razões de interesse público decorrente de fato superveniente devidamente comprovado, pertinente e suficiente para justificar tal conduta, devendo anulá-la por ilegalidade, de ofício ou por provocação de terceiros, mediante parecer escrito e devidamente fundamentado.

§ 1º - A anulação do procedimento licitatório por motivo de ilegalidade não gera obrigação de indenizar, ressalvado o disposto no parágrafo único do art. 59 desta Lei.

§ 2º - A nulidade do procedimento licitatório induz à do contrato, ressalvado o disposto no parágrafo único do art. 59 desta Lei.

LICITAÇÃO - *Teoria e Prática*

§ 3º - No caso de desfazimento do processo licitatório, fica assegurado o contraditório e a ampla defesa.

§ 4º - O disposto neste artigo e seus parágrafos aplicam-se aos atos do procedimento de dispensa e de inexigibilidade de licitação.

Art. 50 - A Administração não poderá celebrar o contrato com preterição da ordem de classificação das propostas ou com terceiros estranhos ao procedimento licitatório, sob pena de nulidade.

Art. 51 - A habilitação preliminar, a inscrição em registro cadastral, a sua alteração ou cancelamento, e as propostas serão processadas e julgadas por comissão permanente ou especial de, no mínimo, 3 (três) membros, sendo pelo menos 2 (dois) deles servidores qualificados pertencentes aos quadros permanentes dos órgãos da Administração responsáveis pela licitação.

§ 1º - No caso de convite, a comissão de licitação excepcionalmente, nas pequenas unidades administrativas e em face da exigüidade de pessoal disponível, poderá ser substituída por servidor formalmente designado pela autoridade competente.

§ 2º - A comissão para julgamento dos pedidos de inscrição em registro cadastral, sua alteração ou cancelamento, será integrada por profissionais legalmente habilitados no caso de obras, serviços ou aquisição de equipamentos.

§ 3º - Os membros das comissões de licitação responderão solidariamente por todos os atos praticados pela comissão, salvo se posição individual divergente estiver devidamente fundamentada e registrada em ata lavrada na reunião em que tiver sido tomada a decisão.

§ 4º - A investidura dos membros das Comissões permanentes não excederá a 1 (um) ano, vedada a recondução da totalidade de seus membros para a mesma comissão no período subseqüente.

§ 5º - No caso de concurso, o julgamento será feito por uma comissão especial integrada por pessoas de reputação ilibada e reconhecido conhecimento da matéria em exame, servidores públicos ou não.

Art. 52 - O concurso a que se refere o § 4º do art. 22 desta Lei deve ser precedido de regulamento próprio, a ser obtido pelos interessados no local indicado no edital.

§ 1º - o regulamento deverá indicar:

I - a qualificação exigida dos participantes;

II - as diretrizes e a forma de apresentação do trabalho;

III - as condições de realização do concurso e os prêmios a serem concedidos.

§ 2º - Em se tratando de projeto, o vencedor deverá autorizar a Administração a executá-lo quando julgar conveniente.

Art. 53 - O leilão pode ser cometido a leiloeiro oficial ou a servidor designado pela Administração, procedendo-se na forma da legislação pertinente.

§ 1º - Todo bem a ser leiloado será previamente avaliado pela Administração para fixação do preço mínimo de arrematação.

§ 2º - Os bens arrematados serão pagos à vista ou no percentual estabelecido no edital, não inferior a 5% (cinco por cento), e, após a assinatura da respectiva ata lavrada no local do leilão, imediatamente entregues ao arrematante, o qual se obrigará ao pagamento do restante no prazo estipulado no edital de convocação, sob pena de perder em favor da Administração o valor já recolhido.

§ 3º - Nos leilões internacionais, o pagamento da parcela à vista poderá ser feito em até vinte e quatro horas.

§ 4º - O edital de leilão deve ser amplamente divulgado principalmente no município em que se realizará.

Capítulo III - Dos contratos

Seção I - Disposições preliminares

Art. 54 - Os contratos administrativos de que trata esta Lei regulam-se pelas suas cláusulas e pelos preceitos de direito público, aplicando-se-lhes, supletivamente, os princípios da teoria geral dos contratos e as disposições de direito privado.

§ 1º - Os contratos devem estabelecer com clareza e precisão as condições para sua execução, expressas em cláusulas que definam os direitos, obrigações e responsabilidades das partes, em conformidade com os termos da licitação e da proposta a que se vinculam.

§ 2º - Os contratos decorrentes de dispensa ou de inexigibilidade de licitação devem atender aos termos do ato que os autorizou e da respectiva proposta.

Art. 55 - São cláusulas necessárias em todo contrato as que estabeleçam:

I - o objeto e seus elementos característicos;

II - o regime de execução ou a forma de fornecimento;

III - o preço e as condições de pagamento, os critérios, data-base e periodicidade do reajustamento de preços, os critérios de atualização monetária entre a data do adimplemento das obrigações e a do efetivo pagamento;

IV - os prazos de início de etapas de execução, de conclusão, de entrega, de observação e de recebimento definitivo, conforme o caso;

V - o crédito pelo qual correrá a despesa, com a indicação da classificação funcional programática e da categoria econômica;

VI - as garantias oferecidas para assegurar sua plena execução, quando exigidas;

VII - os direitos e as responsabilidades das partes, as penalidades cabíveis e os valores das multas;

VIII - os casos de rescisão;

IX - o reconhecimento dos direitos da Administração, em caso de rescisão administrativa prevista no art. 77 desta Lei;

X - as condições de importação, a data e a taxa de câmbio para conversão, quando for o caso;

XI - a vinculação ao edital de licitação ou ao termo que a dispensou ou a inexigiu, ao convite e à proposta do licitante vencedor;

XII - a legislação aplicável à execução do contrato e especialmente aos casos omissos;

XIII - a obrigação do contratado de manter, durante toda a execução do contrato, em compatibilidade com as obrigações por ele assumidas, todas as condições de habilitação e qualificação exigidas na licitação.

§ 1º - (vetado)

§ 2º - Nos contratos celebrados pela Administração Pública com pessoas físicas ou jurídicas, inclusive aquelas domiciliadas no estrangeiro, deverá constar necessariamente cláusula que declare competente o foro da sede da Administração para dirimir qualquer questão contratual, salvo o disposto no § 6º do art. 32 desta Lei.

§ 3º - No ato da liquidação da despesa, os serviços de contabilidade comunicarão, aos órgãos incumbidos da arrecadação e fiscalização dos tributos da União, Estado ou Município, as características e os valores pagos, segundo o disposto no art. 63 da Lei nº 4.320, de 17 de março de 1964.

Art. 56 - A critério da autoridade competente, em cada caso, e desde que prevista no instrumento convocatório, poderá ser exigida prestação de garantia nas contratações de obras, serviços e compras.

§ 1º - Caberá ao contratado optar por uma das seguintes modalidades de garantia:

I - caução em dinheiro ou títulos da dívida pública;

II - seguro-garantia;

III - fiança bancária.

LICITAÇÃO - *Teoria e Prática*

§ 2º - A garantia a que se refere o *caput* deste artigo não excederá a cinco por cento do valor do contrato e terá seu valor atualizado nas mesmas condições daquele, ressalvado o previsto no § 3º deste artigo.

§ 3º - Para obras, serviços e fornecimentos de grande vulto envolvendo alta complexidade técnica e riscos financeiros consideráveis, demonstrados através de parecer tecnicamente aprovado pela autoridade competente, o limite de garantia previsto no parágrafo anterior poderá ser elevado para até dez por cento do valor do contrato.

§ 4º - A garantia prestada pelo contratado será liberada ou restituída após a execução do contrato, e, quando em dinheiro, atualizada monetariamente.

§ 5º - Nos casos de contratos que importem na entrega de bens pela Administração, dos quais o contratado ficará depositário, ao valor da garantia deverá ser acrescido o valor desses bens.

Art. 57 - A duração dos contratos regidos por esta Lei ficará adstrita à vigência dos respectivos créditos orçamentários, exceto quanto aos relativos:

I - aos projetos cujos produtos estejam contemplados nas metas estabelecidas no Plano Plurianual, os quais poderão ser prorrogados se houver interesse da Administração e desde que isso tenha sido previsto no ato convocatório;

II - a prestação de serviços a serem executados de forma contínua, que poderão ter a sua duração prorrogada por iguais e sucessivos períodos com vistas a obtenção de preços e condições mais vantajosas para a Administração, limitada a sessenta meses;

• *Nova redação dada pela Lei. 9.648/98.*

III - (vetado)

IV - ao aluguel de equipamentos e à utilização de programas de informática, podendo a duração estender-se pelo prazo de até 48 (quarenta e oito) meses após o início da vigência do contrato.

§ 1º - Os prazos de início de etapas de execução, de conclusão e de entrega admitem prorrogação, mantidas as demais cláusulas do contrato e assegurada a manutenção de seu equilíbrio econômico-financeiro, desde que ocorra algum dos seguintes motivos, devidamente autuados em processo:

I - alteração do projeto ou especificações, pela Administração;

II - superveniência de fato excepcional ou imprevisível, estranho à vontade das partes, que altere fundamentalmente as condições de execução do contrato;

III - interrupção da execução do contrato ou diminuição do ritmo de trabalho por ordem e no interesse da Administração;

IV - aumento das quantidades inicialmente previstas no contrato, nos limites permitidos por esta Lei;

V - impedimento de execução do contrato por fato ou ato de terceiro reconhecido pela Administração em documento contemporâneo à sua ocorrência;

VI - omissão ou atraso de providências a cargo da Administração, inclusive quanto aos pagamentos previstos de que resulte, diretamente, impedimento ou retardamento na execução do contrato, sem prejuízo das sanções legais aplicáveis aos responsáveis.

§ 2º - Toda prorrogação de prazo deverá ser justificada por escrito e previamente autorizada pela autoridade competente para celebrar o contrato.

§ 3º - É vedado o contrato com prazo de vigência indeterminado.

§ 4º - Em caráter excepcional, devidamente justificado e mediante autorização da autoridade superior, o prazo de que trata o inciso II do *caput* deste artigo poderá ser prorrogado em até doze meses.

• *Acrescentado pela Lei 9.648, de 27.05.98.*

Art. 58 - O regime jurídico dos contratos administrativos instituído por esta Lei confere à Administração, em relação a eles, a prerrogativa de:

I - modificá-los, unilateralmente, para melhor adequação às finalidades de interesse público, respeitados os direitos do contratado;

II - rescindi-los, unilateralmente, nos casos especificados no inciso I do art. 79 desta Lei;

III - fiscalizar-lhes a execução;

IV - aplicar sanções motivadas pela inexecução total ou parcial do ajuste;

V - nos casos de serviços essenciais, ocupar provisoriamente bens móveis, imóveis, pessoal e serviços vinculados ao objeto do contrato, na hipótese da necessidade de acautelar apuração administrativa de faltas contratuais pelo contratado, bem como na hipótese de rescisão do contrato administrativo.

§ 1º - As cláusulas econômico-financeiras e monetárias dos contratos administrativos não poderão ser alteradas sem prévia concordância do contratado.

§ 2º - Na hipótese do inciso I deste artigo, as cláusulas econômico-financeiras do contrato deverão ser revistas para que se mantenha o equilíbrio contratual.

Art. 59 - A declaração de nulidade do contrato administrativo opera retroativamente impedindo os efeitos jurídicos que ele, ordinariamente, deveria produzir, além de desconstituir os já produzidos.

Parágrafo único - A nulidade não exonera a Administração do dever de indenizar o contratado pelo que este houver executado até a data em que ela for declarada e por outros prejuízos regularmente comprovados, contanto que não lhe seja imputável, promovendo-se a responsabilidade de quem lhe deu causa.

Seção II - Da formalização dos contratos

Art. 60 - Os contratos e seus aditamentos serão lavrados nas repartições interessadas, as quais manterão arquivo cronológico dos seus autógrafos e registro sistemático do seu extrato, salvo os relativos a direitos reais, sobre imóveis, que se formalizam por instrumento lavrado em cartório de notas, de tudo juntando-se cópia no processo que lhe deu origem.

Parágrafo único - É nulo e de nenhum efeito o contrato verbal com a Administração, salvo o de pequenas compras de pronto pagamento, assim entendidas aquelas de valor não superior a 5% (cinco por cento) do limite estabelecido no art. 23, inciso II, alínea *a* desta Lei, feitas em regime de adiantamento.

Art. 61 - Todo contrato deve mencionar os nomes das partes e os de seus representantes, a finalidade, o ato que autorizou a sua lavratura, o número do processo da licitação, da dispensa ou da inexigibilidade, a sujeição dos contratantes às normas desta Lei e às cláusulas contratuais.

Parágrafo único - A publicação resumida do instrumento de contrato ou de seus aditamentos na imprensa oficial, que é condição indispensável para sua eficácia, será providenciada pela Administração até o quinto dia útil do mês seguinte ao de sua assinatura, para ocorrer no prazo de vinte dias daquela data, qualquer que seja o seu valor, ainda que sem ônus, ressalvado o disposto no art. 26 desta Lei.

Art. 62 - O instrumento de contrato é obrigatório nos casos de concorrência e de tomada de preços, bem como nas dispensas e inexigibilidades cujos preços estejam compreendidos nos limites destas duas modalidades de licitação, e facultativo nos demais em que a Administração puder substituí-lo por outros instrumentos hábeis, tais como carta-contrato, nota de empenho de despesa, autorização de compra ou ordem de execução de serviço.

§ 1º - A minuta do futuro contrato integrará sempre o edital ou ato convocatório da licitação.

§ 2º - Em carta-contrato, nota de empenho de despesa, autorização de compra, ordem de execução de serviço ou outros instrumentos hábeis aplica-se, no que couber, o disposto no art. 55 desta Lei.

LICITAÇÃO - *Teoria e Prática*

§ 3º - Aplica-se o disposto nos arts. 55 e 58 a 61 desta Lei e demais normas gerais, no que couber:

I - aos contratos de seguro, de financiamento, de locação em que o Poder Público seja locatário, e aos demais cujo conteúdo seja regido, predominantemente, por norma de direito privado;

II - aos contratos em que a Administração for parte como usuária de serviço público.

§ 4º - É dispensável o *termo de contrato* e facultada a substituição prevista neste artigo, a critério da Administração e independentemente de seu valor, nos casos de compra com entrega imediata e integral dos bens adquiridos, dos quais não resultem obrigações futuras, inclusive assistência técnica.

Art. 63 - É permitido a qualquer licitante o conhecimento dos termos do contrato e do respectivo processo licitatório e, a qualquer interessado, a obtenção de cópia autenticada, mediante o pagamento dos emolumentos devidos.

Art. 64 - A Administração convocará regularmente o interessado para assinar o termo de contrato, aceitar ou retirar o instrumento equivalente, dentro do prazo e condições estabelecidos, sob pena de decair o direito à contratação, sem prejuízo das sanções previstas no art. 81 desta Lei.

§ 1º - O prazo de convocação poderá ser prorrogado uma vez, por igual período, quando solicitado pela parte durante o seu transcurso e desde que ocorra motivo justificado aceito pela Administração.

§ 2º - É facultado à Administração, quando o convocado não assinar o termo de contrato ou não aceitar ou retirar o instrumento equivalente no prazo e condições estabelecidos, convocar os licitantes remanescentes, na ordem de classificação, para fazê-lo em igual prazo e nas mesmas condições propostas pelo primeiro classificado, inclusive quanto aos preços atualizados de conformidade com o ato convocatório, ou revogar a licitação independentemente da cominação prevista no art. 81 desta Lei.

§ 3º - Decorridos 60 (sessenta) dias da data da entrega das propostas, sem convocação para a contratação, ficam os licitantes liberados dos compromissos assumidos.

Seção III - Da alteração dos contratos

Art. 65 - Os contratos regidos por esta Lei poderão ser alterados, com as devidas justificativas, nos seguintes casos:

I - unilateralmente pela Administração:

a) quando houver modificação do projeto ou das especificações para melhor adequação técnica aos seus objetivos;

b) quando necessária a modificação do valor contratual em decorrência de acréscimo ou diminuição quantitativa de seu objeto, nos limites permitidos por esta Lei;

II - por acordo das partes:

a) quando conveniente a substituição da garantia de execução;

b) quando necessária a modificação do regime de execução da obra ou serviço, bem como do modo de fornecimento, em face de verificação técnica da inaplicabilidade dos termos contratuais originários;

c) quando necessária a modificação da forma de pagamento, por imposição de circunstâncias supervenientes, mantido o valor inicial atualizado, vedada a antecipação do pagamento, com relação ao cronograma financeiro fixado, sem a correspondente contraprestação de fornecimento de bens ou execução de obra ou serviço;

d) para restabelecer a relação que as partes pactuaram inicialmente entre os encargos do contratado e a retribuição da Administração para a justa remuneração da obra, serviço ou fornecimento, objetivando a manutenção do equilíbrio econômico-financeiro inicial do contrato, na hipótese de sobrevirem fatos imprevisíveis, ou previsíveis porém de conseqüências incalculáveis, retardadores ou impeditivos da execução do ajustado, ou ainda, em caso de força maior, caso fortuito ou fato do príncipe, configurando álea econômica extraordinária e extracontratual.

§ 1º - O contratado fica obrigado a aceitar, nas mesmas condições contratuais, os acréscimos ou supressões que se fizerem nas obras, serviços ou compras, até 25% (vinte e cinco por cento) do valor inicial atualizado do contrato, e, no caso particular de reforma de edifício ou de equipamento, até o limite de 50% (cinqüenta por cento) para os seus acréscimos.

§ 2º - Nenhum acréscimo ou supressão poderá exceder os limites estabelecidos no parágrafo anterior, salvo:

I - (vetado)

II - as supressões resultantes de acordo celebrado entre os contratantes.

• *Incisos acrescentados pela Lei 9.648/98.*

§ 3º - Se no contrato não houverem sido contemplados preços unitários para obras ou serviços, esses serão fixados mediante acordo entre as partes, respeitados os limites estabelecidos no § 1º deste artigo.

§ 4º - No caso de supressão de obras, bens ou serviços, se o contratado já houver adquirido os materiais e posto no local dos trabalhos, estes deverão ser pagos pela Administração pelos custos de aquisição regularmente comprovados e monetariamente corrigidos, podendo caber indenização por outros danos eventualmente decorrentes da supressão, desde que regularmente comprovados.

§ 5º - Quaisquer tributos ou encargos legais criados, alterados ou extintos, bem como a superveniência de disposições legais, quando ocorridas após a data da apresentação da proposta, de comprovada repercussão nos preços contratados, implicarão a revisão destes para mais ou para menos, conforme o caso.

§ 6º - Em havendo alteração unilateral do contrato que aumente os encargos do contratado, a Administração deverá restabelecer, por aditamento, o equilíbrio econômico-financeiro inicial.

§ 7º - (vetado)

§ 8º - A variação do valor contratual para fazer face ao reajuste de preços previsto no próprio contrato, as atualizações, compensações ou penalizações financeiras decorrentes das condições de pagamento nele previstas, bem como o empenho de dotações orçamentárias suplementares até o limite do seu valor corrigido, não caracterizam alteração do mesmo, podendo ser registrados por simples apostila, dispensando a celebração do aditamento.

Seção IV - Da execução dos contratos

Art. 66 - O contrato deverá ser executado fielmente pelas partes do acordo com as cláusulas avençadas e as normas desta Lei, respondendo cada uma pelas conseqüências de sua inexecução total ou parcial.

Art. 67 - A execução do contrato deverá ser acompanhada e fiscalizada por um representante da Administração especialmente designado, permitida a contratação de terceiros para assisti-lo e subsidiá-lo de informações pertinentes a essa atribuição.

§ 1º - O representante da Administração anotará em registro próprio todas as ocorrências relacionadas com a execução do contrato, determinando o que for necessário à regularização de faltas ou defeitos observados.

§ 2º - As decisões e providências que ultrapassarem a competência do representante deverão ser solicitadas a seus superiores em tempo hábil para a adoção das medidas convenientes.

Art. 68 - O contratado deverá manter preposto, aceito pela Administração, no local da obra ou serviço, para representá-lo na execução do contrato.

Art. 69 - O contratado é obrigado a reparar, corrigir, remover, reconstruir ou substituir, às suas expensas, no total ou em parte, o objeto do contrato em que se verificarem vícios, defeitos ou incorreções resultantes da execução ou de materiais empregados.

LICITAÇÃO - *Teoria e Prática*

Art. 70 - O contratado é responsável pelos danos causados diretamente à Administração ou a terceiros, decorrentes de sua culpa ou dolo na execução do contrato, não excluindo ou reduzindo essa responsabilidade a fiscalização ou acompanhamento pelo órgão interessado.

Art. 71 - O contratado é responsável pelos encargos trabalhistas, previdenciários, fiscais e comerciais resultantes da execução do contrato.

§ 1º A inadimplência do contratado com referência aos encargos trabalhistas, fiscais e comerciais não transfere à Administração Pública a responsabilidade por seu pagamento, nem poderá onerar o objeto do contrato ou restringir a regularização e o uso das obras e edificações, inclusive perante o Registro de Imóveis.

§ 2º A Administração Pública responde solidariamente com o contratado pelos encargos previdenciários resultantes da execução do contrato, nos termos do art. 31 da Lei nº 8.212, de 24 de julho de 1991.

• *Parágrafos com nova redação dada pelo § 4º da Lei nº 9.032/95.*

§ 3º - (vetado)

Art. 72 - O contratado, na execução do contrato, sem prejuízo das responsabilidades contratuais e legais poderá subcontratar partes da obra, serviço ou fornecimento, até o limite admitido, em cada caso, pela Administração.

Art. 73 - Executado o contrato, o seu objeto será recebido:

I - em se tratando de obras e serviços:

a) provisoriamente, pelo responsável por seu acompanhamento e fiscalização, mediante termo circunstanciado, assinado pelas partes em até 15 (quinze) dias da comunicação escrita do contratado;

b) definitivamente, por servidor ou comissão designada pela autoridade competente, mediante termo circunstanciado, assinado pelas partes, após o decurso do prazo de observação, ou vistoria que comprove a adequação do objeto aos termos contratuais, observado o disposto no art. 69 desta Lei;

II - em se tratando de compras ou locação de equipamentos:

a) provisoriamente, para efeito de posterior verificação da conformidade do material com a especificação;

b) definitivamente, após a verificação da qualidade e quantidade do material e conseqüente aceitação.

§ 1º - Nos casos de aquisição de equipamentos de grande vulto, o recebimento far-se-á mediante termo circunstanciado e, nos demais, mediante recibo.

§ 2º - O recebimento provisório ou definitivo não exclui a responsabilidade civil pela solidez e segurança da obra ou do serviço, nem ético-profissional pela perfeita execução do contrato, dentro dos limites estabelecidos pela lei ou pelo contrato.

§ 3º - O prazo a que se refere a alínea *b* do inciso I deste artigo não poderá ser superior a 90 (noventa) dias, salvo em casos excepcionais, devidamente justificados e previstos no edital.

§ 4º - Na hipótese de o termo circunstanciado ou a verificação a que se refere este artigo não serem, respectivamente, lavrado ou procedida dentro dos prazos fixados, reputar-se-ão como realizados, desde que comunicados à Administração nos 15 (quinze) dias anteriores à exaustão dos mesmos.

Art. 74 - Poderá ser dispensado o recebimento provisório nos seguintes casos:

I - gêneros perecíveis e alimentação preparada;

II - serviços profissionais;

III - obras e serviços de valor até o previsto no art. 23, inciso II, alínea *a*, desta Lei, desde que não se componham de aparelhos, equipamentos e instalações sujeitos à verificação de funcionamento e produtividade.

Parágrafo único. Nos casos deste artigo, o recebimento será feito mediante recibo.

Art. 75 - Salvo disposições em contrário constantes do edital, do convite ou de ato normativo, os ensaios, testes e demais provas exigidos por normas técnicas oficiais para a boa execução do objeto do contrato correm por conta do contratado.

Art. 76 - A Administração rejeitará, no todo ou em parte, obra, serviço ou fornecimento executado em desacordo com o contrato.

Seção V - Da inexecução e da rescisão dos contratos

Art. 77 - A inexecução total ou parcial do contrato enseja a sua rescisão, com as conseqüências contratuais e as previstas em lei ou regulamento.

Art. 78 - Constituem motivo para rescisão do contrato:

I - o não cumprimento de cláusulas contratuais, especificações, projetos ou prazos;

II - o cumprimento irregular de cláusulas contratuais, especificações, projetos e prazos;

III - a lentidão do seu cumprimento, levando a Administração a comprovar a impossibilidade da conclusão da obra, do serviço ou do fornecimento, nos prazos estipulados;

IV - o atraso injustificado no início da obra, serviço ou fornecimento;

V - a paralisação da obra, do serviço ou do fornecimento, sem justa causa e prévia comunicação à Administração;

VI - a subcontratação total ou parcial do seu objeto, a associação do contratado com outrem, a cessão ou transferência, total ou parcial, bem como a fusão, cisão ou incorporação, não admitidas no edital e no contrato;

VII - o desatendimento das determinações regulares da autoridade designada para acompanhar e fiscalizar a sua execução, assim como as de seus superiores;

VIII - o cometimento reiterado de faltas na sua execução, anotadas na forma do § 1º do art. 67 desta Lei;

IX - a decretação de falência ou a instauração de insolvência civil;

X - a dissolução da sociedade ou o falecimento do contratado;

XI - a alteração social ou a modificação da finalidade ou da estrutura da empresa, que prejudique a execução do contrato;

XII - razões de interesse público, de alta relevância e amplo conhecimento, justificadas e determinadas pela máxima autoridade da esfera administrativa a que está subordinado o contratante e exaradas no processo administrativo a que se refere o contrato;

XIII - a supressão, por parte da Administração, de obras, serviços ou compras, acarretando modificação do valor inicial do contrato além do limite permitido no § 1º do art. 65 desta Lei;

XIV - a suspensão de sua execução, por ordem escrita da Administração, por prazo superior a 120 (cento e vinte) dias, salvo em caso de calamidade pública, grave perturbação da ordem interna ou guerra, ou ainda por repetidas suspensões que totalizem o mesmo prazo, independentemente do pagamento obrigatório de indenizações pelas sucessivas e contratualmente imprevistas desmobilizações e mobilizações e outras previstas, assegurado ao contratado, nesses casos, o direito de optar pela suspensão do cumprimento das obrigações assumidas até que seja normalizada a situação;

XV - o atraso superior a 90 (noventa) dias dos pagamentos devidos pela Administração decorrentes de obras, serviços ou fornecimento, ou parcelas destes, já recebidos ou executados, salvo em caso de calamidade pública, grave perturbação da ordem interna ou guerra, assegurado ao contratado o direito de optar pela suspensão do cumprimento de suas obrigações até que seja normalizada a situação;

XVI - a não liberação, por parte da Administração, de área, local ou objeto para execução de obra, serviço ou fornecimento, nos prazos contratuais, bem como das fontes de materiais naturais especificadas no projeto;

LICITAÇÃO - *Teoria e Prática*

XVII - a ocorrência de caso fortuito ou de força maior, regularmente comprovada, impeditiva da execução do contrato.

Parágrafo único. Os casos de rescisão contratual serão formalmente motivados nos autos do processo, assegurado o contraditório e a ampla defesa.

Art. 79 - A rescisão do contrato poderá ser:

I - determinada por ato unilateral e escrito da Administração, nos casos enumerados nos incisos I a XII e XVII do artigo anterior;

II - amigável, por acordo entre as partes, reduzida a termo do processo da licitação, desde que haja conveniência para a Administração;

III - judicial, nos termos da legislação;

IV - (vetado)

§ 1º - A rescisão administrativa ou amigável deverá ser procedida de autorização escrita e fundamentada da autoridade competente.

§ 2º - Quando a rescisão ocorrer com base nos incisos XII a XVII do artigo anterior, sem que haja culpa do contratado, será este ressarcido dos prejuízos regularmente comprovados que houver sofrido, tendo ainda direito a:

I - devolução de garantia;

II - pagamentos devidos pela execução do contrato até a data da rescisão;

III - pagamento do custo da desmobilização.

§ 3º - (vetado)

§ 4º - (vetado)

§ 5º - Ocorrendo impedimento, paralisação ou sustação do contrato, o cronograma de execução será prorrogado automaticamente por igual tempo.

Art. 80 - A rescisão de que trata o inciso I do artigo anterior acarreta as seguintes conseqüências, sem prejuízo das sanções previstas nesta Lei:

I - assunção imediata do objeto do contrato, no estado e local em que se encontrar, por ato próprio da Administração;

II - ocupação e utilização do local, instalações, equipamentos, material e pessoal empregados na execução do contrato, necessários à sua continuidade, na forma do inciso V do art. 58 desta Lei;

III - execução da garantia contratual, para ressarcimento da Administração, e dos valores das multas e indenizações a ela devidos;

IV - retenção dos créditos decorrentes do contrato até o limite dos prejuízos causados à Administração.

§ 1º - A aplicação das medidas previstas nos incisos I e II deste artigo fica a critério da Administração, que poderá dar continuidade à obra ou ao serviço por execução direta ou indireta.

§ 2º - É permitido à Administração, no caso de concordata do contratado, manter o contrato, podendo assumir o controle de determinadas atividades de serviços essenciais.

§ 3º - Na hipótese do inciso II deste artigo, o ato deverá ser precedido de autorização expressa do Ministro de Estado competente, ou Secretário Estadual ou Municipal, conforme o caso.

§ 4º - A rescisão de que trata o inciso IV do artigo anterior permite à Administração, a seu critério, aplicar a medida prevista no inciso I deste artigo.

Capítulo IV - Das sanções administrativas e da tutela judicial

Seção I - Das disposições gerais

Art. 81 - A recusa injustificada do adjudicatário em assinar o contrato, aceitar ou retirar o instrumento equivalente, dentro do prazo estabelecido pela Administração, caracteriza o descumprimento total da obrigação assumida, sujeitando-o às penalidades legalmente estabelecidas.

Parágrafo único - O disposto neste artigo não se aplica aos licitantes convocados nos termos do art. 64, § 2º, desta Lei, que não aceitarem a contratação, nas mesmas condições propostas pelo primeiro adjudicatário, inclusive quanto ao prazo e preço.

Art. 82 - Os agentes administrativos que praticarem atos em desacordo com os preceitos desta Lei ou visando a frustrar os objetivos da licitação sujeitam-se às sanções previstas nesta Lei e nos regulamentos próprios, sem prejuízo das responsabilidades civil e criminal que seu ato ensejar.

Art. 83 - Os crimes definidos nesta Lei, ainda que simplesmente tentados, sujeitam os seus autores, quando servidores públicos, além das sanções penais, à perda do cargo, emprego, função ou mandato eletivo.

Art. 84 - Considera-se servidor público, para os fins desta Lei, aquele que exerce, mesmo que transitoriamente ou sem remuneração, cargo, função ou emprego público.

§ 1º - Equipara-se a servidor público, para os fins desta Lei, quem exerce cargo, emprego ou função em entidade paraestatal, assim consideradas, além das fundações, empresas públicas e sociedades de economia mista, as demais entidades sob controle, direto ou indireto, do Poder Público.

§ 2º - A pena imposta será acrescida da terça parte, quando os autores dos crimes previstos nesta Lei forem ocupantes de cargo em comissão ou de função de confiança em órgão da Administração direta, autarquia, empresa pública, sociedade de economia mista, fundação pública, ou outra entidade controlada direta ou indiretamente pelo Poder Público.

Art. 85 - As infrações penais previstas nesta Lei pertinem às licitações e aos contratos celebrados pela União, Estados, Distrito Federal, Municípios, e respectivas autarquias, empresas públicas, sociedades de economia mista, fundações públicas, e quaisquer outras entidades sob seu controle direto ou indireto.

Seção II - Das sanções administrativas

Art. 86 - O atraso injustificado na execução do contrato sujeitará o contratado à multa de mora, na forma prevista no instrumento convocatório ou no contrato.

§ 1º - A multa a que alude neste artigo não impede que a Administração rescinda unilateralmente o contrato e aplique as outras sanções previstas nesta Lei.

§ 2º - A multa, aplicada após regular processo administrativo, será descontada da garantia do respectivo contratado.

§ 3º - Se a multa for de valor superior ao valor da garantia prestada, além da perda desta, responderá o contratado pela sua diferença, a qual será descontada dos pagamentos eventualmente devidos pela Administração ou ainda, quando for o caso, cobrada judicialmente.

Art. 87 - Pela inexecução total ou parcial do contrato a Administração poderá, garantida a prévia defesa, aplicar ao contratado as seguintes sanções:

I - advertência;

II - multa, na forma prevista no instrumento convocatório ou no contrato;

III - suspensão temporária de participação em licitação e impedimento de contratar com a Administração, por prazo não superior a 2 (dois) anos;

IV - declaração de inidoneidade para licitar ou contratar com a Administração Pública enquanto perdurarem os motivos determinantes da punição ou até que seja promovida a reabilitação perante a própria autoridade que aplicou a penalidade, que será concedida sempre que o contratado ressarcir a Administração pelos prejuízos resultantes e após decorrido o prazo da sanção aplicada com base no inciso anterior.

§ 1º - Se a multa aplicada for superior ao valor da garantia prestada, além da perda desta, responderá o contratado pela sua diferença, que será descontada dos pagamentos eventualmente devidos pela Administração ou cobrada judicialmente.

LICITAÇÃO - *Teoria e Prática*

§ 2º - As sanções previstas nos incisos I, III e IV deste artigo poderão ser aplicadas juntamente com a do inciso II, facultada a defesa prévia do interessado, no respectivo processo, no prazo de 5 (cinco) dias úteis.

§ 3º - A sanção estabelecida no inciso IV deste artigo é de competência exclusiva do Ministro de Estado, do Secretário Estadual ou Municipal, conforme o caso, facultada a defesa do interessado no respectivo processo, no prazo de 10 (dez) dias da abertura de vista, podendo a reabilitação ser requerida após 2 (dois) anos de sua aplicação.

Art. 88 - As sanções previstas nos incisos III e IV do artigo anterior poderão também ser aplicadas às empresas ou aos profissionais que, em razão dos contratos regidos por esta Lei:

I - tenham sofrido condenação definitiva por praticarem, por meios dolosos, fraude fiscal no recolhimento de quaisquer tributos;

II - tenham praticado atos ilícitos visando a frustrar os objetivos da licitação;

III - demonstrem não possuir idoneidade para contratar com a Administração em virtude de atos ilícitos praticados.

Seção III - Dos crimes e das penas

Art. 89 - Dispensar ou inexigir licitação fora das hipóteses previstas em lei, ou deixar de observar as formalidades pertinentes à dispensa ou à inexigibilidade:

Pena - detenção, de 3 (três) a 5 (cinco) anos, e multa.

Parágrafo único - Na mesma pena incorre aquele que, tendo comprovadamente concorrido para a consumação da ilegalidade, beneficiou-se da dispensa ou inexigibilidade ilegal, para celebrar contrato com o Poder Público.

Art. 90 - Frustrar ou fraudar, mediante ajuste, combinação ou qualquer outro expediente, o caráter competitivo do procedimento licitatório, com o intuito de obter, para si ou para outrem, vantagem decorrente da adjudicação do objeto da licitação:

Pena - detenção, de 2 (dois) a 4 (quatro) anos, e multa.

Art. 91 - Patrocinar, direta ou indiretamente, interesse privado perante a Administração, dando causa à instauração de licitação ou à celebração de contrato, cuja invalidação vier a ser decretada pelo Poder Judiciário:

Pena - detenção, de 6 (seis) meses a 2 (dois) anos, e multa.

Art. 92 - Admitir, possibilitar ou dar causa a qualquer modificação ou vantagem, inclusive prorrogação contratual, em favor do adjudicatário, durante a execução dos contratos celebrados com o Poder Público, sem autorização em lei, no ato convocatório da licitação ou nos respectivos instrumentos contratuais, ou, ainda, pagar fatura com preterição da ordem cronológica de sua exigibilidade, observado o disposto no art. 121 desta Lei:

Pena - detenção, de 2 (dois) a 4 (quatro) anos, e multa.

Parágrafo único - Incide na mesma pena o contratado que, tendo comprovadamente concorrido para a consumação da ilegalidade, obtém vantagem indevida ou se beneficia, injustamente, das modificações ou prorrogações contratuais.

Art. 93 - Impedir, perturbar ou fraudar a realização de qualquer ato de procedimento licitatório:

Pena - detenção, de 6 (seis) meses a 2 (dois) anos, e multa.

Art. 94 - Devassar o sigilo de proposta apresentada em procedimento licitatório, ou proporcionar a terceiro o ensejo de devassá-lo:

Pena - detenção, de 2 (dois) a 3 (três) anos, e multa.

Art. 95 - Afastar ou procurar afastar licitante, por meio de violência, grave ameaça, fraude ou oferecimento de vantagem de qualquer tipo:

Pena - detenção, de 2 (dois) a 4 (quatro) anos, e multa, além da pena correspondente à violência.

Parágrafo único. Incorre na mesma pena quem se abstém ou desiste de licitar, em razão da vantagem oferecida.

Art. 96 - Fraudar, em prejuízo da Fazenda Pública, licitação instaurada para aquisição ou venda de bens ou mercadorias, ou contrato dela decorrente:

I - elevando arbitrariamente os preços;

II - vendendo, como verdadeira ou perfeita, mercadoria falsificada ou deteriorada;

III - entregando uma mercadoria por outra;

IV - alterando substância, qualidade ou quantidade da mercadoria fornecida;

V - tornando, por qualquer modo, injustamente, mais onerosa a proposta ou a execução do contrato;

Pena - detenção, de 3 (três) a 6 (seis) anos, e multa.

Art. 97 - Admitir à licitação ou celebrar contrato com empresa ou profissional declarado inidôneo:

Pena - detenção, de 6 (seis) meses a 2 (dois) anos, e multa.

Parágrafo único. Incide na mesma pena aquele que, declarado inidôneo, venha a licitar ou a contratar com a Administração.

Art. 98 - Obstar, impedir ou dificultar, injustamente, a inscrição de qualquer interessado nos registros cadastrais ou promover indevidamente a alteração, suspensão ou cancelamento de registro do inscrito:

Pena - detenção, de 6 (seis) meses a 2 (dois) anos, e multa.

Art. 99 - A pena de multa cominada nos arts. 89 a 98 desta lei consiste no pagamento de quantia fixada na sentença e calculada em índices percentuais, cuja base corresponderá ao valor da vantagem efetivamente obtida ou potencialmente auferível pelo agente.

§ 1º Os índices a que se refere este artigo não poderão ser inferiores a 2% (dois por cento), nem superiores a 5% (cinco por cento) do valor do contrato licitado ou celebrado com dispensa ou inexigibilidade de licitação.

§ 2º O produto da arrecadação da multa reverterá, conforme o caso, à Fazenda Federal, Distrital, Estadual ou Municipal.

Seção IV - Do processo e do procedimento judicial

Art. 100 - Os crimes definidos nesta Lei são de ação penal pública incondicionada, cabendo ao Ministério Público promovê-la.

Art. 101 - Qualquer pessoa poderá provocar, para os efeitos desta Lei, a iniciativa do Ministério Público, fornecendo-lhe, por escrito, informações sobre o fato e sua autoria, bem como as circunstâncias em que se deu a ocorrência.

Parágrafo único - Quando a comunicação for verbal, mandará a autoridade reduzi-la a termo, assinado pelo apresentante e por duas testemunhas.

Art. 102 - Quando em autos ou documentos de que conhecerem, os magistrados, os membros dos Tribunais ou Conselhos de Contas ou titulares dos órgãos integrantes do sistema de controle interno de qualquer dos Poderes, verificarem a existência dos crimes definidos nesta Lei remeterão ao Ministério Público as cópias e os documentos necessários ao oferecimento da denúncia.

Art. 103 - Será admitida ação penal privada subsidiária da pública, se esta não for ajuizada no prazo legal, aplicando-se, no que couber, o disposto nos arts. 29 e 30 do Código de Processo Penal.

Art. 104 - Recebida a denúncia e citado o réu, terá este o prazo de 10 (dez) dias para apresentação de defesa, escrita, contado da data do seu interrogatório, podendo juntar documentos, arrolar as testemunhas que tiver, em número não superior a 5 (cinco), e indicar as demais provas que pretenda produzir.

Art. 105 - Ouvidas as testemunhas da acusação e da defesa e praticadas as diligências instrutórias deferidas ou ordenadas pelo juiz, abrir-se-á, sucessivamente, o prazo de 5 (cinco) dias a cada parte para alegações finais.

LICITAÇÃO - *Teoria e Prática*

217

Art. 106 - Decorrido esse prazo, e conclusos os autos dentro de 24 (vinte e quatro) horas, terá o juiz 10 (dez) dias para proferir a sentença.

Art. 107 - Da sentença cabe apelação, interponível no prazo de 5 (cinco) dias.

Art. 108 - No processamento e julgamento das infrações penais definidas nesta Lei, assim como nos recursos e nas execuções que lhes digam respeito, aplicar-se-ão, subsidiariamente, o Código de Processo Penal e a Lei de Execução Penal.

Capítulo V - Dos recursos administrativos

Art. 109 - Dos atos da Administração decorrentes da aplicação desta Lei cabem:

I - recurso, no prazo de 5 (cinco) dias úteis a contar da intimação do ato ou da lavratura da ata, nos casos de:

a) habilitação ou inabilitação do licitante;

b) julgamento das propostas;

c) anulação ou revogação da licitação;

d) indeferimento do pedido de inscrição em registro cadastral, sua alteração ou cancelamento;

e) rescisão do contrato, a que se refere o inciso I do art. 79 desta Lei;

f) aplicação das penas de advertência, suspensão temporária ou de multa;

II - representação, no prazo de 5 (cinco) dias úteis da intimação da decisão relacionada com o objeto da licitação ou do contrato, de que não caiba recurso hierárquico;

III - pedido de reconsideração, de decisão de Ministro de Estado, ou Secretário Estadual ou Municipal, conforme o caso, na hipótese do inciso IV do art. 87 desta Lei, no prazo de 10 (dez) dias úteis da intimação do ato.

§ 1º - A intimação dos atos referidos no inciso I, alíneas *a, b, c e e* deste artigo, excluídos os relativos a advertência e multa de mora, e inciso III, será feita mediante publicação na imprensa oficial, salvo, para os casos previstos nas alíneas *a* e *b*, se presentes os prepostos dos licitantes no ato em que foi adotada a decisão, quando poderá ser feita por comunicação direta aos interessados e lavrada em ata.

§ 2º - O recurso previsto nas alíneas *a* e *b* do inciso I deste artigo terá efeito suspensivo, podendo a autoridade competente, motivadamente e presentes razões de interesse público, atribuir ao recurso interposto eficácia suspensiva aos demais recursos.

§ 3º - Interposto, o recurso será comunicado aos demais licitantes que poderão impugná-lo no prazo de 5 (cinco) dias úteis.

§ 4º - O recurso será dirigido à autoridade superior, por intermédio da que praticou o ato recorrido, a qual poderá reconsiderar sua decisão, no prazo de 5 (cinco) dias úteis, ou, nesse mesmo prazo, fazê-lo subir, devidamente informado, devendo, neste caso, a decisão ser proferida, dentro do prazo de 5 (cinco) dias úteis, contado do recebimento do recurso, sob pena de responsabilidade.

§ 5º - Nenhum prazo de recurso, representação ou pedido de reconsideração se inicia ou corre sem que os autos do processo estejam com vista franqueada ao interessado.

§ 6º - Em se tratando de licitações efetuadas na modalidade de carta convite os prazos estabelecidos nos incisos I e II e no § 3º deste artigo serão de dois dias úteis.

Capítulo VI - Das disposições finais e transitórias

Art. 110 - Na contagem dos prazos estabelecidos nesta Lei, excluir-se-á o dia do início e incluir-se-á o do vencimento, e considerar-se-ão os dias consecutivos, exceto quando for explicitamente disposto em contrário.

Parágrafo único - Só se iniciam e vencem os prazos referidos neste artigo em dia de expediente no órgão ou na entidade.

Art. 111 - A Administração só poderá contratar, pagar, premiar ou receber projeto ou serviço técnico especializado desde que o autor ceda os direitos patrimoniais a ele relativos e a Administração possa utilizá-lo de acordo com o previsto no regulamento de concurso ou no ajuste para sua elaboração.

Parágrafo único - Quando o projeto referir-se à obra imaterial de caráter tecnológico, insuscetível de privilégio, a cessão dos direitos incluirá o fornecimento de todos os dados, documentos e elementos de informação pertinentes à tecnologia de concepção, desenvolvimento, fixação em suporte físico de qualquer natureza e aplicação da obra.

Art. 112 - Quando o objeto do contrato interessar a mais de uma entidade pública, caberá ao órgão contratante, perante a entidade interessada, responder pela sua boa execução, fiscalização e pagamento.

Parágrafo único. Fica facultado à entidade interessada o acompanhamento da execução do contrato.

Art. 113 - O controle das despesas decorrentes dos contratos e demais instrumentos regidos por esta Lei será feito pelo Tribunal de Contas competente, na forma da legislação pertinente, ficando os órgãos interessados da Administração responsáveis pela demonstração da legalidade e regularidade da despesa e execução, nos termos da Constituição e sem prejuízo do sistema de controle interno nela previsto.

§ 1º - Qualquer licitante, contratado ou pessoa física ou jurídica poderá representar ao Tribunal de Contas ou aos órgãos integrantes do sistema do controle interno contra irregularidades na aplicação desta Lei, para os fins do disposto neste artigo.

§ 2º - Os Tribunais de Contas e os órgãos integrantes do sistema de controle interno poderão solicitar para exame, até o dia útil imediatamente anterior à data de recebimento das propostas, cópia do edital de licitação já publicado, obrigando-se os órgãos ou entidades da Administração interessada à adoção de medidas corretivas pertinentes que, em função desse exame, lhes forem determinadas.

Art. 114 - O sistema instituído nesta Lei não impede a pré-qualificação de licitantes nas concorrências, a ser procedida sempre que o objeto da licitação recomende análise mais detida da qualificação técnica dos interessados.

§ 1º - A adoção do procedimento de pré-qualificação será feita mediante proposta da autoridade competente, aprovada pela imediatamente superior.

§ 2º - Na pré-qualificação serão observadas as exigências desta Lei relativas à concorrência, à convocação dos interessados, ao procedimento e à análise da documentação.

Art. 115 - Os órgãos da Administração poderão expedir normas relativas aos procedimentos operacionais a serem observados na execução das licitações, no âmbito de sua competência, observadas as disposições desta Lei.

Parágrafo único. As normas a que se refere este artigo, após aprovação da autoridade competente, deverão ser publicadas na imprensa oficial.

Art. 116 - Aplicam-se as disposições desta Lei, no que couber, aos convênios, acordos, ajustes e outros instrumentos congêneres celebrados por órgãos e entidades da Administração.

§ 1º - A celebração de convênio, acordo ou ajuste pelos órgãos ou entidades da Administração Pública depende de prévia aprovação de competente plano de trabalho proposto pela organização interessada, o qual deverá conter, no mínimo, as seguintes informações:

I - identificação do objeto a ser executado;

II - metas a serem atingidas;

III - etapas ou fases de execução;

IV - plano de aplicação dos recursos financeiros;

LICITAÇÃO - *Teoria e Prática*

V - cronograma de desembolso;

VI - previsão de início e fim da execução do objeto, bem assim da conclusão das etapas ou fases programadas;

VII - se o ajuste compreender obra ou serviço de engenharia, comprovação de que os recursos próprios para complementar a execução do objeto estão devidamente assegurados, salvo se o custo total do empreendimento recair sobre a entidade ou órgão descentralizador.

§ 2º - Assinado o convênio, a entidade ou órgão repassador dará ciência do mesmo à Assembléia Legislativa ou à Câmara Municipal respectiva.

§ 3º - As parcelas do convênio serão liberadas em estrita conformidade com o plano de aplicação aprovado, exceto nos casos a seguir, em que as mesmas ficarão retidas até o saneamento das impropriedades ocorrentes:

I - quando não tiver havido comprovação da boa e regular aplicação da parcela anteriormente recebida, na forma da legislação aplicável, inclusive mediante procedimentos de fiscalização local, realizados periodicamente pela entidade ou órgão descentralizador dos recursos ou pelo órgão competente do sistema de controle interno da Administração Pública;

II - quando verificado desvio de finalidade na aplicação dos recursos, atrasos não justificados no cumprimento das etapas ou fases programadas, práticas atentatórias aos princípios fundamentais de Administração Pública nas contratações e demais atos praticados na execução do convênio, ou o inadimplemento do executor com relação a outras cláusulas conveniais básicas;

III - quando o executor deixar de adotar as medidas saneadoras apontadas pelo partícipe repassador dos recursos ou por integrantes do respectivo sistema de controle interno.

§ 4º - Os saldos de convênio, enquanto não utilizados, serão obrigatoriamente aplicados em cadernetas de poupança de instituição financeira oficial se a previsão de seu uso for igual ou superior a um mês, ou em fundo de aplicação financeira de curto prazo ou operação de mercado aberto lastreada em títulos da dívida pública, quando a utilização dos mesmos verificar-se em prazos menores que um mês.

§ 5º - As receitas financeiras auferidas na forma do parágrafo anterior serão obrigatoriamente computadas a crédito do convênio e aplicadas, exclusivamente, no objeto de sua finalidade, devendo constar de demonstrativo específico que integrará as prestações de contas do ajuste.

§ 6º - Quando da conclusão, denúncia, rescisão ou extinção do convênio, acordo ou ajuste, os saldos financeiros remanescentes, inclusive os provenientes das receitas obtidas das aplicações financeiras realizadas serão devolvidos à entidade ou órgão repassador dos recursos, no prazo improrrogável de 30 (trinta) dias do evento, sob pena da imediata instauração de tomada de contas especial do responsável, providenciada pela autoridade competente do órgão ou entidade titular dos recursos.

Art. 117 - As obras, serviços, compras e alienações realizadas pelos órgãos dos Poderes Legislativo e Judiciário e do Tribunal de Contas regem-se pelas normas desta Lei, no que couber, nas três esferas administrativas.

Art. 118 - Os Estados, o Distrito Federal, os Municípios e as entidades da administração indireta deverão adaptar suas normas sobre licitações e contratos ao disposto nesta Lei.

Art. 119 - As sociedades de economia mista, empresas e fundações públicas e demais entidades controladas direta ou indiretamente pela União e pelas entidades referidas no artigo anterior editarão regulamentos próprios devidamente publicados, ficando sujeitas às disposições desta Lei.

Parágrafo único - Os regulamentos a que se refere este artigo, no âmbito da Administração Pública, após aprovados pela autoridade de nível superior a que estiverem vinculados os respectivos órgãos, sociedades e entidades, deverão ser publicados na imprensa oficial.

Art. 120 - Os valores fixados por esta Lei poderão ser anualmente revistos pelo Poder Executivo Federal, que os fará publicar no Diário Oficial da União, observando como limite superior a variação geral dos preços do mercado, no período.

• *Nova redação dada pela Lei 9.648, de 27.05.98.*

Parágrafo único - O Poder Executivo Federal fará publicar no Diário Oficial da União os novos valores oficialmente vigentes por ocasião de cada evento citado no *caput* deste artigo, desprezando-se as frações inferiores a CR$ 1,00 (hum cruzeiro real).

Art. 121 - O disposto nesta Lei não se aplica às licitações instauradas e aos contratos assinados anteriormente a sua vigência, ressalvado o disposto no art. 57, nos §§ 1º, 2º e 8º do art. 65, no inciso XV do art. 78, bem assim o disposto no *caput* do art. 5º, com relação ao pagamento das obrigações na ordem cronológica, podendo esta ser observada, no prazo de noventa dias contados da vigência desta Lei, separadamente para as obrigações relativas aos contratos regidos por legislação anterior à Lei nº 8.666, de 21 de junho de 1993.

Parágrafo único - Os contratos relativos a imóveis do patrimônio da União continuam a reger-se pelas disposições do Decreto-Lei nº 9.760, de 5 de setembro de 1946, com suas alterações, e os relativos a operações de crédito interno ou externo celebrado pela União ou a concessão de garantia do Tesouro Nacional continuam regidos pela legislação pertinente, aplicando-se esta Lei, no que couber.

Art. 122 - Nas concessões de linhas aéreas, observar-se-á procedimento licitatório específico, a ser estabelecido no Código Brasileiro de Aeronáutica.

Art. 123 - Em suas licitações e contratações administrativas, as repartições sediadas no exterior observação as peculiaridades locais e os princípios básicos desta Lei, na forma de regulamentação específica.

Art. 124 - Aplicam-se às licitações e aos contratos para permissão ou concessão de serviços públicos os dispositivos desta Lei que não conflitem com a legislação específica sobre o assunto.

Parágrafo único - As exigências contidas nos incisos II a IV do § 2º do art. 7º serão dispensadas nas licitações para concessão de serviços com execução prévia de obras em que não foram previstos desembolso por parte da Administração Pública concedente.

Art. 125 - Esta Lei entra em vigor na data de sua publicação.

Art. 126 - Revogam-se as disposições em contrário, especialmente os Decretos-leis nºˢ 2.300, de 21 de novembro de 1986, 2.348 de 24 de julho de 1987, 2.360, de 16 de setembro de 1987, a Lei nº 8.220, de 4 de setembro de 1991, e o art. 83 da Lei nº 5.194, de 24 de dezembro de 1966.

Brasília, 21 de junho de 1993; 172º da Independência e 105º da República.

ITAMAR FRANCO
Rubens Ricupero
Romildo Canhim

LEI Nº 9.012, DE 30 DE MARÇO DE 1995

Proíbe as instituições oficiais de crédito de conceder empréstimos, financiamentos e outros benefícios a pessoas jurídicas em débito com o FGTS.

O Presidente da República.
Faço saber que o Congresso Nacional decreta e eu sanciono a seguinte Lei:

Art. 1º - É vedado às instituições oficiais de crédito conceder empréstimos, financiamentos, dispensa de juros, multa e correção monetária ou qualquer outro benefício a pessoas jurídicas em débito com as contribuições para o Fundo de Garantia do Tempo de Serviço - FGTS.

§ 1º - A comprovação da quitação com o FGTS dar-se-á mediante apresentação de certidão negativa de débito expedida pela Caixa Econômica Federal.

§ 2º - Os parcelamentos de débitos para com as instituições oficiais de crédito somente serão concedidos mediante a comprovação a que se refere o parágrafo anterior.

Art. 2º - As pessoas jurídicas em débito com o FGTS não poderão celebrar contratos de prestação de serviços ou realizar transação comercial de compra e venda com qualquer órgão da administração direta, indireta, autárquica e fundacional, bem como participar de concorrência pública.

Art. 3º - Esta Lei entra em vigor na data de sua publicação.

Art. 4º - Revogam-se as disposições em contrário.

Brasília, 30 de março de 1995; 174º da Independência e 107º da República.

FERNANDO HENRIQUE CARDOSO
Pedro Malan

DECRETO Nº 2.271, DE 7 DE JULHO DE 1997

Dispõe sobre a contratação de serviços pela Administração Pública Federal direta, autárquica e fundacional, e dá outras providências.

O Presidente da República, no uso da atribuição que lhe confere o art. 84, inciso IV, da Constituição, e tendo em vista o disposto no § 7º do art. 10 do Decreto-Lei nº 200, de 25 de fevereiro de 1967, decreta:

Art. 1º - No âmbito da Administração Pública Federal direta, autárquica e fundacional poderão ser objeto de execução indireta as atividades materiais acessórias, instrumentais ou complementares aos assuntos que constituem área de competência legal do órgão ou entidade.

§ 1º - As atividades de conservação, limpeza, segurança, vigilância, transportes, informática, copeiragem, recepção, reprografia, telecomunicações e manutenção de prédios, equipamentos e instalações serão, de preferência, objeto de execução indireta.

§ 2º - Não poderão ser objeto de execução indireta as atividades inerentes às categorias funcionais abrangidas pelo plano de cargos do órgão ou entidade, salvo expressa disposição legal em contrário ou quando se tratar de cargo extinto, total ou parcialmente, no âmbito do quadro geral de pessoal.

Art. 2º - A contratação deverá ser precedida e instruída com plano de trabalho aprovado pela autoridade máxima do órgão ou entidade, ou a quem esta delegar competência, e que conterá, no mínimo:

I - justificativa da necessidade dos serviços;

II - relação entre a demanda prevista e a quantidade de serviço a ser contratada;

III - demonstrativo de resultados a serem alcançados em termos de economicidade e de melhor aproveitamento dos recursos humanos, materiais ou financeiros disponíveis.

Art 3º - O objeto da contratação será definido de forma expressa no edital de licitação e no contrato exclusivamente como prestação de serviços.

§ 1º - Sempre que a prestação do serviço objeto da contratação puder ser avaliade por derterminada unidade quantitativa de serviços prestados, esta deverá estar prevista no edital e no respectivo contrato, e será utilizada como um dos parâmetros de aferição de resultados.

§ 2º - Os órgãos e entidades contratantes poderão fixar nos respectivos editais de licitação, o preço máximo que se dispõem a pagar pela realização dos serviços, tendo por base os preços de mercado, inclusive aqueles praticados entre contratantes da iniciativa privada.

Art. 4º - É vedada a inclusão de disposições nos instrumentos contratuais que permitam:

I - indexação de preços por índices gerais, setoriais ou que reflitam a variação de custos;

II - caracterização exclusiva do objeto como fornecimento de mão-de-obra;

III - previsão de reembolso de salários pela contratante;

IV - subordinação dos empregados da contratada à administração da contratante.

Art. 5º - Os contratos de que trata este Decreto, que tenham por objeto a prestação de serviços executados de forma contínua poderão, desde que previsto no edital, admitir repactuação visando à adequação aos novos preços de mercado, observados o interregno mínimo de 1 (um) ano e a demonstração analítica da variação dos componentes dos custos do contrato, devidamente justificada.

Parágrafo único. Efetuada a repactuação, o órgão ou entidade divulgará imediatamente, por intermédio do Sistema Integrado de Administração de Serviços Gerais - SIASG, os novos valores e a variação ocorrida.

Art. 6º - A Administração indicará um gestor do contrato, que será responsável pelo acompanhamento e fiscalização da sua execução, procedendo ao registro das ocorrências e adotando as providências necessárias ao seu fiel cumprimento, tendo por parâmetro os resultados previstos no contrato.

Art 7º - Os órgãos e entidades contratantes divulgarão ou manterão em local visível e acessível ao público, listagem mensalmente atualizada dos contratos firmados, indicando a contratada, o objeto, valor mensal e quantitativo de empregados envolvidos em cada contrato de prestação de serviços.

Art. 8º - O Ministério da Administração Federal e Reforma do Estado expedirá, quando necessário, normas complementares ao cumprimento do disposto neste Decreto.

LICITAÇÃO - *Teoria e Prática*

Art. 9º - As contratações visando à prestação de serviços, efetuadas por empresas públicas, sociedades de economia mista e demais empresas controladas direta ou indiretamente pela União, serão disciplinadas por resoluções do Conselho de Coordenação das Empresas Estatais - CCE.

Art. 10 - Este Decreto entra em vigor na data de sua publicação.

Art. 11 - Ficam revogados o Decreto nº 2.031, de 11 de outubro de 1996, e o art. 6º do Decreto nº 99.188, de 17 de março de 1990, na redação dada pelo Decreto nº 804, de 20 de abril de 1993.

Brasília, 7 de julho de 1997; 176º da Independência e 109º da República.

FERNANDO HENRIQUE CARDOSO
Pedro Malan
Antonio Kandir
Claudia Maria Costin

Bibliografia

Almeida, Fernando Henrique Mendes de. *Curso de Direito Administrativo*. São Paulo: Saraiva, 1968.

Amaral, Antonio Carlos Cintra do. *Licitações nas empresas estatais*. Rio de Janeiro: McGraw-Hill, 1979.

————. *Ato administrativo, licitações e contratos administrativos*. São Paulo: Malheiro, 1995.

————. *Extinção do Ato Administrativo*. São Paulo: Ed. Revista dos Tribunais, 1978.

Araújo, Edmir Netto de. *Contrato administrativo*. São Paulo: Ed. Revista dos Tribunais, 1987.

Azúa, Daniel E. Real de. *A licitação internacional*. São Paulo: Ed. Aduaneira, 1994.

Bandeira de Mello, Celso Antônio. *Licitação*. São Paulo: Ed. Revista dos Tribunais, 1985.

————. *Elementos de direito administrativo*. São Paulo: Ed. Revista dos Tribunais, 1984.

————. *Apontamentos sobre os agentes e órgãos públicos*. São Paulo: Ed. Revista dos Tribunais, 1987.

————. *O conteúdo jurídico do princípio da igualdade*. São Paulo: Ed. Revista dos Tribunais, 1984.

————. *Prestação de serviços públicos e administração indireta*. São Paulo: Ed. Revista dos Tribunais, 1987.

————. *O edital nas licitações*. Revista de Direito Administrativo, 39/40.

Bandeira de Mello, Oswaldo Aranha. *Da licitação*. São Paulo: Ed. Bushatsky, 1978.

Bittencourt, Sidney. *Questões polêmicas sobre licitações e contratos administrativos*. Rio de Janeiro: Ed. Temas & Idéias, 1999.

Borges, Alice Gonzalez. *Normas gerais no estatuto de licitações e contratos administrativos*. São Paulo: Ed. Revista dos Tribunais, 1991.

Caetano, Marcello. *Manual de direito administrativo*. Rio de Janeiro: Ed. Forense, 1970.

Carvalho de Mendonça, M. I. *Doutrina das obrigações*. Rio de Janeiro: Ed. Freitas Bastos, 1988.

Cavalcanti, Themistocles Brandão. *Curso de direito administrativo*. Rio de Janeiro: Ed. Freitas Bastos, 1964.

Cerquinho, Maria Cuervo e Vaz. *O desvio do poder no ato administrativo*. São Paulo: Ed. Revista dos Tribunais, 1979.

Cirne Lima, Ruy. *Princípios de Direito Administrativo*. Porto Alegre: Ed. Sulina, 1964.

Cretella Júnior, José. *Tratado de Direito Administrativo*. São Paulo: Ed. Forense, 1967.

————. *Direito Administrativo Municipal*. Rio de Janeiro: Ed. Forense, 1981.

Dallari, Adilson Abreu. *Aspectos jurídicos da licitação*. São Paulo: Ed. Saraiva, 1980.

Dias, Eduardo Rocha. *Sanções administrativas aplicáveis a licitantes e contratados*. São Paulo: Dialética, 1997.

Di Pietro, Maria Sylvia Zanela. *Temas polêmicos sobre licitações e contratos*. São Paulo: Malheiros, 1994.

Dromi, Roberto. *Licitacion publica*. Buenos Aires: Ed. Ciudad Argentina, 1995.

Escobar, J. C. Mariense. *O sistema de registro de preços nas compras públicas*. Porto Alegre: Liv. do Advogado Editora, 1995.

Fernandes, Jorge Ulisses Jacoby. *Contratação direta sem licitação*. Brasília: Brasília Editora, 1995.

Ferreira, Wolgran Junqueira. *Princípios da administração pública*. São Paulo: Ed. Edipro, 1996.

Figueiredo, Lúcia Valle; Ferraz, Sérgio. *Dispensa de licitação*. São Paulo: Ed. Revista dos Tribunais, 1980.

———. *Direitos dos licitantes*. São Paulo: Ed. Revista dos Tribunais, 1983.

Franco Sobrinho, Manoel de Oliveira. *O controle da moralidade administrativa*. São Paulo: Saraiva, 1974.

Freitas, Juarez. *Controle dos atos administrativos e os pricípios fundamentais*. São Paulo: Malheiros, 1997.

Führer, Maximiliano C. A. *Resumo das obrigações e contratos*. São Paulo: Ed. Revista dos Tribunais, 1980.

Gasparini, Diógenes. *Direito Administrativo*. São Paulo: Ed. Saraiva, 1989.

———. *Crimes nas licitações*. São Paulo: Ed. NDJ, 1996.

Grau, Eros Roberto. *Licitação e contrato administrativo*. São Paulo: Malheiros, 1995.

Greco Filho, Vicente. *Dos crimes da lei de licitações*. São Paulo: Saraiva, 1994.

Justen Filho, Marçal. *Comentários à lei de licitações e contratos administrativos*. Rio de Janeiro: Ed. Aide, 1993

———. *Poder Regulamentar*. São Paulo: Ed. Revista dos Tribunais, 1982.

———. *O regime jurídico da comissão de licitação*. Boletim de Licitações e Contratos. out./90

Klang, Márcio. *A teoria da imprevisão e a revisão dos contratos*. São Paulo: Ed. Revista dos Tribunais, 1983.

Laso, Enrique Sayagués. *Tratado de Derecho Administrativo*. Montevideo: Ed. Amálio Fernandes, 1963.

———. *La licitación pública*. Montevideo: Ed. Acali, 1978.

Luna, Everardo da Cunha. *Abuso de Direito*. Rio de Janeiro: Ed. Forense, 1988.

Meirelles, Hely Lopes. *Direito Administrativo Brasileiro*. São Paulo: Ed. Revista dos Tribunais, 1988.

———. *Licitações e Contratos Administrativos*. São Paulo: Ed. Revista dos Tribunais, 1983.

Mendes, Raul Armando. *Comentários ao Estatuto das Licitações e Contratos Administrativos*. São Paulo: Ed. Revista dos Tribunais, 1988.

Menegale, J. Guimarães. *Direito Administrativo e ciência da administração*. Rio de Janeiro: Ed. Borsoi, 1957.

Moreira Neto, Diogo de Figueiredo. *Apontamentos sobre a reforma administrativa*. Rio de Janeiro: Renovar, 1999.

Motta, Carlos Pinto Coelho. *Apontamentos sobre legalidade e licitações*. Belo Horizonte: FUMARC/UCMG, 1982.

———. *Eficácia nas licitações e contratos*. Belo Horizonte: Del Rey, 1994.

———. *Licitação*. Belo Horizonte: Del Rey, 1987.

Oliveira, Régis Fernandes de. *Licitação*. São Paulo: Ed. Revista dos Tribunais, 1981.

———. *Ato administrativo*. São Paulo: Ed. Revista dos Tribunais, 1978.

———. *Delegação administrativa*. São Paulo: Ed. Revista dos Tribunais, 1986.

Paes, P. R. Tavares. *Leasing*. São Paulo: Ed. Revista dos Tribunais, 1977.

Penteado, Mauro Rodrigues. *Consórcios de empresas*. São Paulo: Ed. Livraira Pereira, 1979.

Pereira Júnior, Jessé Torres. *Comentários à nova lei das licitações e contratações da administração pública*. Rio de Janeiro: Renovar, 1994.

Reale, Miguel. *Direito Administrativo*. São Paulo: Ed. Forense, 1959.

Rigolin, Ivan Barbosa. *Manual prático das licitações*. São Paulo: Ed. Saraiva, 1995.

Rivero, Jean. *Curso de Direito Administrativo comparado*. São Paulo: RT, 1995.

Seabra, Fagundes M. *O controle dos atos administrativos pelo Poder Judiciário*. Rio de Janeiro: Ed. Forense, 1968.

Servídio, Américo. *Dispensa de licitação pública*. São Paulo: Ed. Revista dos Tribunais, 1979.

Silva, Antonio Marcello da. O princípio e os princípios da licitação. *Revista de Direito Administrativo, 136/34*.

———. *Contratação administrativa*. São Paulo: Ed. Revista dos Tribunais, 1971.

Silva, José Afonso da. *O prefeito e o município*. Brasília: Ed. Serfhau, 1971.

———. *Curso de Direito Constitucional Positivo*. São Paulo: Ed. Revista dos Tribunais, 1989.

Souto, Marcos J. Villela. *Tópicos de licitações*. Rio de Janeiro: Lumen Juris, 1999.

Tácito, Caio. A nova lei das licitações. *Boletim de Licitações e Contratos*. Jul./90, pág. 253.

Telles, Antonio A. Queiroz. *Bens insuscetíveis de licitação no direito brasileiro*. São Paulo: Ed. Revista dos Tribunais, 1985.

Tolosa Filho, Benedito de. *Dicionário de licitações e contratos administrativos*. Rio de Janeiro: Aide, 1995.

Índices Analíticos

Índice da Teoria e dos Modelos

— A —

Alienações 34
   venda de bens imóveis 34
      comprovação de recolhimento 34
   venda de bens móveis 34
      leilão 34
      tipos 35

Anulação e revogação da licitação 70
   características da anulação 70
      ilegalidade 70
   dever de indenizar 71
   direito à indenização 72
   modelo de despacho de anulação 167
   modelo de despacho de revogação 168
   publicação 73
   razões 70 e 71
      interesse público 71
   requisitos e efeitos 70

— C —

Comissão de licitação 95
   atribuições 96
      classificar 96
      desclassificar 96
      diligências 96
      documentação de habilitação 96
      elaborar editais 96
      prestar informações 96
   composição e funcionamento 95
      especial 95
      julgadora 95
      modelo de despacho de devolução 163
      permanente 95
   tomada de decisões 97
      anulação 97
      ata de julgamento 97

LICITAÇÃO - *Teoria e Prática*

classificação   96
competência exclusiva   96

Compras   31
   Caracterização objetiva   31
   padronização   32
   registros de preços   32
      atualização   32
      controle   32
      planilha de preços   148
      publicação   32
      proposta parcial   33
      subdivisão   31 e 33

Consórcio nas licitações   102
   constituição de consórcio   152
   definição   102
      associação   102
      ligação   102
      união   102
   exigências   102
      comprovação do compromisso   103
      documentação   103
      elementos essenciais   104
         administração   105
         definição das obrigações   105
         endereço   105
         deliberação   105
         duração   105
         foro   105
         objeto   104
         partes   104
         recebimento de receita   105
      empresas estrangeiras   104
      forma de constituição   104
      impedimento   103
      indicação da empresa lider   103
      responsabilidade solidária   104
Contrato de fornecimento   149

— D —

Dispensa de licitação   73
   abastecimento de navios, aviões e tropas em deslocamento   82
   aquisição de fornecedor original   82
   calamidade pública   75
   compra de imóveis para serviço público   80
   compra de materiais padronizados pelas Forças Armadas   83
   comprometimento da segurança nacional   79
   contratação de remanecentes   80
   contratação de associações de deficientes físicos   83
   contratação entre paraestatais   84
   emergência   75

gêneros perecíveis 80
guerra 74
Instituições de pesquisa e desenvolvimento 81
intervenção econômica 77
locação de imóveis para atender finalidades da Administração 80
não-comparecimento de interessados 76
objetos históricos 81
obras de arte 81
obras e serviços de pequeno vulto 74
organizações sociais 84
perturbação da ordem 74
pessoas jurídicas de Direito Público 78
preço excessivo 77
preço incompatível 77
serviços e compras de pequeno vulto 74
serviços gráficos e de informática 82
sob acordo internacional 81
suprimento de energia elétrica 84

— E —

Entidades paraestatais 106
   regra constitucional 107
   empresas públicas 106
   obrigação de licitar 106
   regulamentos próprios 106

— I —

Indisponibilidade dos interesses públicos 24
   inapropriação 24

Inexigibilidade de licitação 86
   aquisição de bens de fornecedor único 86
      exclusividade absoluta 87
      exclusividade relativa 87
      vedada a preferência da marca 87
   autoridade competente 92
   contratação de artista consagrado 90
   documentação 90
   justificativa 92
      calamidade 92
      situação emergencial 92
   modelo da publicação da súmula 170
   ratificação superior 91
   serviços especializados 88

Interposição de recursos, modelo 173, 175

— J —

Julgamento e classificação das propostas 61
   abertura 61
   classificação 65

LICITAÇÃO - *Teoria e Prática*

conformidade com o edital 62
critérios 65
desclassificação 63
desempate 66
modelo de ata 157 e 159
modelo do julgamento da habilitação 160
modelo do julgamento das propostas e adjudicação 160
modelo de julgamento de recurso pela autoridade superior 166
modelo de recurso do julgamento 175
relatório final 66
viabilidade 64

Jurisprudência 118
   STF 118
      adjudicação 118
      anulação 118
      aprovação 118
      homologação 118
      idoneidade 118
      indenização 118
      inconstitucionalidade 119
      revogação 118
   STJ 119
      validade da proposta 119
   TJSP 118
      anulação 118
      discriminação 118
      ilegalidade 118
      indenização 118
      justa causa 118
      nulidade 118
      rejeição 118
   TFR 119
      invalidação 119
   TJRGS
      Decreto estadual 120
      direito de litisconsorte 120
      fato novo 121
      ilegitimidade para impugnar 121
      qualificação técnica 121
      jornalismo 121
      licitante com menos de uma ano de existência 121

— L —

Licitação dispensada 85
   bens imóveis 85
      alienação 85
      autorização legislativa 34
      concessão de uso 34
      dação em pagamento 35
      doação 35

    investidura 85
    locação 34
    permissão de uso 34
    permuta 35
    venda 35
  bens móveis 86
    doação 86
    permuta 35
    venda de ações 35
    venda de bens produzidos ou comercializados 86
  dispensada e dispensável 85
  tipos de alienação 35
    dação em pagamento 35
    doação 35
    investidura 35
    permuta 35

Licitação internacional 93
  concorrência 93
  dispensa de documentação 94
    documentos equivalentes 94
  edital 94
    comércio exterior 94
    política monetária 94
  legislação 94
  representação legal 93
  tomada de preços 93
  tratamento igual 93

— M —

Modelos de licitações 131, 133 e 141

Modalidades de licitação 38
  concorrência 38
    divulgação 51
    edital de concorrência 50 e 140
    modelo 141
    número indeterminado de pessoas 38
  concurso 41
    modelo de aviso 129
  convite 40
    modelo 131
    pessoas determinadas 40
  determinação da modalidade 42
  leilão 41
    bens móveis 41
    modelo de aviso 130
  preços superiores ao limite 43
  prévia audiência pública 43
  tomada de preços 39
    cadastro 39

LICITAÇÃO - *Teoria e Prática*

modelo 133
número determinado de pessoas 39

— O —

Objeto da licitação 25
  definição no edital 26
  divisão 26
  particularizaçào excessiva 26
  possibilidade de comparação 25
  vedações 27
Obras e serviços 27
  condições para licitar 27
  definições legais 27
    obra 27
    projeto básico 28
    projeto executivo 28
    serviço 27
  execução parcelada 29
    licitação distinta 29
  projetos padronizados 30
  regimes de execução 30

Obrigatoriedade de licitar 23
  indisponibilidade dos interesse públicos 24
  supremacia do interesse público 23
  União, Estados e Municípios 24

— P —

Prazos nas licitações 98
  contagem 98
  principais 98
    convocação para contratação 100
    impugnação de recurso 100
    impugnação do edital 99
    liberação de licitante 99
    mínimos para convocação 98
    pedido de reconsideração 100
    reconsideração por autoridade recorrida 100
    recurso por autoridade superior 101
    recursos hierárquicos 100
    representação 100
    validade da proposta 99

Pré-qualificação 101
  documentação 101
  exigências legais 101
    análise da documentação 102
    concorrência 102
    convocação dos interessados 102
    procedimento 101
  habilitação preliminar 102

J. C. Mariense Escobar

objetivo 101
   qualificação técnica 101
Princípios da licitação 19
  igualdade 21
  cláusula discriminatória 21
  impessoalidade 20
    discriminações 21
    preferências 21
  julgamento objetivo 22
    procedimento licitatório 48
  legalidade 20
  moralidade 20
  probidade 20
  publicidade 21
    aviso de abertura 50
    decisões e resultados 66
  vinculação 54

Procedimento da licitação 48
  abertura do processo 49
  adjudicação 68
    prazo para recurso 100
    proponente vencedora 68
  autoridade competente 68
  documentação 53
    abertura de propostas 61
    invólucros separados 53
    prazo de entrega 51
    rubrica 62
  edital 50
    critérios de julgamento 53
    divulgação 51
    especificação do objeto 52
    modelo de pedido de informações sobre 155
    requisitos 50
    modelo de resposta ao pedido de informações 156
  habilitação 54
    condições de adimplemento 59
    jurídica 54
    licitante qualificada 59
    modelo de recurso de habilitação 173
    qualificação econômico-financeira 56
    qualificação técnica 55
    regularidade fiscal 58
    vinculação de licitantes à Administração 54
  homologação 69
    aprovação 69
    desistência 73
    modelo de despacho 164
    modelo de encaminhamento de processo 162
    prazo de recurso 68
  modelo da publicação de contrato 170

propostas viáveis 64
classificação 65
julgamento 65
modelo de ata de abertura da proposta 159
modelo da ata de recebimento de documentação 157
ratificação superior 69

— R —

Recursos administrativos 108
a quem dirigir 110
ação cautelar inominada 111
cabimento 108
ciência aos interessados 110
cópia dos recursos 110
dispensa de publicação 111
efeito suspensivo 109
impugnação do edital 108
antecedente à abertura 108
modelo 171
início da contagem do prazo 111
mandado de segurança 111
pedido de reconsideração 109
prazo 109
representação 110

Registros cadastrais 35
atuação do licitante 36
certificados 38
capacidade jurídica 36
regularidade fiscal 36
classificação dos inscritos 36
capacidade econômica 36
capacidade técnica 36
especialização 36
enquadramento dos interessados 35
identificação 35
habilitação 37
julgamento dos pedidos 36

— S —

Sanções administrativas 111
previsão legal e pressuposto de imposição 112
servidor público 111
crimes 112
afastamento de licitante 115
concessão de vantagem indevida 114
dispensa ilegal de licitação 113
fraude da licitação 116
frustração da competição 114
impedimento de inscrição 116
impedimento do ato licitatório 115

236

J. C. Mariense Escobar

licitante inidôneo 116
patrocínio de interesse privado 114
quebra de sigilo 115

Supremacia do interesse público 23
disciplina 23
liberdade individual 23
restrição de direitos 24

— T —

Tipos de licitação 44
de melhor técnica 45
preço máximo 46
de técnica e preço 47
pontuação 47
de menor preço 44
classificação 45
Tutela 111
servidor público 111
crimes 112

LICITAÇÃO - *Teoria e Prática*

Índice da Lei de Licitações

— A —

Administração
    definição art. 6º XII
    projeto executivo art. 7º, § 1º
Administração Pública
    alienações art. 2º
    alienações - bens imóveis art. 19
    compras art. 2º
    concessões art. 2º
    contrato art. 2º, par. único
    definição art. 6º XI
    licitação - princípios art. 3º
    locações art. 2º
    obras art. 2º
    permissões art. 2º
    serviços art. 2º
Agentes públicos
    vedação art. 3º, § 1º, I e II
Alienação
    bens imóveis arts. 17, I, e 19
    bens móveis art. 17, II
    contrato administrativo art. 1º
    definição art. 6º, IV
    licitação art. 2º
    normas art. 17
Atos de convocação
    agentes públicos art. 3º, § 1º, I e II

— B —

Bens de natureza divisível art. 23 § 7º
Bens móveis
    alienação art. 17, II
    leilão art. 17, § 6º
Bens imóveis
    alienação art. 17, I e § 1º; art. 19
    concorrência art. 23, § 3º
    direito real de uso art. 17, § 2º
    venda art. 18

— C —

Certificado de Registro Cadastral art. 32, § 2º; arts. 34 a 37
Comissão
    assinatura da ata art. 43, § 1º
    convite art. 51, § 1º
    de licitação art. 51, § 3º
    desistência de proposta art. 43, § 6º
    diligência art. 43, § 3º
    especial art. 6º XVI; art. 51
    julgamento art. 44
    permanente art. 6º XVI; art. 51, *caput*, e § 4º
    recebimento de material art. 15, § 7º
    registro cadastral art. 51, § 2º
    rubrica de documentos e propostas art. 43, § 2º
Compra
    bens de natureza divisível art. 23, § 7º
    condições de pagamento art. 15, III
    cotação de quantidade inferior art. 23, § 7º
    critérios art. 15, § 7º
    de grande vulto art. 6º, V
    definição art. 6º, III
    divisão em parcelas art. 15, IV
    entrega imediata art. 40, § 4º
    garantia art. 56
    nulidade art. 14
    preços art. 15 e §§
    princípio da padronização art. 15, I
    sistema de registro de preços art. 15, II
    publicação art. 16
Concessão
    licitação art. 2º
Concorrência
    aviso - publicação art. 21
    bens imóveis art. 17, I
    compras - limites art. 23, II, *c*
    definição art. 22, § 1º
    licitação internacional art. 23, § 3º
    obras e serviços de engenharia - limites art. 23, I, *c*
    pré-qualificação art. 114
    propostas - prazo art. 21, § 2º, I, *b*, II, *a*
Concurso
    aviso - publicação art. 21
    comissão especial art. 51, § 5º
    propostas - prazo mínimo art. 21, § 2º, I, *a*
    regulamento art. 52
Consórcio
    normas art. 33
Contagem de prazos art. 110
Contratado

definição art. 6º, XV

Contratante
definição art. 6º, XIV

Contrato
administrativo arts. 1º e 54
administrativo - nulidade art. 59
alteração
assinatura art. 64
cláusulas necessárias art. 55
cópia autenticada art. 63
definição art. 2º, par. único
duração art. 57
execução arts. 66 a 76; art. 112
formalização art. 60
nulidade art. 7º, § 6º
obrigatório art. 62
rescisão arts. 77 a 80
sanções arts. 81 a 83; arts. 86 a 88

Convênio art. 116

Convite
comissão art. 15, § 8º
compras - limites art. 23, II, *a*
definição art. 22, § 3º
licitação internacional art. 23, § 3º
obras e serviços de engenharia - limites art. 23, I, *a*
propostas - prazo mínimo art. 21, § 2º, IV
recebimento de material art. 15, § 7º
vedação art. 23, § 5º

Crimes arts. 89 a 99
procedimento judicial arts. 100 a 108

Custos art. 5º

— D —

Dação em pagamento art. 17, I, *a*
Desclassificação de propostas art. 48
Desempate
critérios art. 3º § 2º e incs.
Diário Oficial da União
resumo de editais art. 21
Diário Oficial do Estado
resumo de editais art. 21
Dispensa
licitação art. 7º, § 9º
Doação
bens imóveis art. 17, I, *b* e § 1º
com encargo art. 17, § 4º
em garantia de financiamento art. 17, § 5º

— E —

Edital
anexos art. 40, § 2º
concorrências internacionais art. 42
impugnação art. 41, §§ 1º a 3º
modificação art. 21, § 4º
original art. 40, § 1º
preâmbulo art. 40
resumo - publicação art. 21
Empate
classificação art. 45, § 2º
Empreitada
integral art. 6º, VIII, *e*; art. 10, II, *e*
por preço global art. 6º, VIII, *a*; art. 10, II, *a*
por preço unitário art. 6º, VIII, *b*; art. 10, II, *b*
Empresas brasileiras e estrangeiras
licitações internacionais art. 32, § 4º
tratamento diferenciado art. 3º, § 1º, II
Execução direta
definição art. 6º, VII
Execução indireta
definição art. 6º, VIII

— H —

Habilitação jurídica
desistência de proposta art. 43, § 6º
dispensa de documentação art. 32, § 1º
documentação arts. 28 e 32

— I —

Imprensa oficial
compras - preços art. 15, V, § 2º
definição art. 6º, XIII
Inexigibilidade
licitação art. 7º, § 9º; art. 25; art. 26, par. único
Investidura
alienação art. 17, I, *d*
definição art. 17, § 3º

— J —

Julgamento
critérios arts. 44 e 45

— L —

Leilão
aviso - publicação art. 21
bens móveis art. 17, § 6º

LICITAÇÃO - *Teoria e Prática*

definição art. 22, § 5º
internacional art. 53, § 3º
procedimento art. 53
propostas - prazo mínimo art. 21, § 2º, III
Licitação
alienações - Administração Pública art. 2º
alta complexidade técnica art. 30, §§ 8º e 9º
aviso - publicação art. 21
bens - características exclusivas art. 7º, § 5º
bens - marcas exclusivas art. 7º, § 5º
bens - sem similaridade art. 7º, § 5º
bens imóveis art. 17, I
bens móveis art. 17, II
compras - Administração Pública art. 2º
compras - dispensa art. 24, II
compras - pagamento art. 5º
concessões - Administração Pública art. 2º
crimes arts. 89 a 99
custos art. 5º
desclassificação de propostas art. 48
desempate art. 3º § 2º, I, II e III
dispensa art. 7º, § 9º; art. 24; art. 26, par. único
empate art. 45, § 2º
expressão monetária art. 5º
habilitação - documentação arts. 27 a 32
indispensabilidade art. 24
inexigibilidade art. 7º, § 9º; art. 25; art. 26, par. único
internacional art. 23, § 3º; art. 32, § 4º
locações - Administração Pública art. 2º
locações - pagamento art. 5º
local art. 20
maior lance ou oferta art. 45, § 1 º, IV
melhor técnica art. 45, § 1 º, II; art. 46,
menor preço art. 45, § 1 º, I, e § 3º; art. 46, §1º e incs.
modalidades art. 22
normas gerais art. 1º
nulidade arts. 49 e 50
obras - Administração Pública art. 2º
obras - dispensa art. 24, I
obras - execução art. 7º
obras - execução - prazo art. 8º
obras - pagamento art. 5º
participação indireta art. 9º, § 3º
permissões - Administração Pública art. 2º
preços art. 5º
procedimento arts. 38 e 43
propósito art. 3º
publicação art. 21

242 *J. C. Mariense Escobar*

recursos financeiros art. 7º, § 3º
retardamento art. 26, par. único
serviços - Administração Pública art. 2º
serviços - dispensa art. 24, I, II
serviços - execução art. 7º
serviços - pagamento art. 5º
serviços - sem similaridade art. 7º, § 5º
sigilo art. 3º, § 3º
simultânea art. 39, par. único
técnica e preço art. 45, § 1 º, III; art. 46, § 2º e incs.
tipos art. 45, § 1º e incs.
valores art. 5º
Licitação internacional art. 23, § 3º; art. 32, § 4º
edital art. 42 e §§
Licitantes
quando todos forem inabilitados art. 48, § 3º
Locação
contrato administrativo art. 1º
licitação art. 2º
pagamento art. 5º

— O —

Obras
contrato administrativo art. 1º
de grande vulto art. 6º, V
definição art. 6º, I
empreitada por preço global art. 47
execução art. 7º, III
execução - custos art. 8º
execução - prazo art. 8º
execução - quem não poderá participar art. 9º
execução - retardamento imotivado art. 8º, par. único
execução direta art. 10, I
execução indireta art. 10, II
garantia art. 56
licitação art. 2º, art. 7º
licitação - dispensa art. 24, I
licitação - quem não poderá participar art. 9º
pagamento art. 5º

— P —

Participação indireta art. 9º, § 3º
Permissão
licitação art. 2º
Permuta
bens imóveis art. 17, I, c
bens móveis art. 17, II, b
Preços

LICITAÇÃO - *Teoria e Prática*

impugnação art. 15, § 6º
moeda art. 5º
projeto-padrão art. 11
publicação art. 15, § 2º
registro art. 15, § 3º, incs. e § 4º
sistema de controle art. 15, § 5º
Procedimento licitatório
desenvolvimento arts. 4º, 38 e 43
Processo administrativo
abertura art. 38
audiência pública art. 39
Projeto básico
autor art. 9º
definição art. 6º, IX
edital art. 40, §2º, I
elementos art. 6º, IX e incs.
- empresa responsável art. 9º
- melhor técnica art. 46
- obras - licitação art. 7º, I
- requisitos art. 12
- serviços - licitação art. 7º, I
- técnica e preço art. 46
Projeto executivo
- autorização art. 7º, § 1º
- definição art. 6º, X
- edital art. 40, §2º, I
- elaboração art. 9º, § 2º
- melhor técnica art. 46
- obras - licitação art. 7º, I
- requisitos art. 12
- serviços - licitação art. 7º, I
- técnica e preço art. 46
Projeto-padrão art 11
Propostas - desclassificação art. 48

— Q —

Qualificação econômico-financeira
- dispensa de documentação art. 32, § 1º
- documentação art. 31
Qualificação técnica
- dispensa de documentação art. 32, § 1º
- documentação art. 30

— R —

Recursos administrativos art. 109
Registro cadastral art. 32 § 2º; arts. 34 a 37
Registro de preços art. 15, § 3º e incs.
Regularidade fiscal

dispensa de documentação art. 32, § 1º
documentação art. 29

— S —

Seguro-garantia
  definição art. 6º, VI
Serviço
  contrato administrativo art. 1º
  de grande vulto art. 6º, V
  definição art. 6º, II
  empreitada por preço global art. 47
  execução art. 7º, III; art. 23, § 2º
  execução - custos art. 8º
  execução - prazo art. 8º
  execução - quem não poderá participar art. 9º
  execução - retardamento imotivado art. 8º, par. único
  execução direta art. 10, I
  execução indireta art. 10, II
  garantia art. 56
  informática art. 45, § 4º
  licitação art. 2º, art. 7º
  licitação - dispensa art. 24, I
  licitação - quem não poderá participar art. 9º
  pagamento art. 5º; art. 23, § 1º
  projeto-padrão art. 11
Servidor público art. 84
Serviços técnicos profissionais especializados art. 13

— T —

Tarefa
  definição art. 6º, VIII, *d*
  execução indireta art. 10, II, *d*
Tomada de preços
  aviso - publicação art. 21
  compras - limites art. 23, II, *b*
  definição art. 22, § 2º
  licitações internacionais art. 23, § 3º
  obras e serviços de engenharia - limites art. 23, I, *b*
  propostas - prazo mínimo art. 21, § 2º, II, *b*, III
  vedação art. 23, § 5º
Tribunal de Contas art. 113

— V —

Valores art. 5º
  atualização monetária art. 7º, § 7º
  correção art. 5º, §§ 1º e 2º
  despesas - limites - prazo art. 5º, § 3º
  revisão art. 120

LICITAÇÃO - *Teoria e Prática*

O maior acervo de livros jurídicos nacionais e importados

Rua Riachuelo 1338
Fone/fax: **0800 517522**
90010-273 Porto Alegre RS
E-mail: info@doadvogado.com.br
Internet: www.doadvogado.com.br

Entre para o nosso mailing-list

e mantenha-se atualizado com as novidades editoriais na área jurídica

Remetendo o cupom abaixo pelo correio ou fax, periódicamente lhe será enviado gratuitamente material de divulgação das publicações jurídicas mais recentes.

✓ Sim, quero receber, sem ônus, material promocional das NOVIDADES E REEDIÇÕES na área jurídica.

Nome: _____

End.: _____

CEP: _____-_____ Cidade _____ UF:____

Fone/Fax: _____ Ramo do Direito em que atua: _____

Para receber pela Internet, informe seu **E-mail**: _____

_____
assinatura

118-8

Visite nossa livraria virtual na internet

www.doadvogado.com.br

ou ligue grátis
0800 517522

DR-RS Centro de Triagem ISR 247/81

CARTÃO RESPOSTA
NÃO É NECESSÁRIO SELAR

O SELO SERÁ PAGO POR

LIVRARIA DO ADVOGADO LTDA.

90012-999   Porto Alegre   RS